武蔵武士団

関　幸彦　編

吉川弘文館

はしがき

「武蔵武士は最強だった」などといえば、夜郎自大な戦前の郷土偏愛主義のそしりを招きそうだが、そのように観念されたことは動かない。編者はむろん軍国少年の世代からは離れている。けれども、巨大戦艦が「大和」と「武蔵」であったことはよく知っている。旧国名に由来した戦艦のなかでも、この二つはずば抜けて有名だろう。日本あるいは西の代表に「大和」を、そして東のそれに「武蔵」、そんな思惑があったためだろうか。ことほどさように「武蔵」という語感には東国を代弁させる何かが宿されている。

そうしたイメージの正体の一つは、武蔵が相模ともども東国武士団の典型と観念されてきたことによる。『平家物語』が語る熊谷直実《くまがいなおざね》や平山季重《ひらやますえしげ》の一ノ谷合戦での勇姿、さらには薩摩守平忠度《たいらのただのり》と雌雄を決する岡部《おかべ》六弥太《ろくやた》の奮戦、あるいは戦場での巧者金子十郎《かねこじゅうろう》の弁舌など、話題に事欠かない武者たちが顔をそろえている。都ぶりの平氏一門とは裏腹に、鄙《ひな》の象徴ともいえる坂東《ばんどう》武者の戦場での懸命さが人びとに共感を与えたことも大きい。武蔵武士団はそうした東国あるいは坂東武者の代表として後世に記憶されてきた。

本書は中世武士団の典型とされた、この武蔵武士を取り上げ、その盛衰を平安王朝期から室町期にわたり解説したものだ。自治体史などの地域史さらに専門書もふくめ、この方面での研究蓄積は膨大な量にのぼる。ここでの目的はその蓄えを広く一般の読者と共有することにある。

武蔵武士それ自体を耕すためには軍記の援護が必要となる。とりわけ『平家物語』と『太平記』の存在は大きい。人びとに親しまれてきた、これらの作品を介して武蔵武士を蘇らせ、彼らの声を聞くことで、その実相に迫りたいと思う。

二つの軍記の該当時代は中世の前期と後期を画するエポックだった。『平家物語』は源平の争乱が題材だし、『太平記』は南北朝の動乱である。『平家』には鎌倉幕府体制とこれにかかわる時代が、そして『太平記』にも室町幕府体制とその時代の予兆が語られている。史実と虚構が入り混じる軍記の世界を節度あるスタイルで活用することで、切り口のさまざまが用意できるはずだ。

本書ではそのために時代と人物と地域の三つの観点を用意し、『平家物語』および『太平記』それぞれを耕してみた。

武蔵武士団を育んだ東国の地域的個性にも留意しつつ、右の三つに焦点を合わせて述べてみた。たとえば地域に関していえば、館・城などをふくむ生活遺跡、あるいは武蔵武士の精神の足跡を語る板碑などの宗教遺跡にも留意し、現地踏査を踏まえての叙述にも意を尽くした。また人物に関しても単に郷土万歳主義ではなく、虚構にくるまれた武士の実情を他の諸地域の武士団と対比することで鮮明に打ち出そうとした。武蔵武士団のなかには承久合戦などの武功で、西国に所領を有し、この地域に移住した一族もいた。同じく奥州合戦その他で東北に所領を有した武士もいた。武士団の地域的移動という点では武蔵の領域を遙かに超える規模ということもできる。

また時代の視点に関しても、長期にわたる武蔵武士の活躍の姿を、歴史全体の動きから把握することが求められる。とりわけ南北朝動乱以後の、その後の武蔵武士団についても言及が必要になる。

こうした要望を汲み上げるには多くの専門研究者の協力が不可欠となる。大学の講義でいえば、オムニバス形式ということにもなろうか。本書の作成に参じていただいた研究者は、武士研究あるいは地域研究の一線で活躍しているツワモノたちである。その力量は大いに期待できるはずだ。最新の研究をかみくだき、一般読者に武士団研究の現在を知っていただくための道しるべとなれば幸いである。

関　幸　彦

目次

Ⅱ　南北朝動乱と武蔵武士 ――『太平記』の世界――

Ⅳ　武蔵武士を歩く

序　武蔵武士団への招待

——そのあらましを探る——

関　幸彦

武《む》蔵《さし》武《ぶ》士《し》団《だん》についての外堀を埋めること、編者の立場からはこのテーマから始めるのが順当だろう。武蔵武士の具体的中身は本論で明らかとなるはずで、これに接近するための大枠を準備しておきたい。

以下、三つの問題を設定しながら武蔵武士団を知るための入口としたい。①は武士および武士団に関する研究のあらましをふり返ることで、武蔵武士団の研究上の足跡を知ることである。②は武蔵国それ自体の地理的、地勢的位置づけである。これを通じ、東国内部での武蔵国の様相が判明しよう。そして③は武蔵武士団を育んだ歴史的位置づけでてある。武蔵のみならず東国＝関東の古代から中世への大局も併せ考えることで、武蔵武士団の盛衰について概観することである。

以上の三点を掘り下げながら本論への助走としたい。

武士団研究をふりかえる

当り前のことだが、「武士団」という用語は学問上での概念とされる。武士はもちろん史料上の用語だ。だから「武士団」はあくまで学問的概念でしかない。史料のなかでは「武蔵ノ党々」などと呼称された。たとえば明治期に活躍した歴史家の田口卯吉などは、後世に一般化する武士団の概念を「もののふ党」「ますら

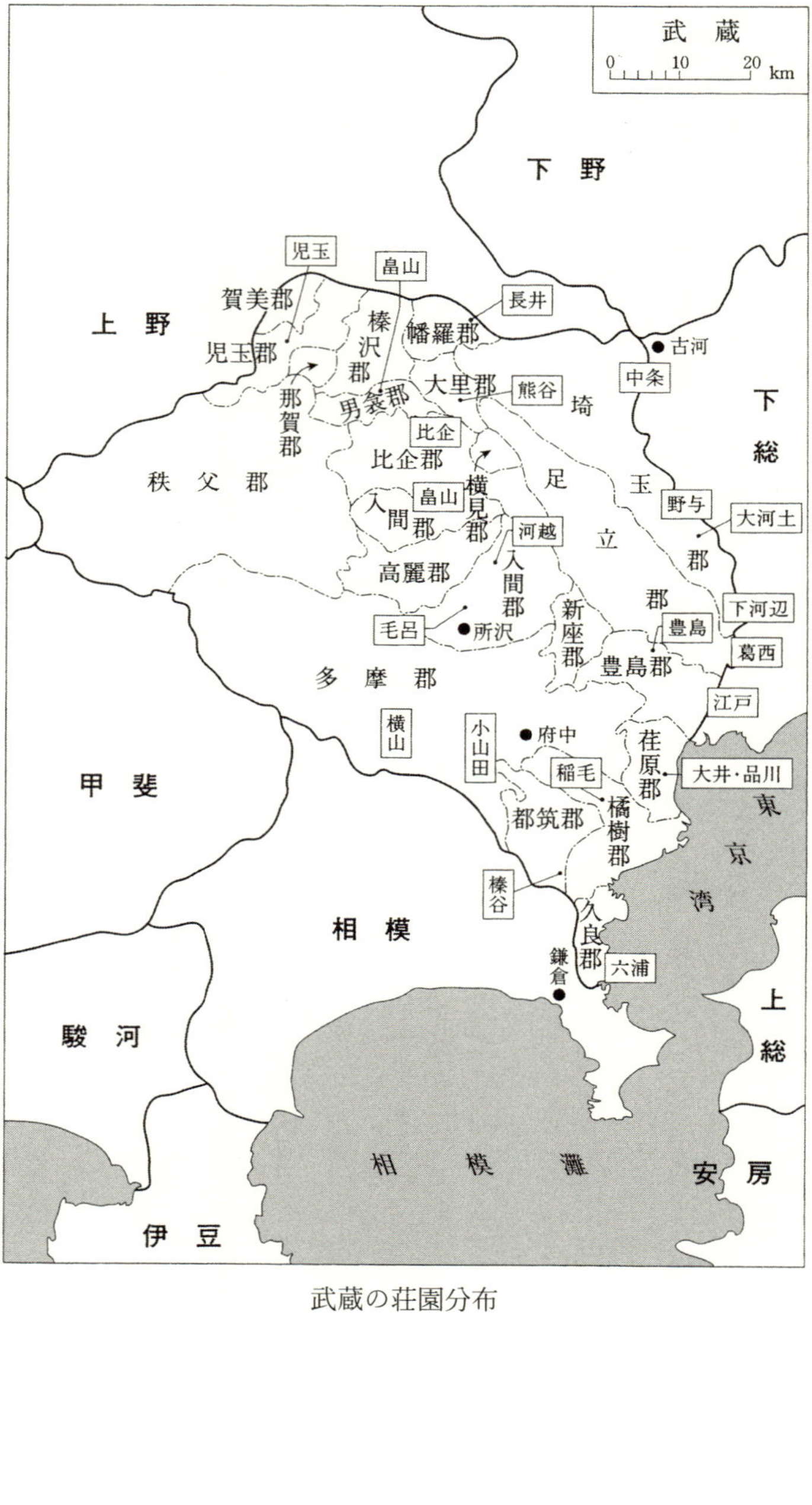

武蔵の荘園分布

お党」などと表現した（『日本開化小史』一八七七〜八二年）。武士たちの集団や連合組織を学問上で「武士団」と規定するようになったのは、昭和戦前期に入ってからだった。学問的にこれが市民権を与えられるようになったのは、一九二〇年代以降の社会・経済史研究の流れが大きかった。八《や》代《しろ》国《くに》治《ぢ》・渡辺《わたなべ》世《よ》祐《すけ》の共著としてしられる『武蔵武士』（博文館、一九一三年）には武士団なる表現は見られない。個別論文レベルを別にすれば、書名としてこれを用いた早い例としては奥田《おくだ》真啓《しんけい》『武士団と神道』（白揚社、一九三九年）あたりと思われる。

　当時、隆盛になりつつあった荘園《しょうえん》研究を背景に武士あるいは武士団研究が本格化していった。西岡虎之助《にしおかとらのすけ》『荘園史の研究』（岩波書店、一九五三年）に結実した一連の武士研究も、この段階のものだった。戦前における研究史の足跡は巻末の文献一覧を参じていただくとして、大雑把にいえば地域史・地方史レベルからの武士団研究は、未成熟の段階にあった。たしかに前述したように八代・渡辺『武蔵武士』の如き名著もあったが、『保元《ほうげん》物語』『平治《へいじ》物語』あるいは『平家物語』などを駆使したもので、人物それ自体にスポットが当てられたものだった。大正・昭和戦前期での郷土史隆盛の流れのなかでの果実ともいえる。こうした郷土への関心は愛国心教育と一体化されたもので、明治後期からの教育界の流れの所産でもあった。

　それはともかく武士団概念の一般化は荘園研究に負うところが大きかった。武士の発生を問題とした場合、荘園の存在が重視されたためだった。つまり、個々の武士云々よりは、階級や身分として武士を問題とする場合、軍記作品とは別立てのドライな武士像が問われたためである。文学からの解放のなかで、散文的武士像を構築する際、武士団概念は適合的だった。戦前以来の武士発生の見取図では、農民の成長→名主《みょうしゅ》化→自衛→武士という形で理解された。農民自衛論と農民上昇論とされるおなじみの考え方である。それでは武士と荘園研究が深い関係にあるとされる理由はどこにあるのか。このあたりのことを考えながら、武蔵武士団研究の入口を探りたいと思う。

八代国治・渡辺世祐
共著『武蔵武士』

そもそも今日に至る武士・武士団研究を大局的に見れば、二つの潮流があった。一つは私法権の流れのなかでの議論である。明治末期の中田《なかた》薫《かおる》(「鎌倉時代の地頭職は官職に非ず」『国家学会雑誌』二一—三、一九〇六年)に代表される内部構造派とされる研究の流れである。比較法制史分野に多大な業績を残した中田の仕事の特色は日欧の封建制の比較だった。西欧を文明主義的な進歩開化の象徴とみなし、これへの歴史的類似性、あるいは近似性をわが国に見いだそうとする立場といえる。私法権の拡大のなかで封建制の成立を可能とさせた西欧社会との近似性を日本に当てはめようとする考え方といえる。

国家(古代律令国家《りつりようこつか》)の公権が荘園という私的土地所有制の広がりと浸透のなかで、いかなるプロセスで中世の封建社会が成立したかを問うことが関心とされた。その点で、東国に誕生した鎌倉《かまくら》の武家政権とこれに結集した武士団は封建制の象徴とみなされることとなった。そこにあっては鎌倉幕府は西欧の古典・古代のローマ帝国にかわって登場したフランク王国にも比すべき勢力と理解された。

したがってわが国の武士とこれに関わる荘園研究の隆盛は、外部世界(西欧)にモデルを見いだし、これを〝青い鳥〟として求めることで、脱亜入欧《だつあにゆうおう》化の指標としたのである。武士とりわけ東国武士が荘園との関わりで重視された事情の一端はこうした点による。武蔵についても、この地域の武士団勢力が幕府の基盤となった関係から、他地域とは異なる関心が寄せられた。

明治から大正、そして昭和戦前期の研究潮流を四捨五入すれば、こんな流れとなろうか。おわかりのように、底流にあるものは、〝青い鳥〟という理想のモデルを西欧に見立て、武士・東国・鎌倉幕府(武家)をキーワードとすることで、日本の中世にヨーロッパを発見しようとした。武士や武士団はまさに〝青い鳥〟そのものとして認識されたのだった。武士の源流を農民自衛論から導き出し、荘園がその温床となったとの解釈は右のような思想的背景が前提にあった。

それでは、もう一つの流れはどうか。有り体にいえば、例の〝青い鳥〟を西欧ではなく、自己（日本）とその周辺（東アジア）に求める立場といえる。いわば日本的・アジア的封建制に依拠する考え方だ。法制史の分野では、大正・昭和期に守護《しゅご》・地頭《じとう》論争を中田薫とは別の観点から展開した牧健二《まきけんじ》はその代表とされる（『日本封建制度成立史』弘文堂、一九三五年）。荘園史研究では内部構造派に対し、国制派と目される立場とも通底する。

この流れは国制すなわち国家公権の在り方を重視するもので、荘園内部の領有権の在り方よりは、各荘園の伝領関係などに着目する方向である。そうした流れのなかで、公領・国衙《こくが》領との関わりで武士研究にも光が注がれた。清水三男《しみずみつお》の一連の研究（『中世荘園の基礎構造』一九五一年）もそのラインに位置する。

ここでは国家公権の解体にともなう私権（荘園に代表）の拡大よりも公権の残存を重視し、アジア的支配システムの一環としての日本的封建制の在り方に着目、武士の発生を国衙領あるいは公領に求める考え方が提示された。封建制のエースたる〝青い鳥〟は膝元・足下にこそありとの解釈といえる。

枝葉にわたる封建制や武士発生の議論をかくも単純に割り切ることにいささかのためらいもなしとしないが、あくまでも〝ザックリ〟での物言いからの整理としては許されよう。要は、中世の主役をなす武士・武士団を西欧型に求めるか、非西欧型と解するかが岐れ道ということになる。そして前者は世界史レベルでの普遍性を追求する立場といい得るし、後者は日本的特殊性・固有性を重視する立場ということもできる。

研究史の流れでいえば、文明（普遍）的視点、文化（特殊）的視点ともいうべき二つの流れは、そのまま戦後の武士研究の潮流にも影響を与えることとなった。詳細ははぶくとして昨今にいたる武士・武士団論では以下のように鳥瞰できる。

総じて武士なる存在を歴史のなかの〝青い鳥〟史観と見なす戦前来の理解は是正され、かれらの英雄主義的解釈から距離を置くことが求められている。すなわち負の遺産としての武士・武士団の側面にも光を当てることで散文的武士像への照射が脚光を浴びるようになっている。一九七〇年以降の社会史研究の移行のなかで登場した理解である。

この考え方は武士をもって有力農民の上昇の所産ではなく、軍事貴族の末裔として、その登場を解する立場からの帰結でもあった。単純化すれば、武士は律令国家の末端につながる国衙・在庁の公権を有した地域・地方名士であり、かれらはその公権をテコに領主化を達成したわけで、都市貴族（公家）ともども一般の百姓・農民に対しては支配者として存在した。つまりは軍事貴族の末裔こそにその本質があるという理解となろう。

都市貴族（公家）古代勢力に対し、農民のチャンピオンが被支配身分から脱し、階級闘争をへて支配階級へと転身するプロセスに古代から中世への移行を考えてきた流れは、重大な変更を迫られることとなった。より単純化すれば武士も貴族も農民を支配するという立場は共通なのであり、これを都鄙いずれを基盤としたかの相違でしかない、こんな理解となる。事実、本書がテーマとする武蔵武士団のルーツも、農民からの成長を物語るものは皆無といえる。系図の虚構性を勘案しても、公権の残存が強固な日本では、国家公権に連なることが領主化（武士化）への前提だった。

このように考えるならば、中世は武家政権＝鎌倉幕府で始まるのではなく、貴族・武士ともどもが、荘園・公領を基盤に農民支配を実現した段階こそに求めるべきとするのが今日的理解となっている。十世紀はその萌芽があり、長期の過程をへて武士の地域支配者としての風貌が顕在化してゆく。武蔵武士団にもこの流れは該当するわけで、『平家物語』などが語る武士像と近年の武士研究の成果とをどうすり合わせるかが問われている。

以上、長大な研究史を筆者なりに翻訳して述べてきたが、次に焦点を武蔵武士団そのものに絞りながらすすめよう。ポイントとして、武蔵の地勢的位置づけ、すなわち地理的環境をまずは整理しついで武蔵武士団の盛衰を時勢的に概観することにしたい。

武蔵の地勢をながめる

武蔵国は現在の埼玉県・東京都・神奈川県の一部（川崎市の全域と横浜市の東半分）をふくむ範域で、関東最大の規模を有した。律令制の国郡制度では二十一の郡を管轄する大国に相当する。房総三国（安房・下総・上総）や相模《さがみ》とともに南関東に位置し、早くから開発が進められた。とりわけ坂東《ばんどう》八平氏と呼称された桓武《かんむ》平氏諸流の基盤ともなった。鎌倉幕府の基盤をなした相模とともに、武蔵は鎌倉武士の代名詞とされことはよく知られている。

かつてこの相模・武蔵両国は大化以前は一体の行政領域だった。武射《むさ》と呼称されたこの地域はやがて、都に近い武射上（ムサカミ）、都から遠い武射下（ムサシモ）と分離、それがサカミ→相模、ムサシ→武蔵へと変化したとされる。これは一つの有力な解釈だが、両国の南関東の地勢的位置づけを考えた場合、参考となろう。広い領域を持つ武蔵は周囲を七ヶ国に接した。東北部は、下野《しもつけ》・常陸《ひたち》と、東は下総《しもふさ》に接し、南は相模《さがみ》、西南は甲斐《かい》、北は上野《こうずけ》、さらに一部は信濃《しなの》とも国境を画していた。

よく知られているように、挙兵後に房総で再起した頼朝は武蔵を経由して相模に至ったわけで、武蔵武士団の動向が関東の新政権の樹立を左右した。その点ではキーマンたる武蔵武士団の動向は、鎌倉幕府体制下はもとより、南北朝動乱以後の鎌倉府体制を左右するほどに重視された。このあたりの事情は本論を参照していただくとして、ここでは武蔵国の風貌をその地理的環境から整理しておこう。

広大な領域をもった武蔵には、西北に秩父《ちちぶ》山系を有し、東南にはそこから流れ出る三つの大河川（利根川《とねがわ》・荒川《あらかわ》・多摩川《たまがわ》）が貫流している。肥沃な関東平野の南半部は多くこの河川の賜物だった。西に高い山を抱く秩父山系を有した西高東低型の土地柄といえる。山根地帯から毛細血管のように広がった中小の河流は、三つの大河に集まり、いずれもが現在の東京湾へと流入する。

群馬県（上野）との国境を東に流れる利根川は、多くが武蔵北部域からの水が集まる（江戸期の河道変更で現在は太平洋に流れているが、かつては現在の江戸川筋が本流）。武蔵中央部を貫流する荒川は、秩父山地から出て北東に流れ、熊谷《くまがや》付近で東南に向きを変える。『太平記』その他の作品に見える戦場には、荒川の分流・支流地域が少なくない。そして多摩川は、武蔵南部の水を集め、東京都を北西から南東へと流れ、川崎付近で海に注ぐ。

このように西北から東南方向へと流れる河川に即し平地が開かれた武蔵を鳥瞰すれば、多くの丘陵と中小の河川が織りなす複雑な景観だったことが容易に想像される。海岸線も今日よりは内陸に入り込み、例えば江東区・墨田区・江戸川区の南半部は海の中だったといわれる。当然ながら沿岸も湿地や砂州が広がり、農耕不適地も少なくなかった。

他方で山地から平野へと移る山根・丘陵部は早くから谷戸田《やとだ》を中心に開墾が進められ、重畳する丘陵とその間をはう小河川流域を舞台に多くの領主が開発にいそしんだ。在地領主《ざいちりょうしゅ》と呼称されるかれらは、多くの小武士団を構成した。武蔵武士団の特色ともいわれる党的武士団の存在は、こうした地理的状況のなかで育まれたものだった。とりわけ荒川水系に属する中央部には、大里《おおさと》・男衾《おぶすま》・比企《ひき》・入間《いるま》・高麗《こま》・新座《にいざ》・豊島《としま》などの中小の諸郡が集中している。『吾妻鏡《あづまかがみ》』に顔をのぞかせる畠山《はたけやま》・河越《かわごえ》・豊島・比企・熊谷の諸氏をふくめ、後世武蔵七党と呼称される武士団の多くはこの地域を基盤とした。

多くの丘陵とそこをぬう小河川は武蔵武士たちにとって天与の舞台となった。川は肥沃な土地の形成に欠かせなかった。武士の側面は何よりも農業経営者としての領主にあった。その点では広大な農耕可能地をふくむ関東平野の中核・武蔵はかれらに飛躍の条件を準備した（安田元久『武蔵の武士団』有隣堂、一九八四年）。

そして丘陵部はかれらのもう一つの側面でもあった戦士を育てた。「弓馬《きゅうば》の道」は武士の代名詞とされる。中世の戦士は弓と馬にたけていることが求められた。武蔵国内に散在する公私の馬牧は、弓馬の士の育成にこれまた寄与することとなった。要は〝山と川〟が武蔵武士団を育てたともいえる。ちなみに合戦絵巻として広く知られる『男衾三郎絵巻《おぶすまさぶろうえまき》』の主役、吉見二郎と男衾三郎兄弟もまた、武蔵武士の典型だった。鎌倉末の成立とされるこの絵巻には、いくさを業とした「弓馬の道」の様子がと活写されている。

武蔵国は「山道《さんどう》ニ属スト雖《いえど》モ、兼ネテ海道《かいどう》ヲ承《う》ク」と『続日本紀《しょくにほんぎ》』（宝亀二年〈七七一〉十月乙卯条）にみえるように、東山道《とうさんどう》・東海道《とうかいどう》両方の性格を担う行政的位置にある。奈良時代以前には行政の管轄としては武蔵は東山道に含まれていた。けれども八世紀末以降は行政上の改編で東海道に編入された。たしかに関東最大の規模を持つ武蔵国は、〝山と川〟とは別に〝海〟も併有した。荏原《えばら》・橘樹《きづき》・久良《くら》の南部諸郡は東京湾に面し、この国に別の彩りを与えている。

行政的にいえば、この山道および海道の両属性は、武蔵の国柄を考える場合、興味深いものがあった。武蔵は東山道と東海道の結び目、すなわち十字路とおぼしき地に当たっており、前者は上野・下野に、そして後者は相模、さらに両総（上総・下総）に接していた。この地勢的・行政的位置こそが武蔵を関東の中核的位置に押し上げた。

鎌倉にいたる道（鎌倉道）（「鎌倉街道」とも後世に呼称された三本のルート〈「上《かみ》ノ道」「中《なか》ノ道」「下《しも》ノ道」〉）は、いずれも武蔵を介して結びついていた。相模とともに武蔵は関東の枢軸だった。その性格は鎌倉時代のみならず南北朝・室町期にあっても変わらなかった。足利尊氏《あしかがたかうじ》は東国武士団への求心力を確保するためにも、武蔵武士団の帰趨に腐心した。本論でも指摘されているように武蔵は鎌倉府の背骨に当たっており、ここは関東管領《かんとうかんれい》上杉氏《うえすぎし》の領国に位置した。上野《こうずけ》と鎌倉を結ぶ縦貫ルートに位置し、尊氏の意を継いだ次子の基氏《もとうじ》はしばしば相模から武蔵国府（府中《ふちゅう》）へと出陣した。さらに入間川を拠点として数年にわたり布陣《ふじん》し（『太平記』「入間川御陣」）、東国武士団結集の要としての地勢的役割を担っていたことがわかる。

府中から入間川のルートは鎌倉街道（「上ノ道」）にもあたり、信濃《しなの》方面や奥州《おうしゅう》方面への要衝に位置し、入間川での布陣は武蔵武士団結束の凝固剤的役割が期待された。鎌倉公方基氏《かまくらくぼうもとうじ》の貴種性に加え、関東管領上杉氏の力を利用することで、武蔵武士団との紐帯をはかる算段が講ぜられたともいえる。武蔵はまたそれだけの軍事的価値を有した場所でもあった。

以上が、地理的および地勢的側面からながめた武蔵のおおよそだ。次に歴史的・時勢的な関係の中で、武蔵国について見通しておこう。

関東の歴史を掘りおこす

東国武士団の淵叢《えんそう》、少し難しくいえば、武蔵とはそうした地域の一つだった。以下では武蔵を含む関東が武士の政権を誕生させた歴史的条件についてふれておきたい。そのうえで、武蔵国自体の時勢的沿革を略述することとしたい。

鎌倉幕府の基盤となった東国＝関東は、中央の律令や王朝の政府にとっては鄙《ひな》と位置づけられる辺境だった。鄙は田舎の雅語にすぎないが、この鄙の語感には「夷《えびす》」の意も当然ふくまれていた。『太平記』には鎌倉幕府を称して京都の公家勢力は「東夷」と呼称した。むろん文学上での修辞表現だとしても、東国の武家への蔑視感が中央の優越とコントラストをなしていた。この鄙としての感性は、はるか後の時代、たとえば十五世紀の室町幕府の時代まで、人々の間に流布していた。『鎌倉大草紙《かまくらおおぞうし》』などに散見する「都鄙合体《とひがったい》」などとあるのは、その証しだろう。もっとも右の語は京都の室町幕府とこれに対抗しつづけた関東の公方家の和平手打ちの儀を象徴的に語る文脈のなかで用いられたもので、特段の辺境性ばかりを強調したものでもない。

けれども鄙なる観念に政治や文化の練度の劣りが宿されていることは否定できない。東国・坂東の地がそうした観念をみずからの内から払拭し得たのは、室町の時代を経た近世・江戸期になってからだった。全国的流通網の整備と充実のなかで、経済的均一化がそれを可能にした。

その限りでは古代そして中世にあっては奈良・京都における政治的水位の故に、権力の低位性が東国社会の地位を規定した。十二世紀末の鎌倉幕府の成立は、東国の政治的水位の低さを京都の王朝と対抗しうるまでにした。東国は地域としての自己を政治的世界のなかで、はじめて主張できる場面を用意させたことになる。

このことは畿内政権として誕生した古代の律令国家の在り方と深く関わる。古代の国家はその誕生以来、西高東低性の権力配置の故に、関東さらには東北方面を辺境として位置づけてきた。わが国の場合、政治権力は西から東へと漸進する形で政治的フロンティアを消滅させていった。関東は中央との関係において、そのような歴史的原形質を有していた。武蔵はその関東の性格が凝縮された地でもあった。

それはともかく、鎌倉幕府はみずからを「関東」と称し、王朝の権力とは一線を画した。その点でこの武家政権の樹立により、かつての古代における西高東低性は、政治レベルでは解消したことになる。文化レベルもふくめての解消は前述したようにさらなる時間を要したとしても、武蔵をふくむ関東の地が、頼朝を鎌倉殿として担ぐことで、王朝勢力の対抗装置としたことは地域にとっては画期となった。

鎌倉政権が東国に成立した意味は、この点にこそあった。〝武士による武士のための政権〟、反乱勢力からスタートした頼朝の政権は王朝権力から東国の実効支配を法的に容認され、合法的権力としてみずからを位置づけることに成功した。武蔵武士団も、鎌倉殿を担ぐ主要な担ぎ手たちに他ならなかった。

それではその担ぎ手たる東国武士団はどのようにして誕生したのか。このことの解答には古代以来の東国地域の役割を考えることが近道だろう。関東についていえば、蝦夷《えみし》との戦争の前進基地だったことが大きい。そのなかで育まれた〝武の遺伝子〟ともいうべき地域的性格が少なからず作用している。

八世紀末以来、東北蝦夷との戦争はおよそ三十年余におよんだ。東北は関東ともども広く東国に位置するが、律令国家は辺境への征夷政策を通じて、関東を媒介としその征夷のエネルギーを東北（奥羽）へと進めた。その際に同じ東国に属しながらも関東は、東北蝦夷戦争での兵站《へいたん》基地としての役割を与えられていた。このことの歴史的原形質が関東地域に武威の気風を蓄電させたともいえる。

武蔵をふくむ関東は平安期を通じ武力の先進地域の風貌を濃くしていった。『今昔物語《こんじゃくものがたり》』（巻二五）に登場する説話は、多くがこの坂東＝関東を舞台とした。武蔵武士団のルーツはこの『今昔物語』に登場する兵たちも少なくなかった。かれらは王臣・貴種の末裔として、あるいは受領《ずりょう》（国司《こくし》）などの当該地域への土着化の中で、武力紛争の請負に従事しながら、自己の声望を地域的に拡大させていった。

十世紀に坂東の自立をめざし反乱を起こした平将門《たいらのまさかど》もそうだった。武蔵国の紛争に介入したこともあった将門は、「天ノ与フル所ハ武芸」と自らを語り、「兵威《へいい》ヲ振ヒテ天下ヲ取ル」（『将門記』）ことへの思いを語っている。将門は「兵」であることの自覚のなかで、武蔵をふくむ周辺を圧した。当時、将門のような地方名士は「兵《つわもの》」と呼称され、軍事貴族の末裔たちも多く見られた。

十世紀以降に登場する王朝国家は、それまでの律令国家の遺産を継承しながら軍事面での課題にも対処した。関東と東北のかかえるこの方面の問題として、蝦夷戦争による後遺症があった。征夷戦争の結果の大量の俘囚《ふしゅう》勢力の処遇もその一つだった。律令軍団制の解体にともなう軍制の危機が課題とされ、そうしたなかで案出されたのが、俘囚勢力の軍事的活用だった（福田豊彦『中世成立期の軍制と内乱』吉川弘文館、一九九五年）。

かれら俘囚勢力を、騒憂地域とされる関東・瀬戸内・北九州方面へと分散配置することで、軍団解体後の軍事力の補完にした。徴兵制が崩れ、これに代わる措置として俘囚による雇用・傭兵のシステムが考案された。健児制《こんでいせい》と呼ばれる郡司《ぐんじ》子弟らによる少数精鋭主義に加え、俘囚勢力を傭兵《ようへい》化する流れが登場した。いわば武力・軍事力の請負化の発生である。十世紀以降の王朝軍制の基本は、この軍事力の請負化が定着したもので、「兵」を呼称された軍事貴族たちは、律令軍制解体後の新しい流れのなかから登場する。

詳しくは別に譲るが、関東の地域はその俘囚勢力の東北からの強制移住にともない、群盗や草賊がはびこり、治安が悪化する地域へと変貌することになった。有名な「僦馬《しゅうば》ノ党」と呼ばれるアウトロー的な群盗集団の存在は、その代表だった。前述の兵とか軍事貴族とかの武的領有者たちは、それらの多発する騒擾事件への対応措置として期待された武力でもあった。のちに武士と呼ばれる人々の前身ともいうべき兵とは、そのような歴史的存在だった。

むろんこれは武士誕生の一つのコースだったが、農民自衛論という古くからの理解に比べ、なぜに関東の地に武的勢力が育まれたかの解釈としては、理解されやすいと思われる。ここから鎌倉幕府への道筋は紆余曲折があるにしても、武家政権を支えた淵源が武蔵を含む関東にあったことの理由を考えるヒントにはなるはずだ。

以上、関東の歴史的古層の記憶にふれてきたが、最後に武蔵武士団そのものに話を移したい。

兵たちの十世紀

ここでは焦点を武蔵にしぼり、兵段階から脱皮した武士の姿を十世紀から十五世紀にわたり略述しておこう。武士以前に属したこの段階は明瞭な輪郭はとらえ難い。平将門の登場で象徴化されるように、兵と呼ばれたかれらは、私的に営田をいとなみ豪族的な私営田領主として活躍した。この時期の特色は兵たちが保持する私営田規模が大きく、その営田も数ヶ国に散在するなどの広域的領主経営を特色とした。したがって、その保持する武力ものちの源平時代の武士団のように主従関係に裏打ちされたものではなく、離合集散が一般的だった。

この時期の武蔵を舞台とした兵に、『今昔物語』（巻二五）に登場する平良文《たいらのよしふみ》と源宛《みなもとのあつる》の存在があげられる。村岡五郎《むらおかごろう》と通称された良文と箕田《みのた》源次と呼ばれた宛が、数千規模での軍事動員力を持つ地方の名士として登場している。良文は桓武平氏に属した兵で、父は高望王として知られ、大里郡村岡の地（埼玉県熊谷市付近）を本拠とした（あるいは相模の村岡〈藤沢方面〉との説もある）。源宛は嵯峨《さが》源氏の流れで父は源仕《みなもとのつかう》とされ、右大臣源融《みなもとのとおる》（嵯峨天皇皇子）の孫にあたる。武蔵守として下向《げこう》、同国の箕田郷（埼玉県鴻巣《こうのす》市付近）を開発し私営田領主となった。

『今昔物語』にはこの両人が田畠の問題から対立、合戦する様子が描かれており、兵世界の闘諍の姿を知るうえで興味深い。両者とも武蔵を基盤としており、かれらの来歴も貴種たる立場での地方下向語られており、関係する系図などからも史実に近いと推測される。かれらはのちの武士のように武蔵に土着したわけではなく、京都と往還しながら地方への勢力を拡大していった。

平良文の末裔は秩父平氏の血脈を形成し、その後の武蔵武士団の代表的存在となったことを思えば、『今昔物語』という説話世界ながら、武蔵武士の原点に考える話として留意されるべきだろう。

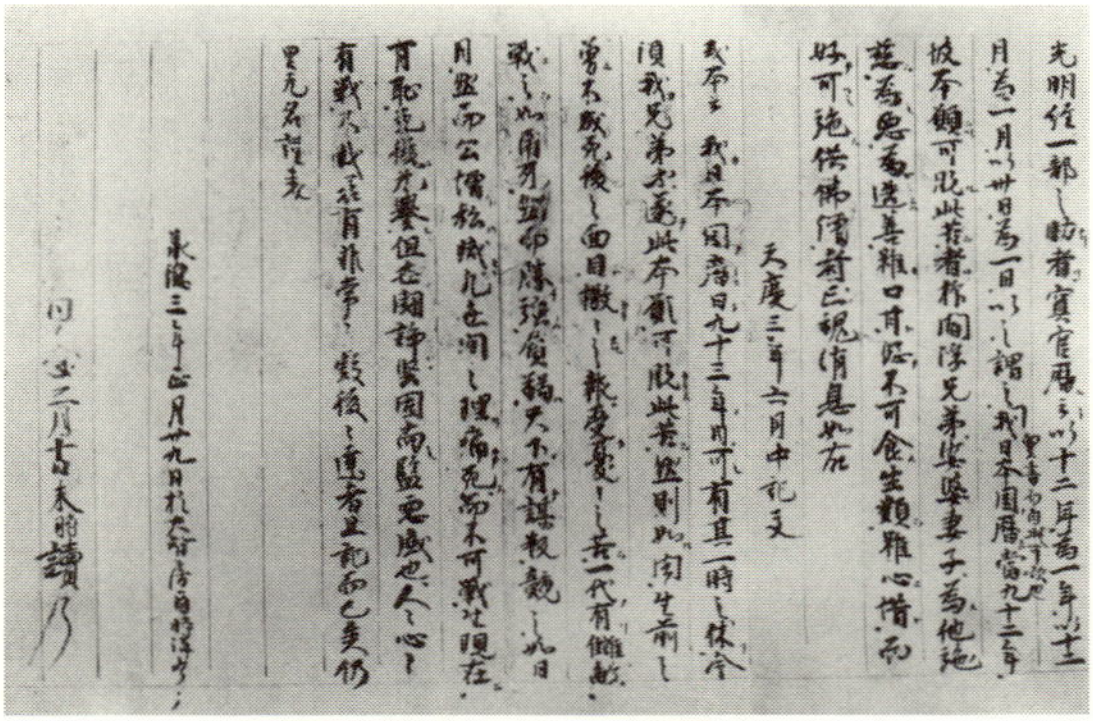

『将門記』真福寺宝生院本

武士成立の十一世紀

兵から武士へ。この時期の大局は在地領主的風貌を持つ武士が地域ごとに誕生しつつあったことだ。「住人」と呼称され、荘園・公領を母胎に兵段階を脱した武的領有者たちが登場した。平将門の乱の鎮圧の武功者たち（藤原秀郷《ふじわらのひでさと》や平貞盛《たいらのさだもり》）の子孫が、軍事貴族として関東のみならず、都にも自己の勢力を拡大させた段階にあたる。中央にあっては摂関政治の隆盛期にあたり、功臣の末裔たちが、都の武者（中央軍事貴族）として頭角をあらわす一方で、地方にあっても辺境軍事貴族の立場で王朝軍事機構を担うところとなった。

長元年間《ちょうげん》（一〇二八—三一）に房総を舞台とした平忠常《たいらのただつね》の乱は、武蔵をまき込む反乱で、関東はこの戦乱の荒廃から復興する。そのなかで本格的在地領主が登場する。したがって将門の乱でその登場が促された軍事貴族たちは、この段階の忠常の乱を経験することで、より彫磨された形で地域領主としての統合化が進められた。

坂東八平氏と呼称され関東各地に土着した桓武平氏の流れは、十から十一世紀における二つの乱の中で一層の淘汰が進展した。忠常の乱にあっては、それまでの敵人登用策による鎮圧（坂東平氏内部でのライバル同士〈地方軍事貴族〉でのつぶし合い）から、中央で声望をはせた源頼信《みなもとのよりのぶ》（中央軍事貴族）を登用することで、その反乱を鎮圧したことだった。王朝的武威を有した頼信の登用は、「家ヲ継ギタル兵」あるいは「兵ノ家」と『今昔物語』にもみえるように、国家公認の紛争処理請負人を輩出させた。社会的認知を前提とした武的領有者の登場である。

武士とは単なる武的領有者ではなく、武力行使の正当性を認知された人々への呼称だった。兵は時として反社会的行為のなかで自己の武威（武芸）を標榜したのに比べ、武士は個人レベルでの武芸を超えた身分的表象だった。その限りでは王朝国家による新たな身分秩序に対応するなかで誕生したものだった。十一世紀後半は王朝国家による在地領主（武士）の体制的容認の段階とされるのも、右のことと無関係ではない。

先にふれた平忠常に話を戻せば、かれの父忠頼《ただより》は将門の乱の鎮圧で功績をあげ、武蔵押領使《おうりょうし》・陸奥守《むつのかみ》に任ぜられたと伝えられている。忠頼の父は例の『今昔物語』にも登場した平良文である。前述したように良文は大里郡村岡（熊谷市南部）を領有した兵であり、忠頼も父の経済的基盤を継承したことになる。この忠頼の第二子が長元の乱の首謀忠常である。長子の将常《まさつね》は忠頼の基盤を受け継ぎ武蔵権守と称した。

忠常が房総方面に大きな勢力を持ちその末裔が千葉氏や上総氏などの両総平氏として発展したのに対し、将常の子孫は武蔵に拠点を置き、この国の最大の武士団秩父氏の母胎になってゆく。将常は秩父郡中村郷（秩父市）に本拠を置き、子の武基《たけもと》は系図によれば秩父牧の別当となり、勢力を扶植している。さらにその子武綱は秩父十郎《ちちぶじゅうろう》と称し、前九年《ぜんくねん》・後三年《ごさんねん》合戦において源義家《みなもとのよしいえ》に従軍したとされる。

十一世紀後半の前九年・後三年合戦は忠常の乱鎮圧の武功者、源頼信の子頼義《よりよし》・義家が奥羽方面での争乱に介入、東北への清和源氏《せいわげんじ》勢力の拡大の布石をなした戦いだった。そのおり、伝承ながら義家麾下の郎従として武綱が従軍したのはその足跡を推測するうえで大きい。この武綱の子孫から、鎌倉幕府の有力御家人《ごけにん》である畠山《はたけやま》・稲毛《いなげ》・榛谷《はんがや》・小山田《おやまだ》・河越《かわごえ》・江戸《えど》・児玉《こだま》といった武士団が誕生する。

一方、武基の弟武常は武蔵南東部の豊島郡や葛飾郡《かつしか》に進出、そこを拠点に豊島氏や葛西氏《かさい》が輩出した。かれらのなかにも義家に従軍した近義《ちかよし》や常家《つねいえ》の名がみえており武蔵武士団と源氏との関係を知ることができる。

中央軍事貴族ともいうべき清和源氏の力は、頼信―頼義―義家を通じて東国（関東・奥羽）方面へと浸透、それに合わせ、在地勢力を自己の傘下にすえ基盤整備を進めていったことがわかる。

武士団成立の十二世紀

武士・武士団の輪郭が明瞭となる時期である。武蔵についても良文流平氏の一流が、秩父平氏として荒川流域を中心に各地で領主的展開が本格化していった。武蔵をふくむ関東地域では、天慶《てんぎょう》の乱の功臣たちのうち、貞盛流平氏および秀郷流藤原氏の拠点化が進展していた。前者は武蔵以外に房総や相模方面の南関東に、後者は常陸・下野・上野といった北関東へと勢力を広げていった。ただし武蔵については、同じく桓武平氏に属し

【秩父平氏略系図】

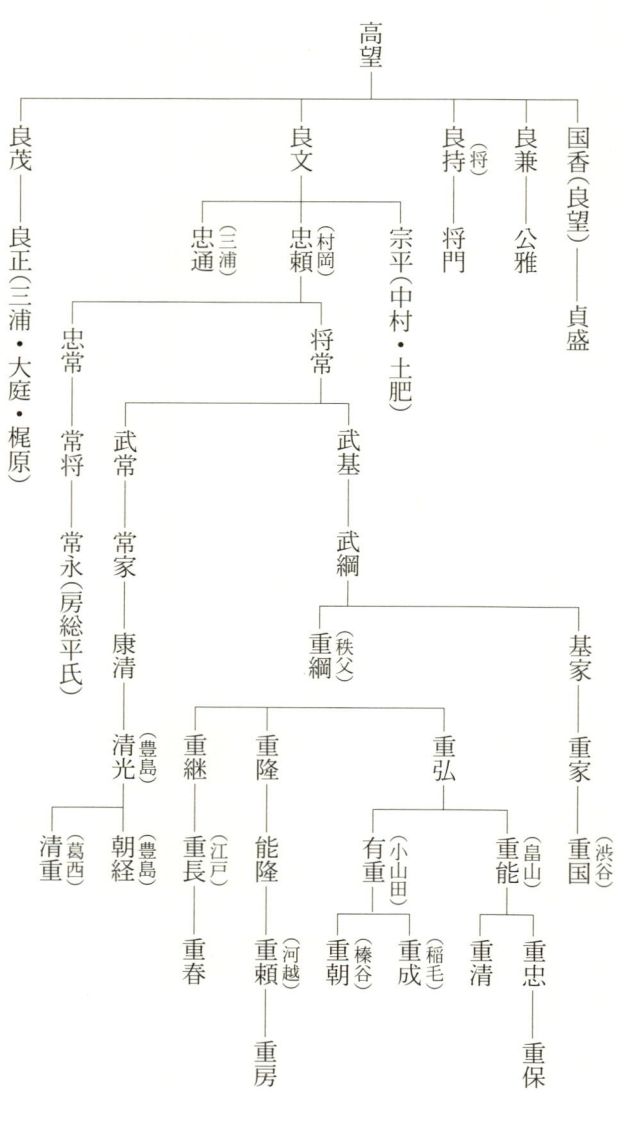

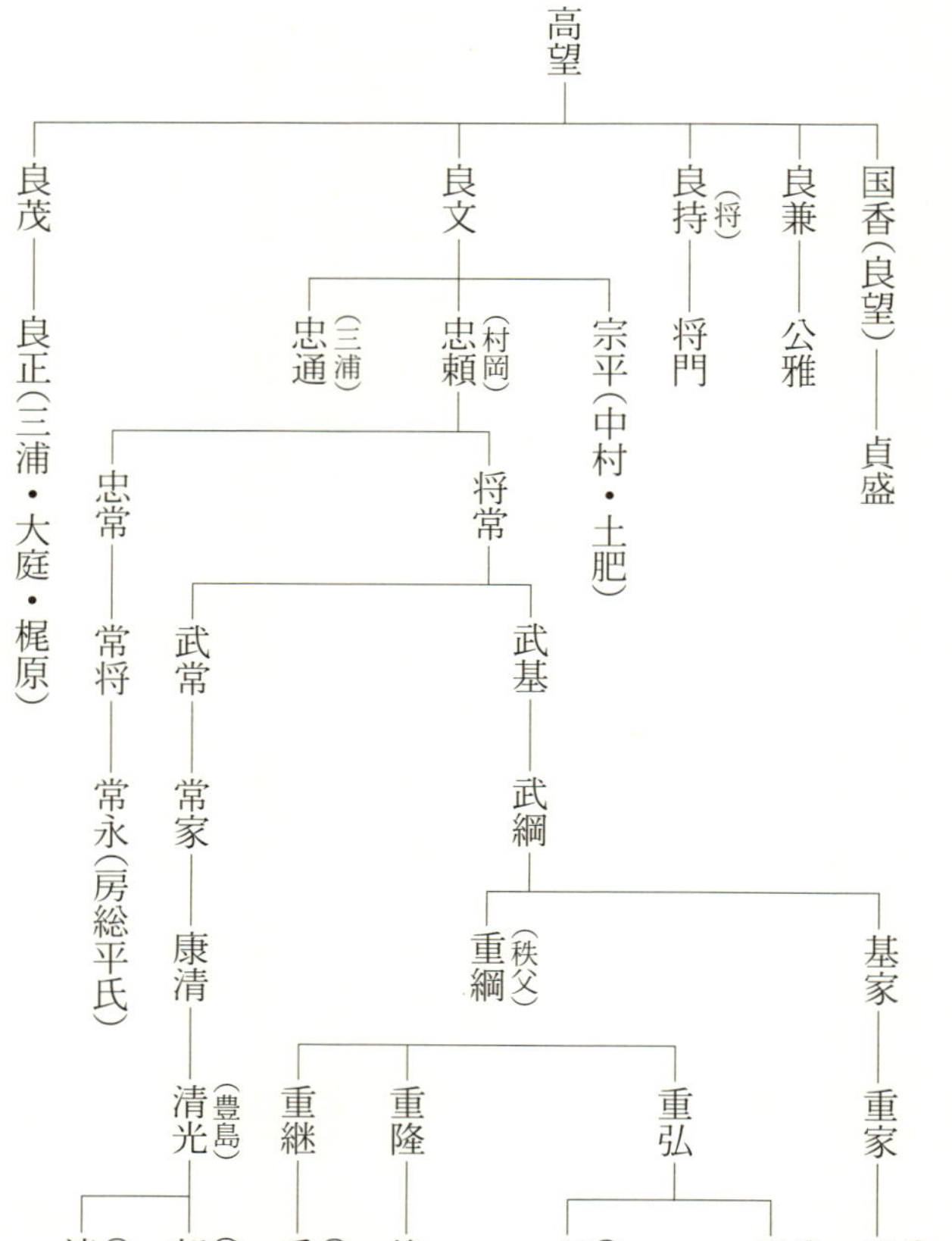

た良文流の秩父氏が繁茂しており、同流・同族ながらその勢力基盤をめぐり敵対することもしばしばだった。領域規模での領主化が進み、武士団としての風貌が明らかになるに及び、この傾向は一層顕著となった。

天慶の乱や長元の乱を通じ、関東の分割と棲み分けは促進されることになった。そうしたなかで中央での王朝的武威を担った経基《つねもと》流の源氏は、畿内・近国方面での基盤整備を脱しながら、関東への進出をはかった。頼信―頼義―義家の時代はその転機となった段階だった。しかし源氏勢力の扶植は容易には進展せず、その領主化に際しては、貞盛流・良文流の平氏、さらには秀郷流藤原氏との軋轢も少なくなかった。概して武蔵・相模・両総などの南関東方面は平氏の開発基盤ということもあり、源氏はその周辺の北関東方面の基盤整備にいそしんだ。義家の三男義国《よしくに》を祖とする上野の新田《にった》氏や下野の足利《あしかが》氏、さらには義家の弟義光《よしみつ》を祖とする常陸《ひたち》佐竹《さたけ》氏や甲斐《かい》の武田《たけだ》氏などはその代表といえる。

武蔵に限定すれば、良文流を中心とした秩父平氏やその他の中小武士団が繁茂し、源氏勢力の進出は容易ではなかった。義家以後、源氏は内紛で一時的にその力が衰えたが、為義の子義朝が相模あるいは上総方面から武蔵への進攻をはかった。また義朝の弟義賢《よしかた》（義仲の父）が上野国多胡《たこ》郡から同じく秩父（重隆《しげたか》）氏の助力を得て、武蔵へと進出する動きが見られた。

十二世紀半ば以降に活発化する源氏勢力の武蔵への触手は、関東の中心たるこの地域の重要性を語るものだった。その限りでは、桓武平氏諸流や秀郷流により進められた早期的な関東の分割に対する再分割をはかるための清和源氏の進攻策という側面もあったことになる。

しかし、その一方で義朝・義賢兄弟両者の南北からの武蔵進出は、同じ源氏一門内部での対立・抗争を生み出した。久寿二年（一一五五）八月に起きた比企郡大蔵館《おおくらやかた》での合戦はそれを語るものだった。詳細は本論で触れることとなるが、要は秩父氏との連携による進出を企図する義賢に対し、鎌倉を拠点とした義朝側がこれに対抗したことでの闘諍事件だった（拙著『武士の誕生』講談社学術文庫、二〇一三年）。

有名な保元《ほうげん》の乱の一年前のことだった。義朝を棟梁《とうりよう》と仰ぐ保元の乱では武蔵武士団の多くが顔をそろえてい

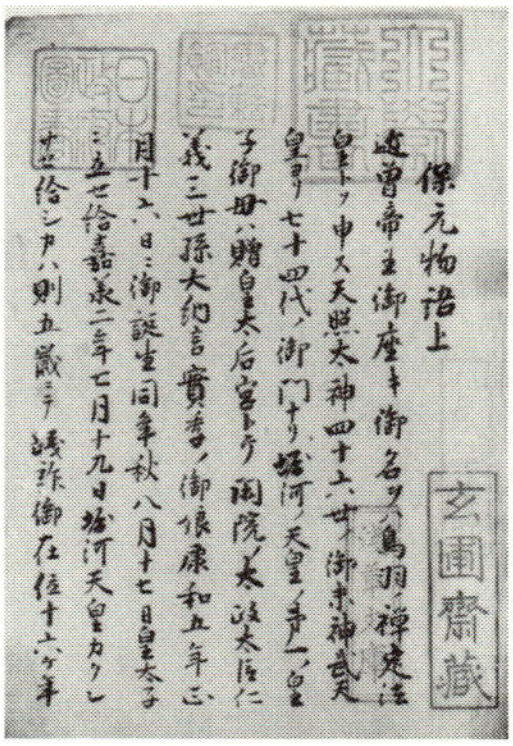

『保元物語』半井本

る。『保元物語』には豊島・河越・秩父の諸氏、さらには斎藤別当実《さいとうべっとうさね》盛《もり》、熊谷直実《くまがいなおざね》、あるいは横山《よこやま》・猪俣《いのまた》・村山《むらやま》・児玉《こだま》など武蔵七党の面々など三十数名の名がみえている。これは他の関東地域に比べ、個別の氏名が登場しているという点で際だっている。それだけ武蔵には多様な形態の武士団が存在したともいえる。

十二世紀末の治承《じしょう》・寿永《じゅえい》の内乱は、源平の争乱を呼びならわされているが、『平家物語』に活写されているこの合戦模様には、この保元の乱で活躍した武蔵武士の名が随所に語られている。

この源平争乱については詳細は省くが、武蔵武士団に限定すれば良文流平氏と貞盛流平氏との対抗・対立という側面も留意されるべきだろう。貞盛流のうち伊勢《いせ》・伊賀《いが》方面に進出したのが清盛《きよもり》につながる伊勢平氏の一門であった。その点では良文流は頼朝を担いだことでこの貞盛流の清盛勢力と対したことになる。この争乱と鎌倉幕府成立に至る流れはすべて本論にゆずることとして、十三世紀の武蔵に目を転じよう。

拡散する武士団の十三世紀

この段階の武蔵武士団の特色は〝内から外へ〟と、他の地域へとその勢力を拡大していったことである。十二世紀末の内乱を通じて東国に誕生した鎌倉の政権は、武蔵武士団もその内部に御家人として組み込み成立した。

源平合戦は武蔵武士団を畿内・西国方面へと遠征させた。その果実として西国方面に地頭職《じとうしき》を与えられ、それが個々の武蔵武士の発展につながった。武士団の多くは内乱期を通じ、武蔵国内の開発所領（在地領主的支配地域）＝本領を地頭職として幕府から安堵《あんど》（保証）されることで、支配地域の法的保証を確立されることとなった。鎌倉政権の樹立に参加した御家人たちにとって、内乱期での敵人没収所領（一般に平家《へいけ》没官領《もっかんりょう》といわれる）への新たなる給与（地頭職への新恩給与）と併行してなされたこの開発本領（名字の地）の権利保証こそが重要だった。

鎌倉幕府体制下での関東御家人たちは、御家人身分の獲得を介して自身の開発所領を安定させることが可能になった。十三世紀はこの内なる各武士団の安定をもって、外への飛躍が実現した。この外への拡大は武蔵武士団内部に限定すれば、国内各地の開発で一族が繁茂し、所領の飽和化が進むなかで、異なる地域へのステップが望まれるという状況が背景にあった。そしてこの内なる条件を達成するための内乱・戦闘がそれを保証したという側面もあった。

武蔵の各武士団が外へと進出するうえで、源平合戦は量としては限定されていた。その後に続く、東北（＝奥州藤原氏）との奥州合戦あるいは、王朝勢力との承久《じょうきゅう》合戦の両者こそが新しい地域へとかれらを導く契機をなした。

幕府がおかれた相模とともに武蔵は、武家政権の根幹をなす地で、守護あるいは国守は多くが執権北条一門の担うところとなっていた。こうした政治的事情もあり、関東の他の武士団（たとえば両総での千葉《ちば》氏、常陸での八田《はった》氏、下野での小山氏、甲斐での武田氏など）のような当該国から成長した勢力が守護となるという状況が欠落していた。その点では隣国の相模も同様だった。このような事情によって、文治《ぶんち》五年（一一八九）の奥州合戦や承久三年（一二二一）の承久合戦後の戦後処理のなかで、武蔵武士の東北への東遷や西国への西遷移住を促した。本論でも紹介する葛西氏の東北移住や熊谷氏や品川氏・大井氏の西国移住はその代表だった。
くわえて、十三世紀はモンゴルとの戦争（異国合戦）がなされた時期だった。関東武士のなかには千葉氏のように、これに従軍し、一族内部での惣領《そうりょう》・庶子《しょし》関係に亀裂がもたらせたところもあった。武蔵の各武士団にあっても、惣領・庶氏との分裂は十三世紀を通じて深刻さをまし、幕府の武士団統制に影響を及ぼした。いずれにしても、十三世紀は鎌倉幕府体制の安定化のなかで、関東地域の武士たちが、新しい所領を求め外へと広がった段階だった。その限りでは武蔵武士団を含む〝関東の種子〟が全国へと散布された時期ともいえる。

一揆化する武士団の十四世紀

この段階は、南北朝の動乱を主題とした『太平記』の時代である。他の地域へと移住し、それぞれの領主的経営を通じ、地域との同化を果たした武士団にも惣領制解体の危機が進行した。半世紀にわたる長期の動乱の背景には、武士団の結合のカナメともいうべき、惣領の求心力の低下があった。同族内部での対抗・対立が表面化するなかで、武蔵武士団にあってもそれぞれの事情に応じ、流動化が進む。そのことは東国の政治的主体たる鎌倉幕府が滅亡し、その後に続く動乱の過程で地域武士団が自身の命運を託す政治権力を創出する戦いとして表面化した。

十四世紀前半までの政治過程のなかで、武蔵武士団は「一揆《いっき》合戦《かっせん》」の主体となった。『太平記』は天皇でいえば後醍醐《ごだいご》から後村上《ごむらかみ》、将軍でいえば足利尊氏《あしかがたかうじ》から義詮《よしあきら》という年代記的叙述で動乱の時代を活写したものだ。とりわけ、武蔵武士団の活躍の様子は前半の（巻十）の新田《にった》義貞《よしさだ》の挙兵から鎌倉街道南下とそれにともなう鎌倉攻略の場面、さらには後半の（巻三十一）に登場する観応《かんのう》の擾乱《じょうらん》（一三五〇—五二年）直後の武蔵野合戦の場

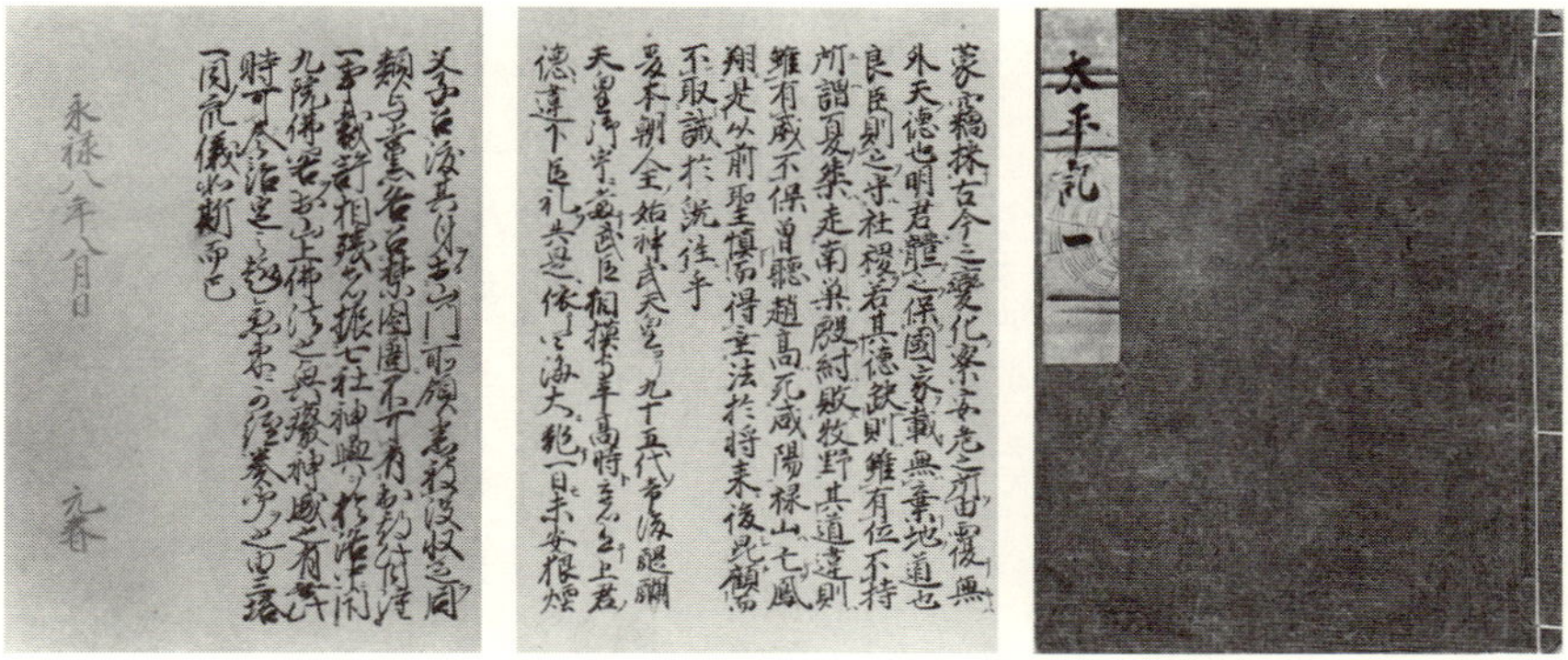

『太平記』吉川本

面だろう。その武蔵野合戦を彩る叙述の中には「一揆」の語が多く登場する。

おしなべて、『太平記』の合戦場面には「白旗一揆」「平一揆」「藤一揆」「武州一揆」などの表現が多く用いられている。とりわけ武蔵はそうした「一揆」の語に象徴される武士団の動きが鮮明な地域だった。「揆ヲ一ツニスル」行為から転じて、団結的な戦闘行為を「一揆合戦」と称した。そのきっかけは同族的な血縁による結合（たとえば「平一揆」、その場合、純粋なる血縁ではなく、擬制的・観念的なものもふくむ）、また地縁・地域による結合（たとえば「武州南一揆」「武州北一揆」）などいくつかのパターンがあった（拙著『その後の東国武士団』吉川弘文館、二〇一一年）。

そして何より重要なことは『太平記』的なこの「一揆」の語に象徴される武士団の合戦模様は、『平家物語』に散見される「一騎合戦」とは明らかに異なっていたという事情だろう。

文学としての両書の違いは、同時に背景をなす時代の差でもあった。『平家物語』は武将個人の修羅場の演ぜられ方、別言すれば個性が主題をなした。それが故に戦場でのあでやかさがポイントだった。一ノ《いちの》谷《たに》合戦で、先駆けのために味方の源氏勢力から、抜け駆けの高名をなした熊谷直実の華々しい装束の描写を想起すれば、このあたりの事情も了解されるはずだ。『太平記』はむしろ、集団としての美意識とその行動が描写の主軸ということになる。「一揆」の語が示す団結性は戦場での武士たちの動きと連動している。武蔵野合戦は尊氏が敗北した戦いだった。ここに登場する武蔵武士団は南朝（新田）、北朝（足利）いずれにもその顔をのぞかせている。武蔵武士が一個の勢力として十二世紀末のごとき大同団結をする結合状況にはない。〝政治〟という〝状況主義〟がかれらの行動を支える原理だったからであろう。〝勢〟ある側に与《くみ》する、これが自己と自己が属する武士団の結合の方向だった。

しばしば指摘されるように、武蔵の武士団には惣領型と党型と呼ばれる二つのタイプがあった。前者の代表は良文派平氏に属した秩父の武士団だった。鎌倉幕府の有力御家人層となった畠山・小山田・河越・江戸・豊島・葛西の諸氏はその代表といってよい。かれらは北条執権体制下で没落したものもいれば、十四世紀の南北朝以後も存続した一族もいた。

その惣領型の代表秩父平氏とは異なるもう一つのタイプが「武蔵党々」と史料に登場する党型のそれだ。『太平記』などでは「武蔵七党」などと呼称された小規模武士団である。横山・猪俣・児玉・野与《のよ》・村山・西・私市《きさい》などの諸勢力である。かれらの多くが、南北朝期に「一揆」の構成主体となり、合戦の帰趨を左右した。しかし、この党的武士団の帰趨は必ずしも南北朝期のみではなく、十二世紀末の鎌倉幕府樹立にあっても大きな意義を有していた。その点では武蔵武士団の本質を規定したのは、この党的武士団の存在にこそ求められねばならない。惣領型の武士団はこの党型の中小規模の勢力をいかにその傘下に収めるかが重要であり、その動向が武蔵の政治的安定のカギとなった。

その後の武蔵武士団

最後に十五世紀にいたる武蔵武士団のその後の動向についてもふれておく。

南北朝動乱以後の十四世紀後半は鎌倉府体制が樹立されることで、東国の政治に凝固作用がもたらされた。尊氏の次男基氏の子孫（鎌倉公方）と上杉氏（関東管領）を中軸とする鎌倉府の存在は、京都の室町幕府にとっても東国の要として位置づけられ、両府相互の補完関係を通じその支配が実現された。

武蔵武士団はその鎌倉府の下で新しい秩序に編成されるようになる。相模（鎌倉府の拠点基盤）と上野（上杉氏の拠点基盤）の中間に位置した武蔵は、鎌倉街道が貫通している要衝であり、既述したように関東の武士団諸勢力の南北・東西の十字路にあたっていた。そうした地勢的位置から武蔵武士団の掌握は前代同様、戦略基盤の上からも重要課題だった。

とりわけ新田一族の勢力が強固な上野と隣接する武蔵は、関東支配を委任された鎌倉府にとって、その武士団の掌握が重要となった。新田氏に代わり、上杉氏を上野や武蔵に守護として投入することで当該地域の武士団の統合を推進しようとしたのもその現れだった。

南北朝期以降、室町期における武士団勢力図のポイントは、守護の動向が大きかった。鎌倉期のそれが主に地頭勢力が在地支配を左右したとすれば、その相違もあきらかだろう。室町時代の地方支配が守護領国制と呼称されるのも、この点と無関係ではない。右に触れた上杉氏の例でもわかるように、幕府の任命による守護職補任により、地生えの領主とは異なる上からの武士団統合が実現されていった。

上杉氏の場合、元来は丹波国上杉荘を本貫《ほんがん》とした勢力で鎌倉時代に鎌倉将軍宗尊《むねたか》親王とともに関東に下向した来歴を有した。その後、足利氏との婚姻関係で室町体制において関東管領として大きな力を発揮した。武蔵や上野をふくめ、関東の数ヶ国はこの上杉氏の領国だったが、その地域支配にあっては守護代を任命し、当該地域の武士団の掌握に尽力した。上杉氏は長尾《ながお》・太田《おおた》両氏が守護代として有名である。特に武蔵については太田氏が扇谷上杉《おうぎがやつうえすぎ》氏の家宰《かさい》として実権を有し、江戸城をはじめ河越・岩槻《いわつき》などの諸城が武蔵各地に築かれた。これら上杉氏の支城は、十五世紀半ばの享徳《きょうとく》の乱以後、関東が戦国時代に突入するなかで拡大化したものだった。

南北朝の動乱以降のおよそ百年にわたる歴史を簡略にいえば、十四世紀後半の鎌倉府誕生で、東国に新しい秩序が形成されたが、京都幕府と鎌倉府との間には潜在的対抗関係も育くまれることとなった。基氏《もとうじ》―氏満《うじみつ》―満兼《みつかね》―持氏《もちうじ》と四代にわたる鎌倉公方の百年は、上杉禅秀《うえすぎぜんしゅう》（氏憲《うじのり》）の乱（一四一六年）、永享《えいきょう》の乱（一四三八年）、結城合戦《ゆうきかっせん》（一四四一年）の一連の争乱のなかにあった。公方家と関東管領家（上杉）との対抗・対立の最終章ともいうべき永享の乱で鎌倉府四代の公方持氏が敗死する。これにかわり、登場したその子の成氏《しげうじ》による享徳《きょうとく》の乱（一四五四年）で関東管領上杉氏との関係は決定的対立をみた。

成氏を支持する勢力は下総《しもうさ》の古河《こが》に拠点を移し上杉に対抗した。武蔵をふくむ関東武士団は、公方派か管領派かに分裂して戦ってきたが、この享徳の乱以降、各武士団の旗色はより鮮明になっていった。

上杉氏を中心とした管領勢力は利根川をはさみ西側に、他方の古河公方の勢力は東側に拠点を形成するにいたった。利根川が貫流する武蔵にあっては、武士団の勢力基盤に対応し両派に分裂することとなった。現在の埼玉県本荘市に所在の五十子《いかっこ》は利根川がはしり、上杉の地盤たる上野に南接した地域として知られる。この地は三度にわたり古河公方と上杉氏勢力の戦闘がくり広げられたことでも知られている。すでに触れた上杉氏による江戸・河越・岩槻の諸城は、この五十子合戦と対応するのなかで構築された前線基地でもあった。

十五世紀における武蔵は、鎌倉公方家と関東管領上杉氏との対抗・緊張関係のなかにあった。関東にも戦国の風雲がいち早くおとずれようとしていた。

Ⅰ

源平の争乱と武蔵武士

――『平家物語』の世界――

第1章　秩父氏の諸流と源平争乱

菊池紳一

秩父《ちちぶ》氏は、桓武《かんむ》平氏《へいし》、平良文《たいらのよしふみ》の子孫で、良文の孫将恒《まさつね》（常）の時に丹党《たんとう》に「養君《やしないぎみ》」として迎えられたことに始まる。一般的には秩父平氏・平姓秩父氏とも称されるが、本書では、「秩父平氏」は、「秩父の平氏」あるいは「秩父発祥の平氏」として、豊島《としま》氏・葛西《かさい》氏・渋谷《しぶや》氏・色部《いろべ》氏等も含む意味で使用する。一方、「平姓秩父氏」は、秩父を離れて、平沢《ひらさわ》・菅谷《すがや》を中心とする地域に移った秩父重綱《しげつな》の子孫、畠山《はたけやま》・河越《かわごえ》・高山《たかやま》・江戸《えど》氏等に限定して使用することとする。

左記の平氏系図からわかるように、良文の子孫には、秩父平氏のほか、三浦《みうら》・鎌倉《かまくら》氏、千葉《ちば》・上総《かずさ》氏、中村《なかむら》・土肥《どひ》氏など、中世相模国《さがみのくに》・上総国《かずさのくに》・下総国《しもうさのくに》に分布する武士団があり、良文はいわゆる坂東八平氏《ばんどうはちへいし》の祖であった。

【系図1　坂東八平氏】

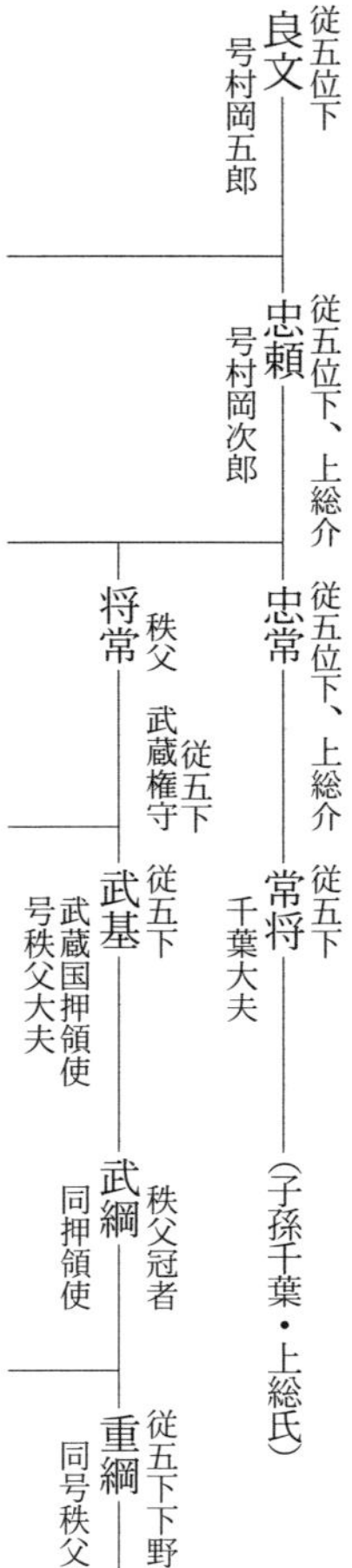

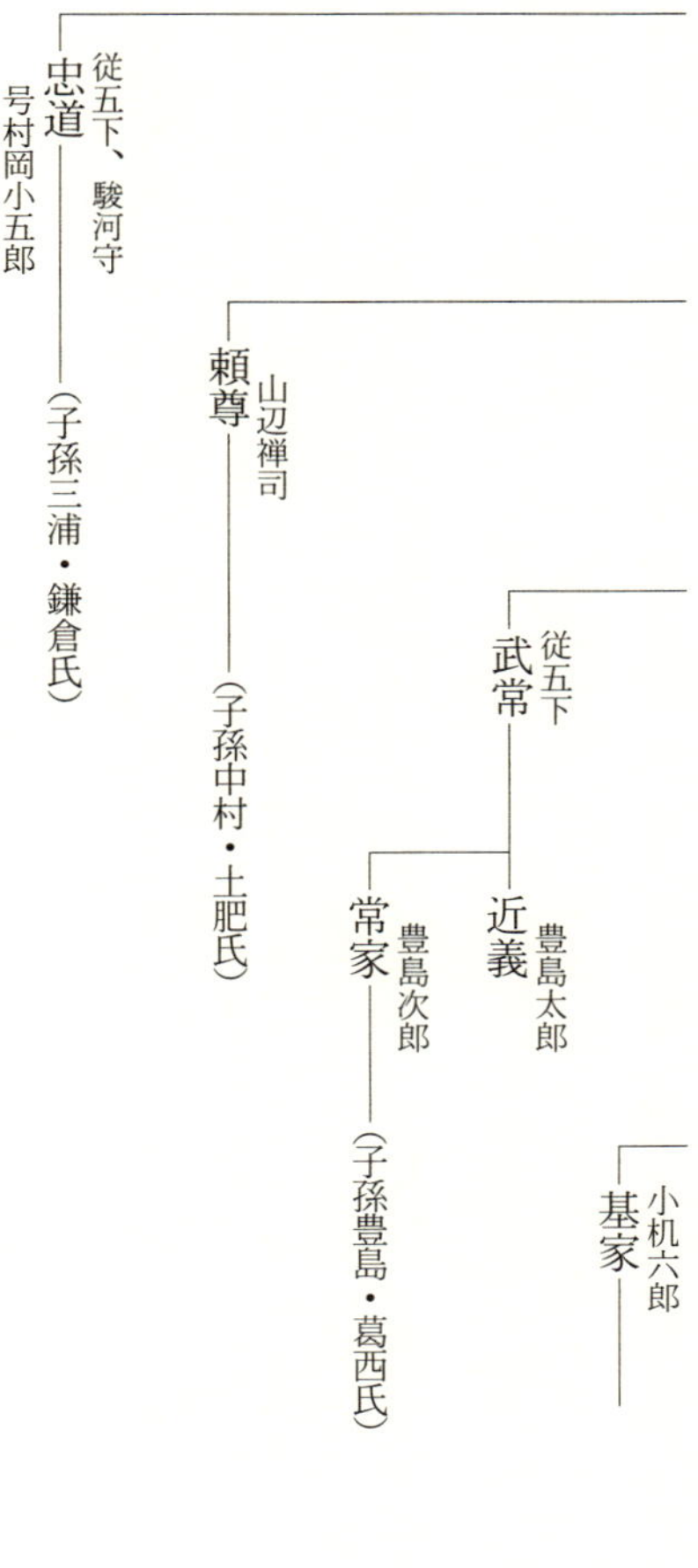

（「入来院家所蔵平氏系図」をもとに他系図を参照して作成）

秩父平氏

良文・忠頼《ただより》父子は「村岡《むらおか》五郎」・「村岡次郎」を通称としている。この名字の地村岡は、相模国村岡という説もあるが、『今昔物語集』で、この良文と争っている源宛（字箕田ノ源二）の本拠箕田が鴻巣市箕田と考えられており、その北に位置する熊谷市村岡に比定できる。忠頼の子将常は、秩父郡にいた丹党に養君として迎えられ、秩父郡大宮郷中村（埼玉県秩父市大宮）に移った。通称は「秩父三郎」「中村太郎」である。将常の子武基《たけもと》・武常《たけつね》、武基の子武綱《たけつな》は、その名に「武」（通字）を含むが、これは当時の丹党の通字と同じであり、丹党と姻戚関係があったことを示している。

武基の時、勅旨牧《ちょくしまき》である秩父牧の別当となり、居館を中村から吉田郷（埼玉県秩父市下吉田）に移した。この秩父牧は、もとは朱雀院《すざくいん》牧秩父牧であったが、承平三年（九三三）四月に勅旨牧となり、貢馬《くめ》二十疋、貢馬の入京を八月十三日までと定められていた。

この牧は、秩父郡石田《いわた》牧と児玉郡阿久原《あくはら》牧の二ヵ所からなる広大な牧である。石田牧は、埼玉県皆野《みなの》町下田野から長瀞《ながとろ》町岩田にかけての荒川沿岸一帯にひろがっていた。阿久原牧は、神流《かんな》川右岸の上武《じょうぶ》山地にあり、故地には現在も牧に関わる地名が残っている。また牧の中には、駒形稲荷《こまがたいなり》（埼玉県神川《かみかわ》町下阿久原に所在、牧の北端、「阿久原牧」の石碑がある）・駒形神社（埼玉県神川町、牧の西端、「阿久原牧阯」の石碑がある）があり、また有氏《ありうじ》神社（埼玉県神川町下阿久原に所在）は、児玉《こだま》党の祖有道維行《ありみちこれゆき》を祀っている。維行は阿久原牧の別当《べっとう》（管理者）であったと伝える。秩父平氏は、この秩父牧全体を管轄しており、これを契機に児玉党との関係を結び、北部武蔵に勢力を広げていった。

この秩父平氏の活躍は、前九年《ぜんくねん》・後三年《ごさんねん》の役《えき》から見られる。秩父武基の子武綱や武常の子豊島常家が前九年の役（一〇五一〜六二年）の際、源頼義《みなもとのよりよし》に従って活躍したという。また、後三年の乱（一〇八三〜八七年）の後、源義家が上洛する途中、豊島近義《としまちかよし》の平塚館《ひらつか》に宿泊したという。「武蔵七党系図」などの系図の注記には年代的に合わない部分があるが、源頼義・義家父子の頃に河内源氏と主従関係を結んだという伝承は秩父氏一族にとって重要なことであったのである。

それでは、秩父平氏の時代に分かれた氏族を確認しておきたい。武基の弟武常の子孫が豊島・葛西氏である。豊島氏は、武常の子近義・常家が「豊島太郎」「豊島次郎」を称したと伝え（泰盈本《やすみつぼん》「豊島系図」）、入間《いるま》川（現荒川）右岸の平塚神社付近に館を構えた。ここは武蔵国豊島郡のうちで、熊野社領豊島荘（東京都豊島区）の開発領主であった。葛西氏は、豊島清元《としまきよもと》（光）の子清重《きよしげ》が下総国葛飾郡内の葛西御厨《かさいのみくりや》（東京都江戸川区・葛飾区付近）を開発して「葛西三郎」と称した。

また、武綱の子とも弟とも記載される基家《もといえ》は、橘樹《たちばな》郡小机《こづくえ》郷（神奈川県横浜市神奈川区）に拠って「小机六郎」、その子重家《しげいえ》は、多摩川河口の河崎《かわさき》荘（神奈川県川崎市）に拠って「川崎平三大夫」、その子重国《しげくに》は、渋谷《しぶや》荘（神奈川県綾瀬《あやせ》市・藤沢《ふじさわ》市北部）を開発して「渋谷庄司」を称した。なお、東京都渋谷《しぶや》区に渋谷金王丸《こんのうまる》を祀る金王八《こんのうはち》幡《まん》社があり、渋谷城跡と伝え、ここを名字の地とする考えもある。

平姓秩父氏の成立

次頁の系図2を見てもらいたい。秩父平氏は、武綱の子重綱以降、通字を「重」とし、その性格を変貌する。すなわち、重綱は、秩父盆地を出て、荒川に沿って下り、鎌倉街道上道《かみつみち》と交差する地点から南の畠山《はたけやま》・平沢《ひらさわ》・菅谷《すがや》・大蔵《おおくら》の街道沿いに展開していった。以降を平姓秩父氏と称する。

それでは、この移住は何が契機であったのであろうか。天仁元年（一一〇八）、浅間《あさま》山の大噴火があった。上野国から武蔵国北部、ほぼ荒川より北の地域が被災している。秩父氏は、秩父牧を中心に勢力を広げていたが、その地域も被災地に含まれていた。重綱は、この被災地の再開発に従事するため、交通の要衝菅谷周辺に進出したのである。

重綱が、この交通の要衝に進出する背景には、国司《こくし》の承認、あるいは追認が必要であったと考えられる。武基・武綱父子は勅旨牧秩父牧の別当であり、「武蔵国押領使」（「入来《いりき》院《いん》家所蔵平氏系図」）であったとすれば、早くから国衙在庁《こくがざいちょう》として活動していた可能性が高い。なお、『吾妻鏡《あづまかがみ》』によると、重綱は、最初に武蔵国留守所《るすどころ》惣検校職《そうけんぎょうしょく》に補任された人物とされるが、これは『吾妻鏡』編纂上の潤色と考えられる。実際は北条氏による

【系図2　平姓秩父氏】

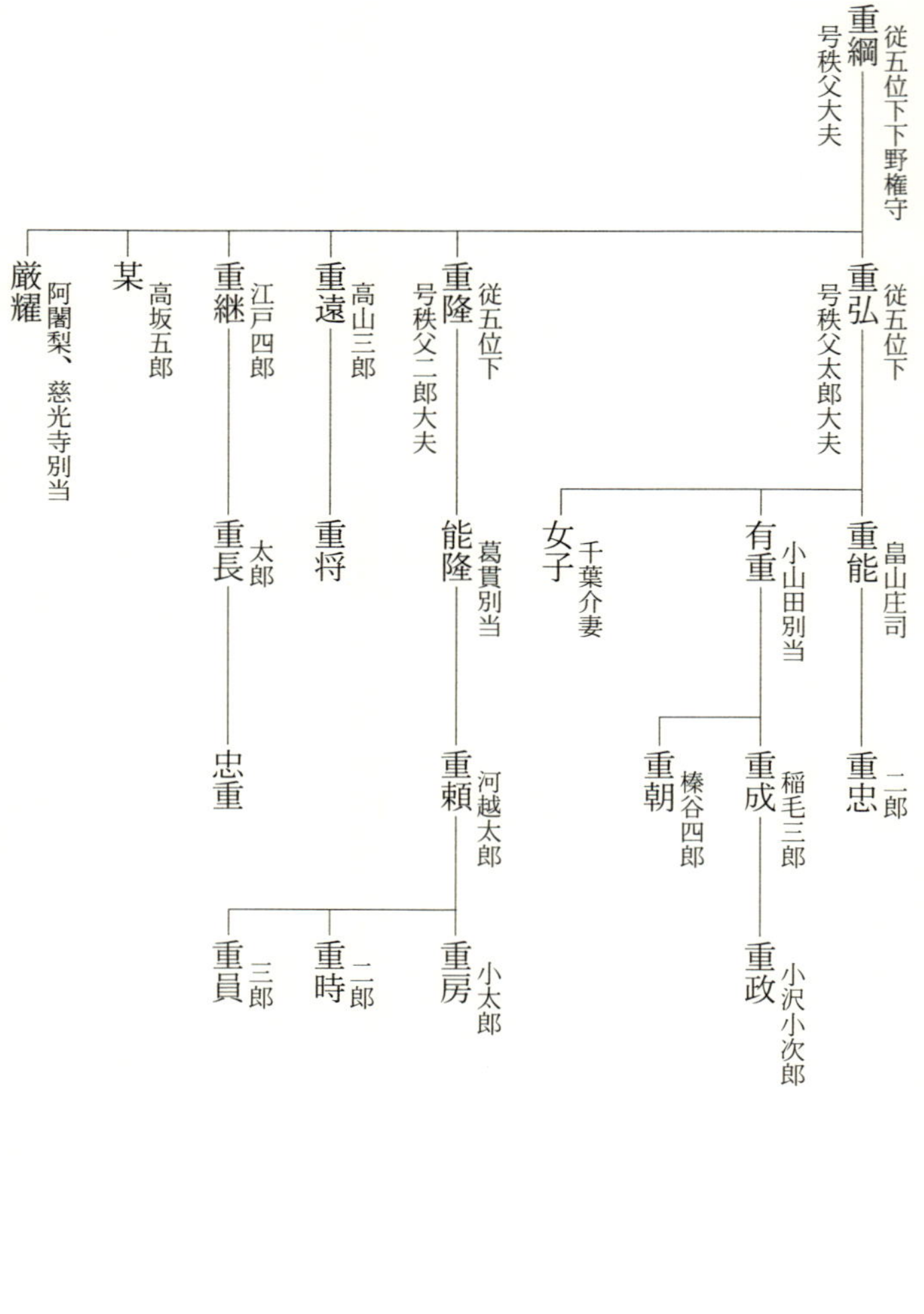

（「入来院家所蔵平氏系図」をもとに他系図を参照して作成）

武蔵国支配を進める過程の中で、河越氏三郎流を位置づけるために設置された武蔵国衙の役職と考えられる。ただ、重綱が国衙在庁として活動していたことは間違いはない。

重綱は、鎌倉街道上道《かみつみち》に沿った平沢《ひらさわ》（埼玉県嵐山《らんざん》町平沢）に持仏堂《じぶつどう》（あるいは氏寺《うじでら》）を創建した。発掘からここに浄土庭園《じょうどていえん》を持つ阿弥陀堂《あみだどう》があった可能性が指摘されている。あらたなる平姓秩父氏の聖地となったのである。平沢寺跡から出土した久安四年（一一四八）銘鋳銅経筒《ちゅうどうきょうづつ》の銘文に「当国大主散位平朝臣茲縄方縁等」とある。この「平朝臣茲縄」は秩父重綱と推定されている。経筒を埋納したのは秩父重綱で、「仏法に会う縁、仏縁」を結ぶため、氏寺としての平沢寺をある程度整備した段階でこの経筒を埋納したのであろう。

平姓秩父氏の諸流

つぎに、重綱の子孫を見てみよう（系図2参照）。重綱の子には、諸系図から太郎重弘《しげひろ》、二郎重隆《しげたか》、三郎重遠《しげとお》、四郎重継《しげつぐ》、五郎某、厳耀《げんよう》が確認できる。その子孫は各々畠山氏、河越氏、高山氏、江戸氏、高坂氏として展開する。秩父氏の故地は、重綱の妻（児玉氏）の兄弟平太《へいた》行重《ゆきしげ》・平四《へいし》郎《ろう》行高《ゆきたか》兄弟を養子とし、継承させている。

重綱は、平沢・菅谷付近を本拠地とし、長男重弘をその北方にあたる荒川右岸の河岸段丘上の畠山（埼玉県深谷市〈旧江南村〉畠山）に配置して北方への備えとし、二男重隆を菅谷の南、都幾《とき》川右岸の大蔵（埼玉県嵐山町大蔵）に置いて南北勢力に対する防禦に備える配置をとった。二人とも「大夫」を通称としており、五位であったことを示す。重弘は早世したと考えられ、弟重隆が家督を嗣いでいる。秩父を名字とするのは、この二人までであった。

長男重弘の子が畠山《はたけやま》庄司重能《しげよし》と小山田《おやまだ》別当有重《ありしげ》である。重能の子に畠山次郎重忠《しげただ》と長野《ながの》三郎重清《しげきよ》がいる。長野は現在の埼玉県行田《ぎょうだ》市長野と推定されている。ここは利根川・荒川両河川の支流の氾濫で形成された扇状地に位置し、畠山から見ると荒川の下流にあたる。

一方、小山田の系統が武蔵国南部に進出し、稲毛《いなげ》・榛谷《はんがや》・小沢《おざわ》等の諸氏に分かれる。小山田氏の本拠小山田保（東京都町田市上小山田・下小山田付近）は、もとは牧であったと考えられ、有重は「小山田別当」（牧の長官）を通称とする。同保の東側は鎌倉街道上道が通り、要衝の地であった。有重は国司の支援を受け、鎌倉街道を南下し、国府の南方に本拠を定めたのであろう。

有重の子には、稲毛三郎重成《しげなり》、榛谷四郎重朝《しげとも》、小山田五郎行重《ゆきしげ》がいた。重成は稲毛荘（神奈川県川崎市中原区東部・高津区西部）を、重朝は榛谷御厨（神奈川県横浜市内帷子《かたびら》川流域）を名字の地として分家し、小山田氏は五郎行重が継いでいる。稲毛重成の子小沢小次郎重政は、小沢郷（川崎市多摩区菅《すげ》・麻生《あさお》区細山《ほそやま》・金程《かなほど》、稲城《いなぎ》市坂浜《さかはま》付近）を所領としていた。小山田保が鎌倉街道上道の沿道であり、稲毛庄・榛谷御厨・小沢郷は、鎌倉街道中道（奥州道）と上道とを結ぶ要衝であった。

次男重隆の子葛貫《つづらぬき》別当能隆《よしたか》、その子が河越《かわごえ》太郎重頼《しげより》である。葛貫（埼玉県毛呂《もろ》山《やま》町葛貫）は高麗《こま》川左岸、毛呂山丘陵の北麓の台地に位置している。「別当」を称しており、葛貫も地形等から牧であった可能性が高い。その子重頼は、河越荘の地域に進出し、河越太郎を称した。初期の河越荘の荘域を確定するのは難しいが、入間川左岸にある河越館跡（埼玉県川越市上戸《うわど》）を中心とした地域であったと思われる。なお、「佐野本秩父系図」には、重頼の弟に小林次郎重弘と諸岡《もろおか》兵衛尉重経《しげつね》を記載する。小林氏は、高山氏の一族にも見られるが、上野国小林（群馬県藤岡《ふじおか》市）を名字の地とした。諸岡氏は、武蔵国久良岐《くらき》郡諸岡保を名字の地とする。

三男重遠は、神流川を挟んで阿久原牧の北側に位置する上野国高山御厨《たかやまのみくりや》（群馬県藤岡《ふじおか》市）、四男重継《しげつぐ》は、平川

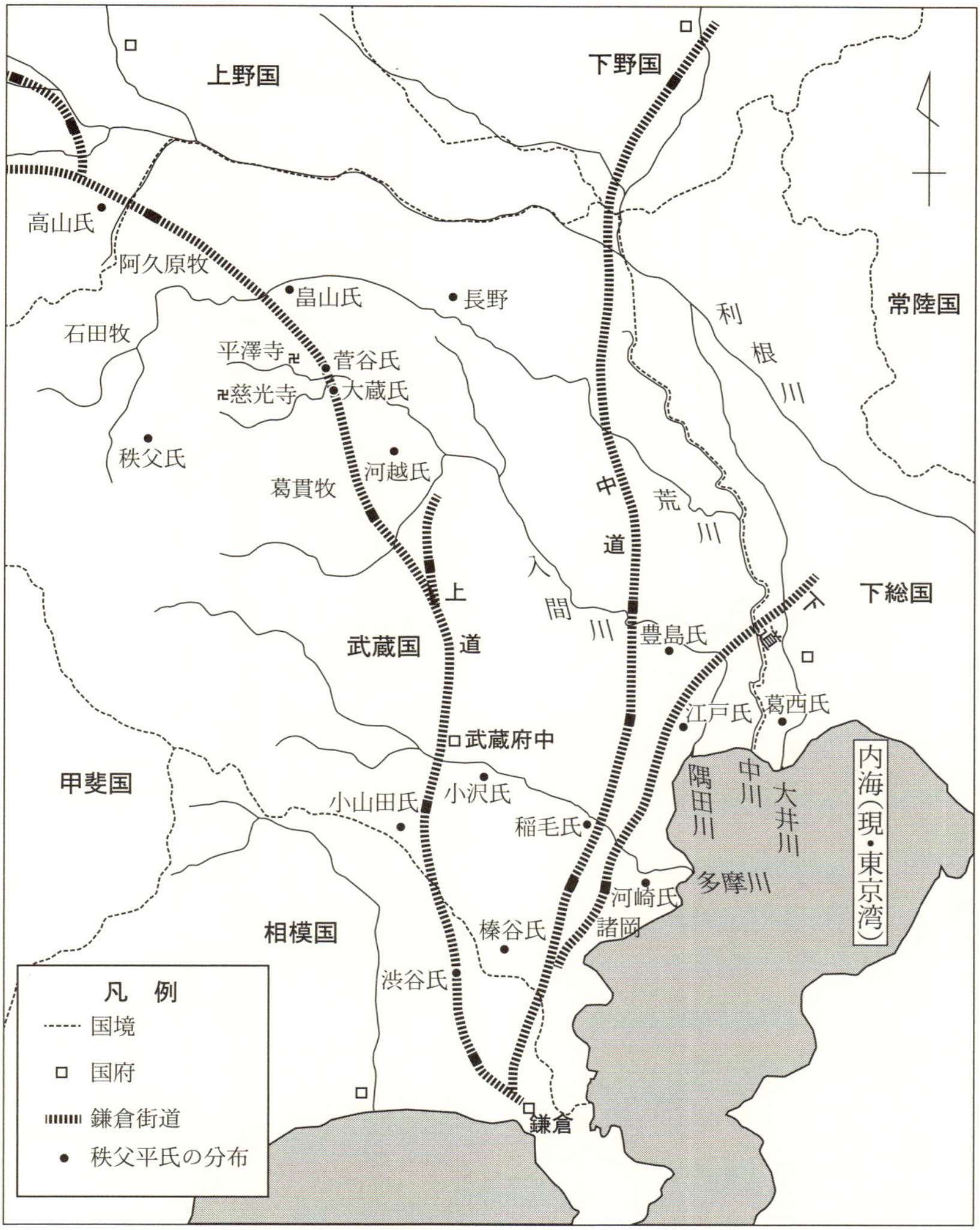

武蔵国秩父一族分布図

（植木弘「秩父平氏の聖地」『秩父平氏の盛衰』勉誠出版，2012年，p.141，「武蔵国の河川水系と秩父平氏の分布」，横浜市歴史博物館『畠山重忠―横浜・二俣川に散った武蔵武士―』2012年，p.8を参考に作成）

が日比谷《ひびや》の入江に流れ込む河口に位置する武蔵国豊島郡江戸郷（東京都千代田区）、五男某は、都幾川右岸に位置する高坂郷（埼玉県東松山市《ひがしまつやまし》）を名字の地とした。厳耀が別当になった慈光寺《じこうじ》は、平沢寺の西方にある古代からの山岳寺院である。植木弘は、慈光寺のさらに西方に秩父盆地があり、秩父氏にとっての聖地は外秩父の山並みであり、その一角に位置する慈光寺がのちに秩父氏と関わりを深めていったと指摘している。

このように秩父氏は、武蔵国内の流通を押さえており、鎌倉街道中道の要衝や荒川・利根川・入間川・多摩川等の河口に進出している。この背景には、国司の支援があったと考えられる。

大蔵合戦とその背景

藤原信頼《ふじわらののぶより》が武蔵守在任中の久寿二年（一一五五、保元の乱の前年にあたる）、武蔵国内で起きた事件が大蔵合戦であった。延慶本《えんきょうぼん》『平家物語』には左記の記述がある。

彼義賢《よしかた》、去仁平《にんぴょう》三年夏ごろより、上野国多胡《たこ》郡に居住したりけるが、秩父次郎大夫重隆《しげたか》が養君になりて、武蔵国比企《ひき》郡へ通いけるほどに、当国に限らず、隣国までも随ひけり、かくて年月経る程に久寿二年八月十六日、故左馬頭義朝《さまのかみよしとも》が一男悪源太義平《あくげんたよしひら》が為に、大蔵の館にて義賢・重隆共に討たれけり、

この戦いは、関東支配における源義平と叔父義賢の対立、すなわち河内源氏の家長権争いと、秩父重綱没後の秩父重隆とその甥畠山重能との対立、すなわち秩父一族の家長権をめぐる戦いという二つの側面があった。武蔵国内の秩父一族の家長権をめぐる対立があったところに、京都と関東における河内源氏の家長権をめぐる争いがリンクして起きた事件で、背景には京都における対立（王家・摂関家）も影響していた。

この頃源義朝は上洛しており、その留守を守る子悪源太義平は、南関東からその勢力を北上させつつあった。

秩父重綱は、この勢力と親しい関係にあった。重綱の最初の妻は、多摩郡を中心に盤踞《ばんきょ》する横山《よこやま》党の横山経兼《つねかね》の娘であり、二人の間に重弘が生まれている。ついで、子重弘の妻は、経兼の子隆兼の女で、すなわち重弘の従姉妹に当たる女性であった。この時期、重綱・重弘二代に渉って横山党と婚姻関係を持っていたことになる。さらに重綱の後妻は、児玉党の児玉経行《つねゆき》の女（乳母御前《めのとごぜん》）で、源義朝の子義平（悪源太）の乳母でもあった。

秩父重綱没後、二郎大夫重隆が家督を嗣いだ。重隆は、この義平の北上に対抗するため、この頃上野国西部に下向していた義朝の弟義賢を養君として迎えた。しかし、重隆の甥畠山庄司重能は、祖父重綱の方針を変更する重隆の施策に不満を持っていた。重能自身も、祖父重綱、父重弘の意向を尊重し、南関東の三浦氏や千葉氏と姻戚関係を持っていた（系図3参照）。横山氏、三浦氏、千葉氏は河内源氏譜代の家人である。そのため、平姓秩父氏の進む方向をめぐって重隆と重能の対立が顕在化する。その結果が大蔵合戦であった。

源義平は、児玉党の小代《しょうだい》氏に迎えられ、小代郷（埼玉県東松山市勝代《しょうだい》）に屋形《やかた》を造って拠点としている。小代郷は大蔵の東南にあたり、大蔵と同じ都幾川の下流右岸に位置する。両者は直線距離にして約六㌔程度のきわめて近い場所にある。源義平は、ここを拠点として大蔵攻めを敢行した。

この戦いにおける重能の役割は、大蔵の北側を遮断すること、すなわち源義賢の勢力圏（西上野）からの援軍を防ぐことにあったと考えられる。秩父重隆とその「養君」源義賢は、周囲を源義平勢に遮断されて上野国の武士の援助を受けられず、孤立した状況の中で急襲されたと考えられる。重隆の子能隆らがこの戦いに巻き込まれなかったのは、能隆らが他出して大蔵にいなかったからであろう。大蔵方は無勢であったのである。

この戦いの後、畠山重能は、平姓秩父氏の本拠（聖地）、平沢寺《へいたくじ》・菅谷《すがや》周辺、すなわち、平姓秩父氏の聖地を継承し、家督となった。重能あるいはその子重忠の時に、畠山から上道を南に下った菅谷（埼玉県嵐山町）

【系図3　平姓秩父氏畠山流の姻戚関係】

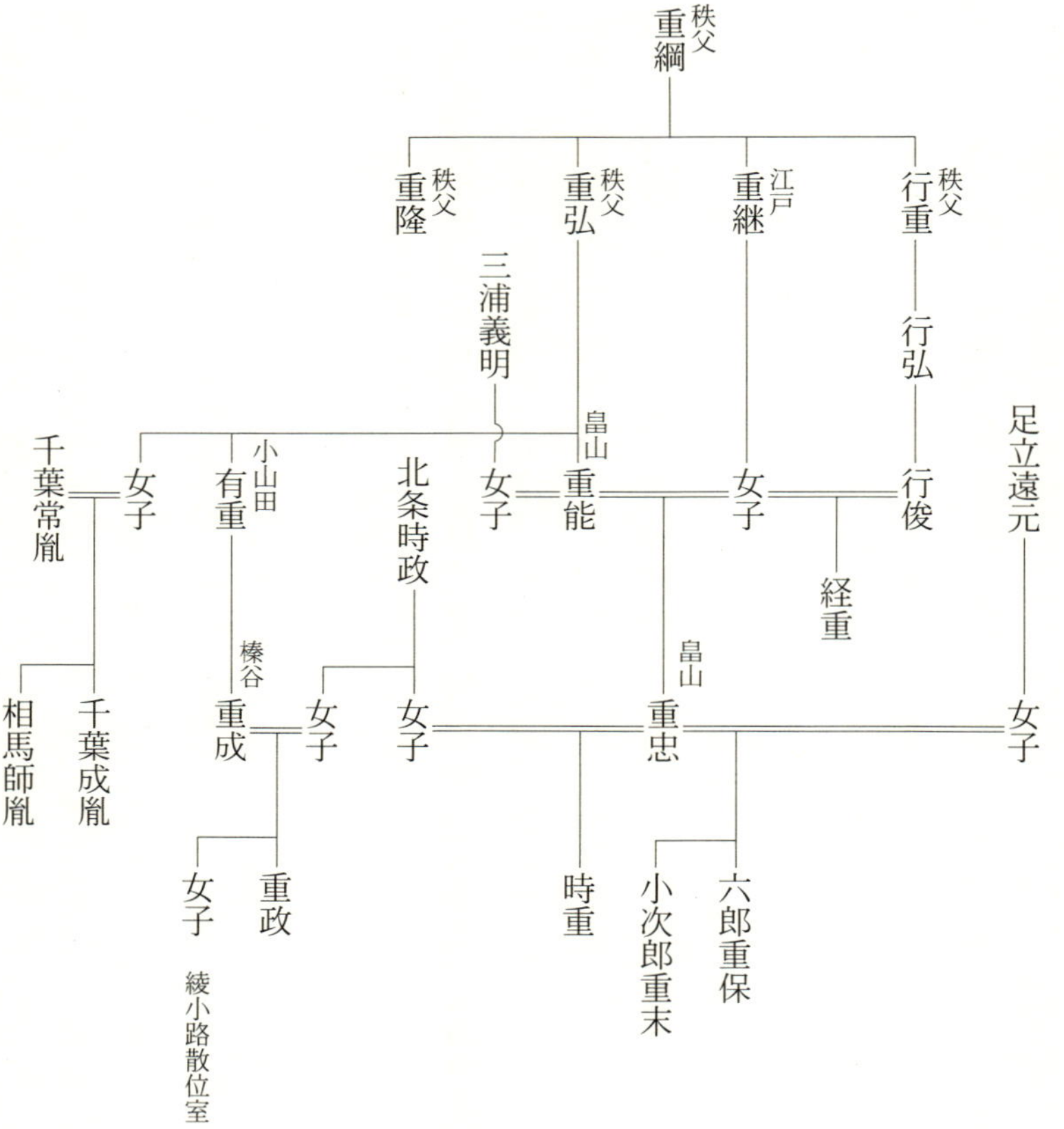

に館を建て移っている。しかし、これ以降平姓秩父氏は、各々の在地名を名字とするようになり、それぞれが独立した存在になっていった。

畠山流と河越流を比較した場合、畠山流が河川交通や陸上交通の要所に展開していたことが見て取れる。畠山流（畠山重能・小山田有重など）は、南関東の三浦氏や千葉氏などと婚姻関係を持っており、その縁で武蔵国の知行国主《ちぎょうこくしゅ》藤原信頼と親密な関係にあった源義朝・義平父子と主従関係を結んでいたと考えられる。

保元・平治の乱と平姓秩父氏

保元元年（一一五六）七月、京都で保元の乱が起きる。武蔵武士は、前年の大蔵合戦後ほぼ源義朝・義平父子の勢力下にあった。この時、義朝の率いた武士について確実な史料は残されていないが、『保元物語』上によれば、東海道《とうかいどう》（尾張《おわり》～常陸《ひたち》）および東山道《とうざんどう》（近江《おうみ》～下野《しもつけ》）の武士たちが義朝に従ったとする。武蔵武士では、武蔵北部から西部にかけての中小武士、武蔵七党（丹党《たん》・児玉党《こだま》・猪俣党《いのまた》・横山党《よこやま》・村山党《むらやま》など）に属する武士であった。秩父一族では、豊島氏のほか、高家として河越・諸岡両氏が見えるが、大蔵合戦の翌年のことでもあり、検討を要する。畠山重能・小山田有重は上洛していなかったという（『保元物語』）。

平治元年（一一五九）十二月、平治の乱が起きる。藤原信頼と結んだ源義朝は、後白河院政を止め信西《しんぜい》（藤原《ふじわらの》通憲《みちのり》）を討つなど緒戦は勝利したが、紀伊《きい》国熊野《くまの》から戻った清盛が、二条《にじょう》天皇と後白河《ごしらかわ》上皇を手中に収めたため、朝敵となって敗れ、東国に逃れる途中、尾張国長田《おさだ》忠致《ただむね》のために討たれた。『平治物語』によれば、義朝に従っていた武蔵武士には、平山季重《ひらやますえしげ》・金子《かねこ》家忠《いえただ》・足立遠元《あだちとおもと》・長井《ながい》斎藤実盛《さいとうさねもり》・岡部《おかべ》忠澄《ただずみ》・猪俣範綱《いのまたのりつな》・熊谷直実《くまがいなおざね》などが見えるが、畠山重能以下の平姓秩父氏は見えない。

平治の乱後、武蔵国の政治情勢は一変する。武蔵国は、永暦元年（一一六〇）平清盛の知行国となった。武蔵守には子の知盛《とももり》（九歳）が任じられ、仁安三年（一一六八）十二月まで在任した。ついで平知盛の養子知重《ともしげ》（頼盛《よりもり》の子）が、さらに平知章《たいらのともあきら》が武蔵守に任じられ、知盛の知行国となっている。すなわち、平治の乱の翌年から寿永二年の平家都落ちまでの期間、平清盛ついで平知盛の知行国となっていたのである。

この間、平家が武蔵武士との間に構築した主従制は国衙機構を軸に進められたと考えられる。それでは秩父一族はどのように対処したのであろうか。畠山重能についてみると、重能一族は平治の乱に参加しておらず、処分が行われた形跡はない。一方、重能の弟有重が鎌倉街道上道を南下して進出し、小山田別当と称した。有重の子重成が稲毛三郎、重朝が榛谷四郎、重成の子重政が小沢小次郎と称して武蔵国南部地域に展開している。小山田牧（保）・稲毛荘・榛谷御厨・小沢郷は、いずれも鎌倉街道の沿道に位置する交通の要衝であり、知行国主である平清盛の支援と連携が必須であったと考える。

一方、葛貫能隆の子重頼に対しては、重頼の所領（河越荘）を後白河上皇が勧請《かんじょう》した新日吉社《いまひえ》（京都市東山区）に寄進する際、清盛が仲介者となった可能性が高い。武蔵国の知行国主となった平清盛は、秩父一族各家の勢力を拮抗させ、そのバランスを考慮しつつ武蔵武士の掌握（家人化《けにん》）を推進したと考えられる。

治承四年（一一八〇）の源頼朝挙兵のころの様子を見ると、武蔵武士は京都大番役《おおばんやく》に組織され、一方、平知盛の家人となりその指揮下に入っていた。京都大番役を催促・統率するにあたって、国衙の協力が必要であり、武蔵国における平家の主従制は国務沙汰《こくむさた》権を軸に進められたと考えられるが、一方熊谷直実のように知盛と直接主従関係を結ぶ場合もあった。

源頼朝の挙兵と秩父一族

治承四年八月、源頼朝が伊豆国で挙兵する。しかし、石橋山《いしばしやま》の戦いで敗れ、山中に逃亡、その後、船で相模湾を横断し房総半島の南部、安房《あわ》国に渡った。一方、頼朝軍に合流せんと三浦《みうら》から西に向かった三浦氏は、酒《さか》匂《わ》川の増水で足止めされ、石橋山の敗戦を聞いて三浦に戻った。その途中、由《ゆ》比浜《いがはま》で武蔵国の平家方軍と遭遇戦となった。

『吾妻鏡』治承四年八月二十四日条には三浦一族と畠山重忠との由井浜（『延慶本平家物語』では小坪坂合戦《こつぼざかかっせん》とある）における遭遇戦の様子が記されている。簡略な記事で、畠山重忠が単独で南下してきたこと、敗北した畠山軍の損害が「重忠郎従《ろうじゅう》五十余輩梟首《きょうしゅ》」であったことが確認できる。一方、『参考源平盛衰記』によると、畠山勢は五百騎で、丹党の本田《ほんだ》次《じ》郎《ろう》（近常《ちかつね》）・半沢《はんざわ》六郎成清《なりきよ》、横山党の弥太郎、河口次郎大夫、綴《つづき》党の綴太郎・五郎・小太郎らが従っていた。彼らは畠山氏の勢力下にあった武士と考えてよいであろう。

その二日後の八月二十六日、武蔵国軍による三浦氏攻めが行われた。『吾妻鏡』によれば、畠山重忠は、秩父氏の家督で武蔵の党々の武士を従える河越重頼《かわごえしげより》に援軍を要請し、河越重頼・中山重実・江戸《えど》重長《しげなが》、金子・村山配下の数千騎が来援、三浦方は城を棄て逃げ去ったとする。一方、『延慶本平家物語』『参考源平盛衰記』には、畠山重忠が河越重頼に援軍を要請した記事は見えない。すなわち、河越氏が秩父家の家督で、武蔵国内の武士を従えていたという話は『吾妻鏡』だけに見られるもので、疑問が残る。

当時武蔵国は平知盛の知行国であり、源頼朝挙兵の知らせは武蔵国府（目代《もくだい》）からそれぞれ国内の武士に伝えられ、軍勢催促が行われたと考えるのが自然であろう。重忠は、武蔵国軍の先発隊として南下し、由比浜で三浦一族と戦ったが敗れ、その二日後に河越・江戸氏や村山党・児玉党などの武蔵武士を中核とする本隊が到着して衣笠城《きぬがさじょう》攻めが行われたのである。村山党は入間郡、すなわち河越氏の勢力圏に分布する武士であり、河越氏に従って参戦した。畠山重忠が乳母子半沢成清以下、武蔵国北部の勢力下にある武士を率いていた。おそらくこの時期の秩父一族は、それぞれ武蔵国内に盤踞し、勢力圏を広げつつ競合していた存在であった。

同年九月、源頼朝は房総半島を北上し、武蔵国に向かっていた。その途中、小山朝政《おやまともまさ》・下河辺行平《しもこうべゆきひら》・豊島清《としまきよ》元《もと》・葛西清重《かさいきよしげ》らに自分のもとに参向するよう呼びかけを行っている。とりわけ葛西清重の信頼が篤かったようで、当時平家方であった江戸氏と河越氏の中間にいるので、陸上の移動は難しいので海路参向するよう要請している。また、当時在京する豊島朝経《ともつね》の妻には綿衣《めんい》を調進するよう命じている。さらに江戸重長には、畠山重能・小山田有重が在京している現在、武蔵国の棟梁である重長を頼みにしているとして、翻意を促す一方、葛西清重には、江戸重長の誘殺を指示している。

これから武蔵国を経て鎌倉に向かう頼朝にとって、葛西御厨・豊島荘・江戸郷の地は、通過しなければならない重要な地域、交通の要衝だったのである。

翌同年十月二日、頼朝は江戸川・隅田川を渡り武蔵国に入った。豊島清元・葛西清重が最前に参向し、また足立遠元《あだちとおもと》、小山政光《おやままさみつ》妻（頼朝の乳母、寒河尼《さむかわに》）などが迎えに参向している。その二日後の十月四日には、畠山重忠、河越重頼、江戸重長が頼朝のもと（長井《ながい》の渡し）に参上した。事前の交渉が功を奏したのであろう。これで平家方についていた秩父一族はほとんど頼朝に従うことになった。

豊島氏の勢力下である板橋（東京都板橋区）を経て、十月五日、頼朝は武蔵国府（東京都府中市）に入った。そこで国衙掌握のため、江戸重長に武蔵国諸雑事等について在庁官人や諸郡司等に沙汰するよう命じている。翌日、頼朝は行列の威儀を正して相模国に至り、鎌倉に入った。先陣は畠山重忠が、後陣は千葉常胤《ちばつねたね》が務めている。

同年十月二十三日、富士川合戦《ふじかわかっせん》の帰路、源頼朝は相模国府で勲功賞を行った。この時に本領《ほんりょう》を安堵《あんど》され、または新恩に浴した武士たちの顔ぶれを見ると、伊豆《いず》・甲斐《かい》・下総《しもうさ》・相模《さがみ》・上総《かずさ》・信濃《しなの》の武士は確認できるが、武蔵武士は一人もいないことに気付く。

武蔵武士に対する本領安堵等については、治承四年十月八日に足立遠元が領掌する郡郷を安堵されているのが初見で（『吾妻鏡』）、『吾妻鏡』養和元年（一一八一）四月二十日条によれば、治承四年東国御家人が本領を安堵された時に、稲毛重成が頼朝の「御下文《おんくだしぶみ》」を賜ったことが見える。

武蔵武士は他国の武士と異なり、別途本領安堵を受けていた。『吾妻鏡』治承四年十一月十四日条によれば、源頼朝が武蔵国住人に対し、本知行の地主職を安堵している。これは、武蔵国住人に対する国務沙汰の一つとする見方もあるが、主従制の観点から、武蔵武士に対する御恩のひとつ、頼朝による本領安堵の行為とみなすこともできよう。

同年十一月十四日、武蔵国内の寺社から狼藉《ろうぜき》の訴えがあった。それに対し源頼朝は、その狼藉を停止させるため、相模武士の有力者である宿老土肥実平《どいさねひら》を派遣した。おそらく武蔵国内の反頼朝勢力の狼藉を鎮圧せんとする強い意志を示し、警察権の行使、治安維持の掌握を誇示したのであろう。

この時期頼朝は反乱軍の棟梁《とうりょう》であるが、武蔵の国衙を抑え、在庁有力者江戸重長に命じて在庁官人や郡司等を把握し、武蔵国を統治しようとしていた。治安維持については別途直属の土肥実平を派遣して沙汰する方法をとっていた。一方、主従制に関しては、他国と異なった処置を行っている。武蔵国支配に対する頼朝の慎重な姿勢が見てとれよう。このの ち武蔵国の御家人は、鎌倉殿の旗本、直属軍としてめざましい活躍を見せるが、その素地はこうして作られていった。

源平合戦と秩父平氏

養和元年（一一八一）から寿永元年（一一八二）にかけて、秩父一族は在鎌倉の御家人として活動している。養和元年四月、榛谷重朝《はんがやしげとも》と葛西清重《かさいきよしげ》は、頼朝の信頼が篤く、弓箭《きゅうせん》に長じている御家人として頼朝の寝所近辺の警固衆に加えられた。畠山重忠は、同年七月、鶴岡八幡宮《つるがおかはちまんぐう》若宮の上棟《じょうとう》に大工の馬を引き、翌年正月には頼朝の御成始《おなりはじめ》に従い、同年四月には、頼朝の江ノ島《えのしま》参詣に供奉《ぐぶ》した。鎌倉では、静かな日々が続いていた。寿永元年八月、頼朝に嫡男頼家《よりいえ》が誕生する。この時河越重頼《かわごえしげより》の妻（源頼朝の乳母比企尼《ひきのあま》の娘）が乳母となり、弟師岡重経《もろおかしげつね》らが鳴弦役《めいげんやく》を担当した。

寿永二年三月、源頼朝と木曽義仲《きそよしなか》の間はにわかに険悪となった。同年二月に叛乱を起こした頼朝の叔父志太義広《しだよしひろ》が敗れて信濃国に逃れ義仲を頼ったことが原因であった。頼朝は武蔵・上野から碓氷《うすい》峠を越えて信濃に入った。義仲は信濃と越後の国境近くに陣しており、西から迫る平家軍を考慮して頼朝に異心なきことを告げ、嫡男義高《よしたか》を人質として差し出し、和議が成立した。

こうして義仲は西に進軍し、同年五月の倶利伽羅《くりから》峠の戦いで勝利をおさめて加賀国に攻め込み、篠原合戦《しのはらかっせん》で勝利し、七月には比叡山延暦寺に到った。この時平家軍の中に畠山重能・小山田有重や長井斎藤実盛、児玉党の真下重直《ましもしげなお》などの武蔵武士も従っていた。

彼らは京都大番役を勤するため在京していた。『平家物語』によれば、頼朝の挙兵が話題になったとき、重能は「間違いでしょう、岳父の北条は知りませんが、ほかの輩は朝敵の味方はしないでしょう」と話したという。養和元年三月に行われた春除目《はるのじもく》の際、畠山重能は、宮中の真言院《しんごんいん》の曼荼羅会《まんだらえ》と御斎会《ごさいえ》の費用を納めることを条件に兵衛尉《ひょうえのじょう》に補任されることを希望する申文を提出したが、見送られている。

しかし、関東の情勢は大きく変わっていった。重能・有重も頼朝軍に加わるべく関東に下向しようとしたが、平宗盛《たいらのむねもり》は許さなかった。篠原合戦では、奮戦したにもかかわらず、実盛・重直は討死にし、重能・有重は帰洛している。平家は、同年七月京都を去り、西海に下った。その際、平知盛の助言があり、重能・有重と宇都《うつの》宮朝綱《みやともつな》はその身を放免され、関東に下向した。

寿永二年の十月宣旨によって源頼朝は東国沙汰権を与えられるが、武蔵国の支配に関して大きな変化は見られない。しかし、このことを聞いて焦りの色を濃くした木曽義仲は、同年十一月、とうとう後白河法皇の御所法住寺殿《ほうじゅうじどの》を攻めた（法住寺合戦）。この頃、頼朝の命を受けた源義経《みなもとのよしつね》・中原親能《なかはらのちかよし》は、近江・美濃両国の国境付近まで進出していた。

翌元暦元年（一一八四）正月、源範頼《みなもとののりより》・義経兄弟は京都に向け進撃を開始した。源氏軍には、河越重頼・重房父子、畠山重忠（以上『吾妻鏡』）、範頼軍に、稲毛重成、榛谷重朝などの秩父一族が従っていた。義経に従って宇治《うじ》を攻めた畠山重忠は、宇治川を渡河する際、馬を矢で射られ途中から徒歩で渡っている。その際、重忠の乳母子大串重親《おおぐししげちか》は速い流れに流され重忠にしがみついたところを、重忠によって岸に投げられるや「武蔵国の住人大串次郎重親、宇治河かちたちの先陣ぞや」と名乗りを上げた。これを聞いた敵も味方もどっと笑ったと伝える。こうして義経軍は宇治川を次々と渡り入京、院御所に参上している。その中に畠山重忠がいた（『平家物語』）。一方、瀬田を攻めた範頼軍は、稲毛重成の計略で川を渡り、京都に入った。木曽義仲は、近江国粟津《あわづ》（滋賀県大津市）で討死にした。

この頃、平家は勢力を盛り返し、播磨国（兵庫県）付近に進出し、旧都福原に前進基地を設定していた。同年正月末、源氏軍は京都を出発した。範頼は大手《おおて》軍を率い、生田森《いくたのもり》をめざし、義経は搦手《からめて》軍を率い丹波路を迂回し西から攻める態勢をとった。平姓秩父一族の畠山重忠・稲毛重成・榛谷重朝・小山田行重らは大手軍の中に見える（『吾妻鏡』）。しかし、『平家物語』では、畠山重忠・長野重清らが搦手軍に見える。二月初め、三草《みくさ》山《やま》から始まった戦いは、大手・搦手でも始まった（一ノ谷合戦）。『源平盛衰記』には、義経に従った畠山重忠は、奇襲作戦の中で愛馬を背負って急な崖を下ったという逸話が見える。この戦いで多くの平家の武将が討死にしたが、河越重房は平経盛の子経正を討ち、知盛の愛馬を捕捉した。畠山重忠の郎党本田近常は平師盛を討ち取っている。

同年八月、源範頼が千余騎を率いて鎌倉を出発、九月には京都を経て西海に下向した。従った軍勢には、畠山重忠・長野重清・稲毛重成・榛谷重朝・小山田行重など畠山流の武将が見える（『平家物語』）。一方、ちょうどこの頃、河越重頼の娘が源義経に嫁ぐため上洛している。以前からの頼朝の指示であったという。

鎌倉軍は、瀬戸内海の制海権を平家に握られており、兵粮欠乏のため苦戦を強いられたが、翌文治元年始め頃から戦況が回復し、範頼は九州に渡っている。二月、頼朝の命を受けた義経は、摂津国渡辺から船出し、阿波国（徳島県）を経て屋島《やしま》を攻撃（屋島の戦い）、平家は敗れて彦島《ひこしま》を指して落ちていった。約一ヵ月後の三月二十四日、壇《だんの》ノ浦《うら》で源平最後の決戦が行われ（壇ノ浦の戦い）、平家は敗れて滅亡した。

屋島の戦い、壇ノ浦の戦いには、秩父一族の名は見えない。陸上の騎馬戦を得意とする武士は、海戦での活躍の場はなかったのであろうか。

その後の秩父一族

それでは最後に、その後の秩父一族について簡単に述べておきたい。畠山氏は、重忠が文治五年（一一八九）の奥州合戦に先陣として従い、戦功を挙げている。また建久元年、同六年の源頼朝上洛にも先陣を務めた。しかし、元久二年の畠山重忠の乱で滅亡した。その背景には、武蔵国支配をめぐる北条氏との対立があり、北条氏に荷担した稲毛重成・榛谷重朝の陰謀もあった。最終的には稲毛・榛谷両氏も滅亡している。

河越氏は、西海における源平合戦に参加していなかった。重頼は、源頼朝の乳母比企尼の女婿であり、その娘は源義経、下河辺行平に嫁いでいた。しかし、文治元年十月、源義経の謀反が発覚し、重頼・重房父子は処刑され、新恩地は没収されたが、本領等は重頼の母（比企尼の娘）に安堵されている。鎌倉時代には次郎流と三郎流に分かれ、武蔵武士の中で重きをなした。南北朝時代、河越直重は、奢侈な振る舞いや粋で華美な服装を好む婆娑羅《ばさら》大名として知られ（『太平記』）、相模国の守護となったが、応安元年（一三六八）、平一揆の乱を起こし、河越氏は滅亡した。

江戸氏は、重長の子孫が蒲田《かまた》・六郷《ろくごう》・中野《なかの》・丸子《まるこ》・金杉《かなすぎ》などに進出、展開している。しかし惣領家は、河越氏とともに平一揆の乱で滅亡した。

参考文献

植木　弘「秩父平氏の聖地―武蔵嵐山―」（『秩父平氏の盛衰―畠山重忠と葛西清重―』勉誠出版、二〇一二年）
落合義明『中世東国の「都市的な場」と武士』（山川出版社、二〇〇五年）
菊池紳一「武蔵国における知行国支配と武士団の動向」（『埼玉県史研究』一一号、一九八三年、のち『シリーズ・中

世関東武士の研究第七巻　畠山重忠』戎光祥、二〇一二年所収）
菊池紳一「武蔵国留守所惣検校職の再検討―「吾妻鏡」を読み直す―」（『鎌倉遺文研究』第二五号、二〇一〇年、のち『シリーズ・中世関東武士の研究第七巻　畠山重忠』戎光祥、二〇一二年所収）
菊池紳一「鎌倉幕府政所と武蔵国務」（『埼玉地方史』第六四号、二〇一一年）
菊池紳一「武蔵国留守所惣検校職の再検討」（『秩父平氏の盛衰―畠山重忠と葛西清重―』勉誠出版、二〇一二年）
菊池紳一「平姓秩父氏の性格―系図の検討を通して―」（『埼玉地方史』第六六号、二〇一二年）
野口　実「中世成立期における武蔵国の武士について」（『古代文化史論攷』第一六号、一九九七年）
山口隼正「入来院家所蔵平氏系図について（上）」（『長崎大学教育学部　社会学論叢』第六〇号、二〇〇二年）。
『新編埼玉県史』通史編2（埼玉県、一九八八年）
『中世豊島氏関係史料集（一）豊島・宮城文書』（豊島区立郷土資料館、一九八八年）
『東国武士と中世寺院』（峰岸純夫監修、埼玉県立嵐山史跡の博物館編集、高志書院、二〇〇八年）

コラム　武蔵武士の群像❶

岡部六弥太忠澄　おかべ　ろくやた　ただずみ

生年未詳〜建久八年（一一九七）

久保田　和彦

岡《お》部《か》六《べ》弥《ろく》太《や》忠澄《ただずみ》は、武蔵国大里《おおさと》郡岡部（埼玉県深谷《ふかや》市岡部町）を本拠とした六郎大夫忠綱の孫、六郎行忠の子として生まれた。通称は岡部六弥太である。岡部氏は武蔵国那《な》珂《か》郡を中心として勢力のあった武蔵七党の一つ猪俣党《いのまたとう》の庶流である。猪俣党は武蔵南部の多摩郡を中心とした武蔵最大の武士団である横山《よこやま》氏と同族といわれ、小《お》野《の》姓を称した。

保元《ほうげん》元年（一一五六）七月十一日に起こった保元の乱では、後《ご》白河《しらかわ》天皇方に味方した源　義朝《みなもとのよしとも》に従うため上洛した東国の軍勢の内、武蔵国の軍勢の一人として「猪俣に岡部六弥太」と『保元物語』に記されている。また、『平治物語』の「源氏勢汰の事」に、六波羅を攻撃する義朝の郎等《ろうとう》として、武蔵国の猪俣小《こ》平六範綱《へいろくのりつな》とともに岡部六弥太忠澄の名前が記されている。清盛は内裏《だいり》を占拠している藤原信頼《ふじわらののぶより》・源義朝の軍勢を六波《ろくは》羅《ら》におびき寄せる作戦を立て、嫡子重盛《しげもり》と弟頼盛《よりもり》を出陣させた。義朝の長子鎌倉悪源太義平《よしひら》は御所の待賢門《たいけんもん》で重盛と一騎打ちを繰り広げたが、義平に従う武士の一人に岡部六弥太忠澄の名前がある。戦いは六条河原《ろくじょうがわら》の決戦で源氏方が敗れ、義朝主従は近江国勢多《せた》で東国での再会を約して国々へ下った。

岡部忠澄も岡部に戻り、平氏政権下では他の武蔵武士と同様に知行国主平　知盛《たいらのとももり》の家人となったと思われるが、治承《じしょう》四年（一一八〇）八月に義朝の遺児頼朝が伊豆で挙兵すると、頼朝に従うことになった。忠澄が鎌倉御家人となった時期や契機は史料がなく不明であるが、元暦《げんりゃく》元年（一一八四）一月の木《き》曽《そ》義仲《よしなか》との宇《う》治《じ》川合戦では、源義経《よしつね》の軍に属し活躍した。また、同年二月の一の谷合戦では、『吾妻鏡』同年二月五日条の鎌倉方武士の注文に忠澄の名前はないが、同族の猪俣《いのまた》平六則綱《へいろくのりつな》が搦手《からめて》の義経軍に属しているので、忠澄も同様であったと思われる。

『平家物語』の「忠度最後」によると、清盛の弟で一の谷の西手の大将軍であった薩摩守平　忠度《たいらのただのり》は、戦況が不利になったため、鎌倉方に紛れて戦場から脱出をはかったが、お歯黒であったため見破られ、岡部六弥太忠澄と戦いこれを組み伏せたが、忠澄の郎等《ろうとう》に背後から右腕を切られた。忠度はもはやこれまでと観念して、高声で念仏を十遍唱え、忠澄に首を討たれた。名前がわからなかったが、箙《えびら》に結びつけられていた文を開いてみると、「旅宿の花」という題で、「行《ゆき》くれて木《こ》の下かげをやどとせば花やこよひのあるじならまし」「忠度」と書かれていたので、忠澄は薩摩守平忠度であると知った。忠澄は大音声で、「このごろ平家方で名前の知られる薩摩守殿を岡辺六野太忠純が打ち奉った」と名乗りを上げたので、武芸にも歌道にも優れていた大将軍であったと、敵も味方も涙を流したという。合戦の後、忠澄は恩賞として伊勢国粥安富《かいやすとみ》地頭職に補任され、忠度の菩提《ぼだい》を弔うため、埼玉県深谷市の清心《せいしん》寺《じ》に五輪塔《ごりんのとう》を建立した。

岡部忠澄墓　埼玉県深谷市岡部町
普済寺所蔵

　その後、忠澄は文治《ぶんじ》五年（一一八九）七月の奥州合《おうしゅうかっ》戦《せん》で頼朝に従い活躍、また二度の頼朝の上洛にも随兵として供奉し、『吾妻鏡』建久《けんきゅう》元年（一一九〇）十一月七日条には後陣随兵《ごじんずいひょう》四十番に、同六年三月十日条の東大寺供養の後陣随兵に名前を連ねている。

　伝承によれば、岡部六弥太忠澄は建久八年七月に没したといわれ、深谷市岡部町の古刹普済《ふさい》寺の御影堂《みえいどう》に岡部忠澄夫妻（妻は畠山重忠の妹）の像が、また同寺付近には岡部忠澄夫妻と忠澄の父行忠の墓といわれる五輪塔三基が残されている。

第2章　武蔵七党と『平家物語』の世界

上杉和彦

武蔵七党とは何か

本章の目的は、武蔵七党《むさししちとう》とよばれる武士団の存在形態の歴史的特質について、『平家物語』の叙述を主な素材として考察することである。

武蔵七党とは、平安時代後期以来存在した武蔵国における比較的小さな勢力の同族的武士団の総称であり、そのような武士団を指す「党」の語は、十二世紀の貴族の日記にはじめて登場している。七党の具体的構成について、室町時代中期に成立した国語辞書である『節用集《せつようしゅう》』は、横山党《よこやま》（多摩《たま》郡。以下括弧内は根拠地とした郡）・猪俣党《いのまた》（那賀《なか》郡）・児玉党《こだま》（児玉郡）・丹党《たん》（秩父《ちちぶ》郡・賀美《かみ》郡）・西党《にし》（多西《たさい》郡）・私市党《きさいち》（埼玉郡・大里《おおさと》郡）・村山党《むらやま》（多摩郡）とするが、「武蔵七党系図」には私市党のかわりに野与党《のよ》（埼玉郡）があげられ、また綴党《つづき》（都筑《つづき》郡）を加える説も存在する。

武蔵七党に相当する武士団に対する平安・鎌倉期の史料の表現は、「〇〇党」の他に「〇〇の輩」「〇〇の人々」「〇〇の者ども」であるが、実は限定された七つの武士団を指すものは見出されない。また「武蔵七党」という語自体も南北朝時代になって現れるものである。この点については、あらためて後に論じたい。

武蔵七党の武士団は、分散独立した所領を基盤とする相互に対等な存在であり、合戦に際して組織的な行動をとることを常とし、またそれぞれの内部に、さらに多くの一族結合が含まれていた。その実態は中小の開発領主であったと考えられ、系図類によれば、その出自はさまざまであり、父祖の多くは武蔵守・武蔵介に任じられたとされている。

『平家物語』の武蔵七党関連記述

源平合戦を主題とする軍記物語である『平家物語』には、いわゆる武蔵七党に属する武士の戦いぶりが、少なからず描かれている。

合戦の初期のものでは、伊豆で挙兵した源《みなもとの》頼朝《よりとも》への援軍として合流することに失敗した三浦氏が、逆に畠《はたけ》山重忠《やましげただ》の追撃を受ける場面を描く巻五「早馬」に、以下のように見られる（以下本稿における『平家物語』からの引用は、特に断らない限り覚一本《かくいちぼん》を底本とした岩波書店新日本古典文学大系より行ない、それ以外の諸本からの引用はそのつど言及することとする）。

畠山が一族、河越《かわごえ》・稲毛《いなげ》・小山田《おやまだ》・江戸《えど》・笠井《かさい》、惣じて其外七党の兵ども三千余騎をあひぐして、三浦衣《みうらきぬ》笠《がさ》の城にをしよせて攻め戦ふ。大介義明《おおすけよしあき》討れ候ぬ。

ここには、畠山重忠に率いられた河越重頼《しげより》・稲毛重成《しげなり》・小山田有重《ありしげ》・江戸重長《しげなが》・葛西清重《かさいきよしげ》といった武蔵国の有力武士とともに合戦に参加し、三浦氏の本拠地の一つである衣笠城を攻める「七党」すなわち武蔵七党の姿が見えている。

さらに関東での戦乱の経過を詳しく記述する延慶本の『平家物語』には、同じ場面が次のように描かれている。

武蔵国住人、江戸太郎、河越太郎、党者ニハ、金子、村山、俣野《またの》、野与《のよ》、山口、児玉党ヲ初トシテ、凡ノ勢二千余騎ニテ押寄タリ。先連（綴）五郎、父ト兄トヲ小坪ニテ被打タル事ヲ、安カラズ思ケル故ニ、マ先懸テ出来ル。（第二末「衣笠城合戦之事」）

これらに見られる武蔵七党の合戦への参加は、武蔵国留守所総検校職《るすどころそうけんぎょうしき》を有する河越重頼が、平知盛の知行する武蔵国の国衙支配を通じて行なった動員によるものと考えることができる。しかし、ここで平氏方に立っている武蔵七党を含む武蔵国の武士団の多くは、そもそも保元・平治の乱までは源義朝によって組織されていた。

その点に関して『平家物語』と同様な軍記物語をひもといてみると、『保元物語』巻上「主上三条殿ニ行幸ノ事」における義朝の軍勢を列挙した記事に、武蔵国の者として横山・猪俣・児玉・村山の各党の武士が、「高家」である秩父氏系の武士たちと併記されていることが確認でき、また『平治物語』にも、義朝の軍勢に加わる西党の平山季重《ひらやますえしげ》、村山党の金子家忠《かねこいえただ》といった七党に属する武士の名を見ることができる。しかし、平治の乱における義朝の死とともに、武蔵国武士団に対する源氏の支配統率には終止符が打たれることとなる。

源平合戦における武蔵七党の動向

平治の乱後に、合戦に勝利した後白河《ごしらかわ》上皇は平清盛《たいらのきよもり》への恩賞として、清盛の四男である九歳の知盛《とももり》を武蔵守に任じた。こうして武蔵国は平氏の知行国《ちぎょうこく》となり、そして知盛が長じるに及ぶと彼の実質的な武蔵国国衙《こくが》支配がはじまる。その結果、頼朝挙兵時に知盛の支配下にあった武蔵国武士団は平氏方に立ち、七党の武士団も頼朝討伐の戦いに参加することとなったのである。

だが治承四年（一一八〇）十月に、河越重頼・江戸重長・畠山重忠をはじめとする武蔵国の有力武士が頼朝に帰順したことを機に、七党武士団の多くも頼朝の指揮下に入ったと考えられる。『平家物語』の叙述を見ると、北陸道で源義仲《みなもとのよしなか》と戦う平氏軍に児玉党の真下四郎重直が加わっており、引きつづき平氏の側に立ち続けた武蔵七党の武士団もいたようであるが、その多くは、頼朝の命を受けて西に向かった源範頼《のりより》・源義経の率いる軍勢に加わり、義仲ついで西国の平氏との戦いに参加し、その結果、関連する『平家物語』の叙述のなかに、武蔵七党の武士の様子が多く見出されるようになった。

たとえば、寿永三年（一一八四）正月の宇治川合戦を描く巻九「宇治川先陣」には、源範頼の軍勢に属する猪俣党《いのまたとう》の小平六則綱の名が見え、また源義経の軍勢の中には、畠山重忠に助けられて先陣を名乗る横山党の大《おお》串重親《ぐししげちか》が登場する。

京への帰還を目指す平氏を迎え討つ一の谷の合戦の場面では、「秩父・足利・三浦・鎌倉、党には、猪俣・児玉・野井与・横山・にし党・都筑党・私の党の兵ども、惣じて源平乱あひ、入れかへ入れかへ、名のりかへ名のりかへ、おめきさけぶ声、山をひびかし、馬の馳ちがふをとは、いかづちの如し」（巻九「坂落」）のように七党武士団が列記される。

一の谷の合戦の叙述には、七党武士団の戦いぶりが華やかに描かれており、東側の大手軍の範頼勢では丹党の中村時経《なかむらときつね》、児玉党の庄忠実・高家、私市党の河原高直《かわらたかなお》、猪俣党の藤田行泰《ふじたゆきやす》といった武士の活躍が見られる一方、西側の搦手《からめて》を攻める義経の指揮下に入って戦った者では、平山季重が、「鵯越《ひよどりごえ》の道を知っている」と広言して、義経の案内役を買って出ている（巻九「老馬」）。

なおその後の義経の戦いの中では、村山党の金子氏の活躍がめざましく、屋島の戦いでは金子家忠が越中盛《えっちゅうもり》嗣《つぐ》を討ちとるという手柄を立てている（巻十一「嗣信最期」）。

『平家物語』のような軍記物語の描く合戦の場面では、軍勢の規模や個々の武士の戦いぶりに誇張や虚構がほどこされることはしばしば見られるものの、軍勢の構成に関しては、『吾妻鏡』などの他史料との比較から史実として裏付けられ、その意味で『平家物語』は、源平の争乱における武蔵七党の活躍を雄弁に語る史料であるということができるだろう。

武蔵七党と平知盛

『平家物語』の叙述からは、さらに武蔵七党の武士団の存在形態の特質とでもよぶべきものが見えてくるように思われる。

第一の論点は、平知盛との関係に関するものである。

巻九「越中前司最期」には、一の谷の合戦において平知盛に対して児玉党が使者を立てる場面が登場する。

> 新中納言（知盛）は、東にむかッてたゝかい給ふところに、山のそはよりよせける児玉党使者をたてまッて、「君は、一年《ひとゝせ》、武蔵の国司でまし〳〵候しあひだ、これは児玉の者ともが申候、御うしろをば御覧候はぬやらん」と申。新中納言以下の人々、うしろをかへりみたまへば、くろ煙をしかけたり。

この記述に見える、知盛に背後へ注目を向けさせ、西側すなわち搦め手が破られたことを伝える際に、知盛が武蔵守に任じられたことに児玉党が言及したことの意味は何なのだろうか。

ここで想起されるのが、武蔵七党の武士の一人とされる熊谷直実（私市党あるいは西党と考えられている）が、はじめ親類の久下直光の代官として京都大番役《おおばんやく》をつとめていたものの、そのことを京において侮辱されて怒るあまり、平知盛の家人となってそのまま在京したという、『吾妻鏡』建久三年（一一九二）十一月二十五日条に見える著名な逸話である。

この記事は、国守あるいは知行国主としての知盛が武蔵武士の大番役勤仕の責任者であったことを反映したものと評価することができる（石井　一九八七）。これをあわせ考えると、知盛が武蔵守であった記憶を呼びおこしながら合戦の場で児玉党が知盛と接触を持とうとしたという『平家物語』の叙述は、武蔵七党の武士と平知盛の直接の結びつきに関わるものと理解することができるのではないだろうか。知盛の家人である武藤頼平が知盛の代官のごとき立場を得て武蔵国に在国した可能性も指摘されており（今野　一九九六・野口　二〇〇七）、大番役の動員を通じて、武蔵武士と知盛との間に主従制的な関係が育まれたことは想像に難くなく、秩父氏系の大武士団と対抗するなどの事情から、知盛と直接のつながりを持とうとする志向性が武蔵七党の武士に特に強く見られたことが十分に想定できるのではないか。上記の『平家物語』の記事は、そのような観点から読解することが可能であろう。

小武士団という特質

第二の論点は、武蔵七党の持つ小武士団としての特質に関するものである。

やはり一の谷の合戦に関する叙述であるが、大手の生田森《いくたのもり》攻めで私市党の河原高直・盛直《もりなお》兄弟（伯父・甥の間係であったとも）が、平氏方の備中国住人真名辺四郎《まなべしろう》と戦って壮絶な討死《うちじに》をする場面で、高直は次のような言葉を発している。

大名は、我と手をおろさねども、家人の高名をもッて名誉す。われらは、みづから手をおろさずはかなひがたし。かたきをまへにをきながら、矢ひとつだにも射ずしてまちゐたるが、あまりにもこゝろもとなう覚ゆるに、高直は、まづ城の内へまぎれ入ッて、ひと矢射んと思ふなり。（巻九「二度之懸」）

高直は、みずからの立場を、家人の戦いによって手柄を得ることのできる「大名」すなわち大勢力を持つ武士団と対比させ、自身の戦いのみによってしか武名をあげることができないと述べているのである。この記事は、武蔵七党の武士の自己認識に関わるものであり、「小領主の武士の悲しい一つの先陣」（冨倉徳次郎『平家物語全注釈　下巻（一）』角川書店、一九六七年）が描かれた場面と評価することができる。ちなみにこの『平家物語』の記事の後段には、この戦いぶりに感服する平知盛の様子が描かれている。

また、『平家物語』の一異本であり東国の情勢を詳しく叙述する『源平闘諍録《げんぺいとうじょうろく》』には、武蔵七党武士の立場の特質を示すと思われる、次のような記事が見えている。

> 爰《ここ》に三浦介義澄《みうらのすけよしずみ》涙を押へて申しけるは、「私の敵を以つて公の敵を妨たぐる事、寔《まこと》に天地の照覧有らん。将又上下の誹りを絶つべからず。君の御敵は未だ打ち随へられず。京都には清盛在り、奥州には秀衡《ひでひら》住し、常陸国には三郎先生・佐竹の殿原《とのばら》、信濃国には木曽の冠者《かじゃ》、甲斐国の殿原も未だ君に相ひ随ひ奉らず。就《なかん》中《ずく》、金子の太郎、軍の庭より重忠《しげただ》の内を追ひ放ちける上は、争《いか》でか義澄《よしずみ》遺恨を給ぶべきや。又君親の為に命を棄つるは往古の例、勝げ計ふべからず」（四「頼朝、大勢を脅かし。富士河の軍に向かふ事」）

これは、本章の中で前述した衣笠城の合戦で敗れた三浦義澄が、頼朝に帰順した畠山重忠との和睦を求められた際、すぐには応じることができず、畠山方の軍勢から「金子の太郎」が追放されたことで、ようやくそれに応じたという経緯を示すもので、畠山氏（＝「私の敵」）への恨みと頼朝に従って平氏などの「公の敵」と戦う義務の板挟みに苦しむ三浦義澄の姿を描く興味深い記事である。

日本中世における公戦と私戦の関係を考察する中でこの記事に注目した鈴木国弘氏は、「金子の太郎」について村山党の金子十郎家忠の嫡子の立場にあった家高と推測しているが、妥当な比定であろう（鈴木国弘「「十郎家忠」武勇譚からみた金子村山党の歴史的位置」『史叢』六二、一九九九年）。ここからは、畠山氏や三浦氏といった「大名」の武士団と行動をともにしながら、「大名」の和睦の際のいわば取引材料に利用されるという七党武士の立場の弱さがうかがえる。

武蔵七党へのまなざし

以上、『平家物語』の叙述の中から、平知盛との結びつきを持とうとする志向性および武士団としての勢力が小規模であることがもたらす立場の意味に関する二つの論点を導いた。

このうち、知盛と武蔵七党との関係については、史実の反映として理解することが可能と思われ、平氏軍制にとっての武蔵国支配の意味を武蔵七党に注目しながら検討する余地は今後も残されていると考えられる。しかし、二つ目の論点については、史実との関係を安易に理解することはできないだろう。

武蔵七党の勢力の小ささの悲哀を描く『平家物語』の記事は、史実を述べたものというより、武蔵七党のような武士団に対する人々のまなざし、あるいは認識が映り込まされた叙述として読むことが適切ではないだろうか。とくに、前述した討死を遂げる直前の河原高直・盛直兄弟武士の言動などは、覚一本の『平家物語』のみに見られる点なども考慮すれば、それ自体創作と見ないわけにはいかないだろう。

「武蔵七党」の語をめぐって

では、そのような武蔵七党に対する認識は、どのように生まれたのであろうか。以下は、全くの推測になってしまうが、治承・寿永の内乱における武蔵七党武士の記事には、同時代の見聞ではなく、後の時代の関東武士団に対する評価が強く影響していたのではないか。

　このような推測には、「武蔵七党」という呼称そのものの問題が関わっている。武蔵国の小規模武士団を総称する語としての「武蔵七党」の成立が南北朝時代以降であることは、すでに多くの先学によって指摘されている（安田　一九八四など）。『平家物語』の諸本に関して見ても、「七党」の表現は、いわゆる読み本系には見られず、後発の覚一本などの語り本系にあらわれる。この点なども考え合わせれば、たとえば南北朝期の関東で活発な動きを見せた白旗一揆《しらはたいっき》や平一揆《へいいっき》といった小規模武士団の結合体に対する認識が、そのまま治承・寿永の内乱期の武士団に重ね合わせられ、特定の構成員を想起させる「武蔵七党」の語が用いられるようになったのではないだろうか。

　もし右のような推定があたっているとするならば、「武蔵七党」の構成員が諸史料によって異なっていることも当然であり、そもそも「七党」の正確な特定を目指す必要もないということになるだろう。ちなみに、関東における桓武《かんむ》平氏流の大規模武士団を総称する「坂東八平氏《ばんどうはちへいし》」の語が南北朝期になって見られるようになったことも、「武蔵七党」の語の成立と関連づけて考えてみるべきではないだろうか。

　「党」の名でよばれる強固な一揆結合を持つ武士団の存在は、中世後期になってはじめて顕著となるものであり、『平家物語』が叙述の対象とする源平合戦の時代には、まだそのような武士団は存在しなかったといってよい。ある武士団を「党」の名でよぶことは、その武士団の勢力の小ささを蔑む意識によるものであったとも考えられる。

　しかし、中世後期の『平家物語』の読み手が、「党」の名でよばれた武士団に対し、地域的連帯によって大武士団に対抗する姿を想起し、そのことが『平家物語』における武蔵七党関連の叙述に大きな影響を与え、史実との関連性を持ついくつかの挿話を成立させたのではないだろうか。武蔵七党に関する史料は極めて乏しく、その点だけからも史料としての『平家物語』の重要性は明らかであるが、『平家物語』の持つ意味は単にそれにはとどまらないだろう。武蔵七党の武士の動向を知ることだけでなく、武蔵七党関連記事の流動性より、『平家物語』の享受をめぐる論点が見出せると考えられる。そしてそれは、中世の武士をめぐる自己認識・他者認識の問題にまで考察を及ぼす手がかりとなるのではないだろうか。

参考文献

北原保雄・小川栄一編『延慶本平家物語　本文編　上』（勉誠出版、一九九〇年）
福田豊彦・服部幸造全注釈『源平闘諍録　下』（講談社学術文庫、二〇〇〇年）
石井　進『鎌倉武士の実像』（平凡社、一九八七年）
上杉和彦『源平の争乱』（吉川弘文館、二〇〇七年）
今野慶信「東国武士団と源氏臣従譚」（『駒沢大学史学論集』二六、一九九六年）
釈迦堂光浩「平安後期における武蔵国衙軍制と「党」」（『パルテノン多摩博物館部門研究紀要』八、二〇〇四年）
野口　実『源氏と坂東武士』（吉川弘文館、二〇〇七年）
安田元久『武蔵の武士団』（有隣新書、一九八四年）

コラム 武蔵武士の群像❷

熊谷直実 くまがい なおざね

永治元年（一一四一）〜承元二年（一二〇八）

久保田　和彦

熊谷直実《くまがいなおざね》は、永治《えいじ》元年（一一四一）に武蔵国大里《おおさと》郡熊谷郷を本拠とした熊谷直貞《なおさだ》の二男として生まれた。通称は熊谷次郎と称した。熊谷氏は、桓武平氏の子孫とされるが、武蔵七党の私市党《きさいち》または丹《たん》党出身とする説もある。母は私市党の小沢《おざわ》氏とされるが、父直貞が早世したため、兄直正とともに姨《おば》の夫である久下直光《くげなおみつ》に養育された。成人した直実は、保元《ほうげん》の乱で源　義朝《みなもとのよしとも》に、続く平治《へいじ》の乱では義朝の子義平《よしひら》に従い、両合戦に参加したが、平治の乱で源氏が敗れたため、一族とともに平家に仕えた。その後、直実は久下直光の代官として京都大番役《おおばんやく》を勤めるが、その際、武蔵国の傍輩《ほうばい》から代官であることで無礼な扱いを受けたため、平清盛の子知盛《とももり》の家人となった。この時、直実が一方的に久下氏の代官を辞めたことが原因で、後々まで熊谷氏と久下氏の対立が続くことになる。

治承《じしょう》四年（一一八〇）八月、関東に下向《げこう》した直実は、石橋山《いしばしやま》合戦で平家方の大庭景親《おおばかげちか》に従ったが、まもなく頼朝方に参じ、鎌倉御家人となる。一一月、常陸国の佐竹秀義《さたけひでよし》の居城である金砂城《きんさじょう》攻撃で、直実は先駆けの勲功を挙げたため、寿永《じゅえい》元年（一一八二）五月、旧領に対する久下直光の押領が停止され、武蔵国熊谷郷地頭職《じとうしき》に補任《ぶにん》された。元暦《げんりやく》元年（一一八四）一月の木曽義仲との宇治川合戦では、源　範頼《みなもとののりより》の軍に属し先陣として活躍した。また、同年二月の一の谷合戦では、子息小次郎直家《なおいえ》とともに搦手《からめて》の源義経軍に属し、同じ武蔵出身の平山季重《ひらやますえしげ》と先陣を争った。直実は七日卯刻《うのこく》、ひそかに一の谷の前路の海道を通り、源氏の先陣であることを高声で名乗り、平家方の飛騨三郎景綱《ひださぶろうかげつな》、上総《かずさ》五郎忠光《ごろうただみつ》、越中次郎盛次《えっちゅうじろうもりつぐ》、悪七兵衛景清《あくしちびょうえかげきよ》ら二十三騎と戦い、小次郎直家はこの戦いで負傷した。

一の谷合戦で、平家の公達平　敦盛《たいらのあつもり》を討ち取ったことが、後の直実出家の原因となる。『平家物語』の「敦盛最後」によると、勝敗の決した一の谷の戦場から逃れるため、敦盛は沖の平家の船をめがけて海に馬を乗り入れたところ、背後から熊谷直実に呼び止められる。このまま行けば逃れられたのに、敦盛は正々堂々と引き返して直実と戦い、簡単に組み伏せられてしまう。我が子小次郎と同い年くらいの敦盛を殺すことを直実はためらうが、味方が近づいてきたため、涙をふるって敦盛の首をかいた。敦盛十七歳の最後であった。

文治《ぶんじ》三年（一一八七）八月、鶴岡八幡宮《つるがおかはちまんぐう》で始めて放生会《ほうじょうえ》が開催された際、直実は流鏑馬《やぶさめ》の的立役《まとたてやく》を命じられたが、射手は騎馬であるのに、的立は歩行であるとして、これを拒否し、所領を没収された。また、建久《けんきゅう》三年（一一九二）一一月、武蔵国熊谷郷と久下郷の境《さかい》相論《そうろん》に際し、頼朝の御前で久下直光と対決したが、梶原景時を後見人とした直光に対し、充分な弁明ができなかった。腹を立てた直実は、裁決が下る前に、証拠の文書等を簾中《れんちゅう》に投げ入れ、幕府の西侍で髻《もとどり》を切り、捨てぜりふを残し、自宅にも帰らず行方をくらました。

熊谷直実像　京都市左京区　蓮池院所蔵

その後、直実は上洛し、法然房源空《ほうねんぼうげんくう》に帰依し、法名を法力房蓮生《ほうりきぼうれんしょう》と称した。同六年には鎌倉で頼朝と対面し、故郷武蔵国にも下向した。西山義《せいざんぎ》の祖証空《しょうくう》にも従い、本山光明寺《こうみょうじ》を建立、その他に京都の法然寺や武蔵国熊谷寺《ゆうこくじ》も建立したと伝えられる。承元《しょうげん》二年（一二〇八）九月一四日、京都東山山麓の草庵で、高声念仏しながら往生したと伝える。六十八歳であった。熊谷直実は剛直な武蔵武士の典型であった。

第3章　鎌倉期の血縁、婚姻関係

細川重男

畠山重忠の婚姻関係を素材に

本章の課題は源平争乱期における武蔵武士の血縁・婚姻関係である。そこで鎌倉時代初期の武蔵武士を代表する人物として畠山重忠《はたけやましげただ》を選び、その婚姻関係を素材に論述をおこなうことにする。

畠山重忠は、武蔵国の強大な桓武《かんむ》平氏《へいし》系武士団連合である秩父《ちちぶ》党《とう》の実力者の一人であり、鵯越《ひよどりごえ》の逆落としで馬を担いだエピソードが著名であるように、『平家物語《へいけものがたり》』・『源平盛衰記《げんぺいじょうすいき》』・『曽我物語《そがものがたり》』などの軍記物に登場し、『吾妻鏡《あづまかがみ》』にも非常に多くの挿話が記されており、武蔵武士の代表的人物であると同時に、武蔵を超えて鎌倉武士を代表する存在という評価を受けている。これらは、ことさらここに記すまでもないことであろう。

本章では、治承《じしょう》四年（一一八〇）十月六日の源頼朝鎌倉入り以前を中心に、重忠につながる婚姻関係を図にした「畠山重忠婚姻関係図」（系図1。以下、重忠婚姻関係図と略称）を作成し、これを分析することによって、当時の武士の血縁・婚姻関係がもたらす効果について考察してみたい。

「畠山重忠婚姻関係図」の解説

重忠婚姻関係図について解説すると次のようになる。

【系図1　畠山重忠婚姻関係図】

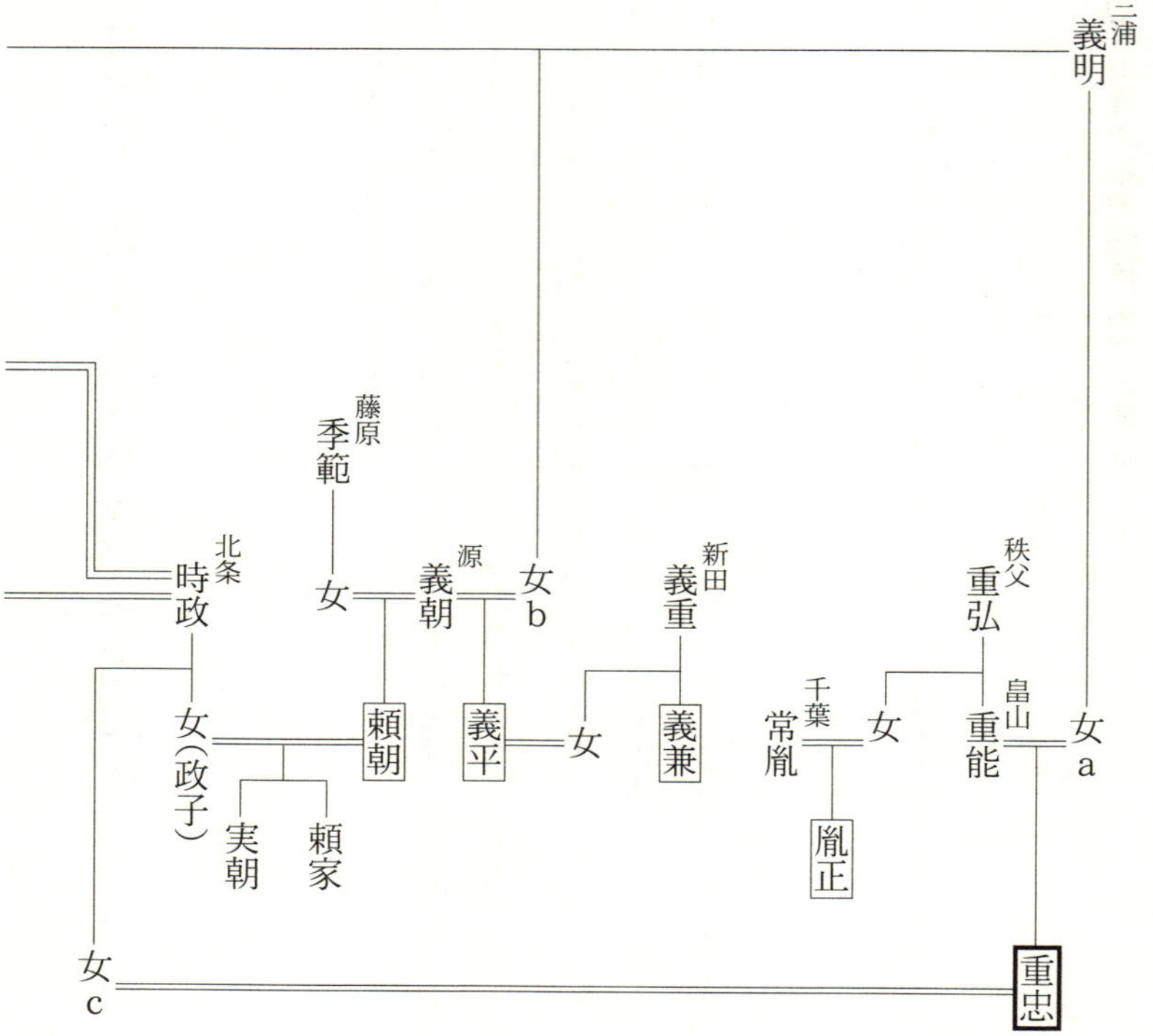

①三浦義明《みうらよしあき》（相模。桓武平氏系）の女aは、畠山重能《はたけやましげよし》（武蔵。桓武平氏系秩父党）に嫁し、重忠を生んだ（『三浦系図』）。

なお、重忠の母については、異説がある。『肥後古記集覧《ひごこきしゅうらん》』所収「小代系図」（『新編埼玉県史』別冊四「年表・系図」に収録）は、重忠の母を秩父党の江戸重継《えどしげつぐ》の女と記しているのである（清水亮「在地領主としての東国豪族的武士団」〈『地方史研究』三四八、二〇一〇年〉参照）。だが、本稿では従来知られている三浦義明女説に従っておく。

②秩父重弘《ちちぶしげひろ》の女（畠山重能の姉妹。重忠《しげただ》のオバ）は、千葉常胤《ちばつねたね》（下総。桓武平氏系）に嫁し、胤正《たねまさ》を生んだ（『吾妻鏡』寿永元年〈一一八三〉八月十八日

条。『千葉上総系図』）。

③三浦義明の女bは、清和《せいわ》源氏《げんじ》内河内《かわち》源氏為義《ためよし》流の源 義朝《みなもとのよしとも》に嫁し、義平《よしひら》（長男）を生んだ（『清和源氏系図』・『三浦系図』。系図2「河内源氏略系図」参照）。

なお、『尊卑分脈《そんぴぶんみゃく》』は義平の母を「橋本遊女」または「修理大夫《しゅりのだいぶ》範兼女」・「大膳大夫《だいぜんだいぶ》則兼女」とするが、『保元物語《ほうげんものがたり》』は義明について義平の「母方の祖父三浦」と記し、義平は平治《へいじ》元年（一一五九）の平治の乱に際し上京するまで義明のもとにあったとしている。

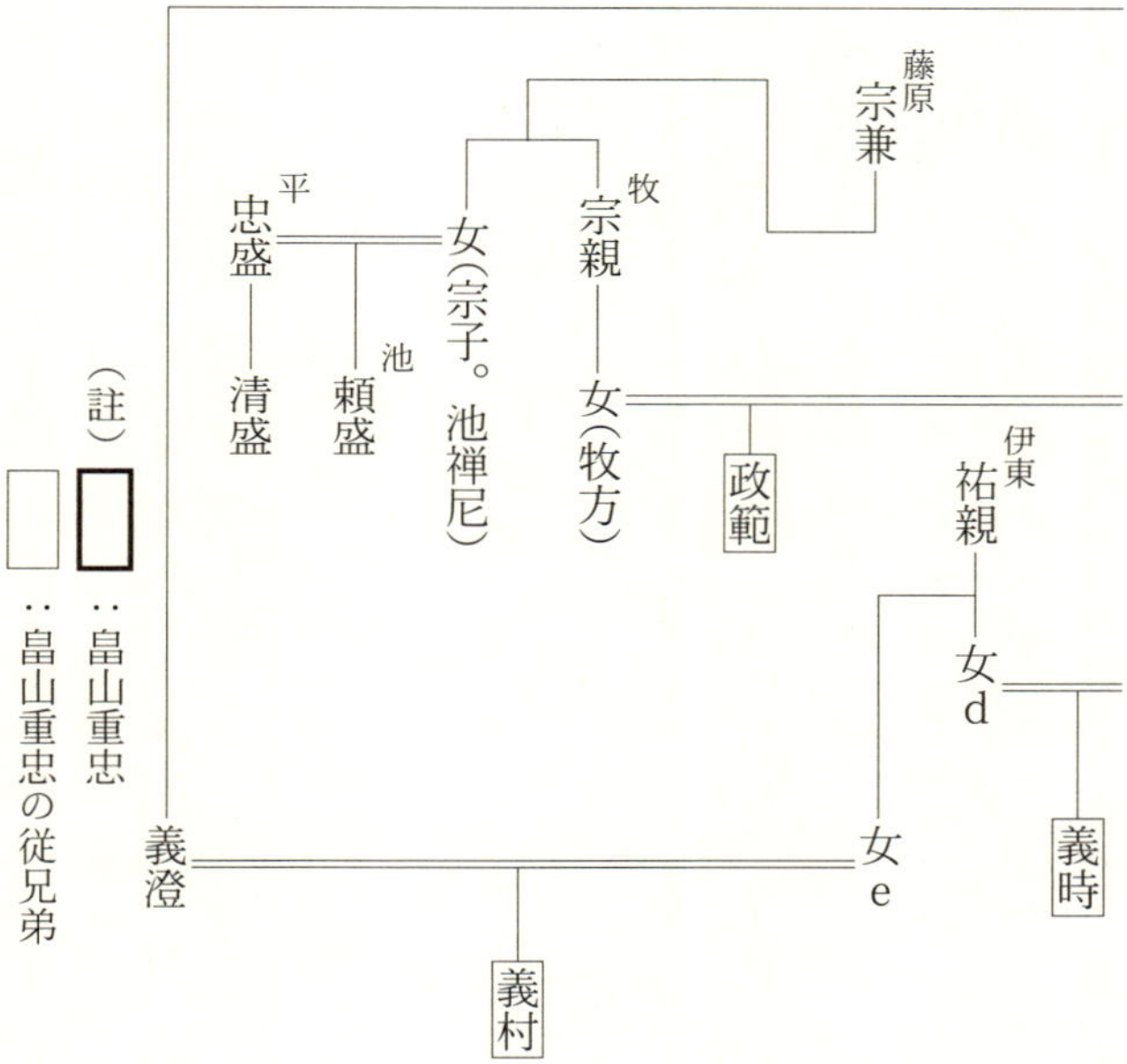

④河内源氏義国《よしくに》流の新田《にった》義重《よししげ》（上野）の女は、源義平に嫁した（『吾妻鏡』寿永元年七月十四日条）。

⑤北条時政《ほうじょうときまさ》（伊豆。桓武平氏系）の女（政子）は、熱田《あつた》神宮《じんぐう》（尾張）の大宮司を兼ねる王朝貴族藤原季範《ふじわらのすえのり》の女が生んだ（『尊卑分脈』）源義朝の嫡子（三男）頼朝に嫁し、頼朝の鎌倉入り後に頼家《よりいえ》・実朝《さねとも》を生んだ（政子が頼朝の妻であることを記す史料は枚挙に暇がない）。

【系図2　河内源氏略系図】

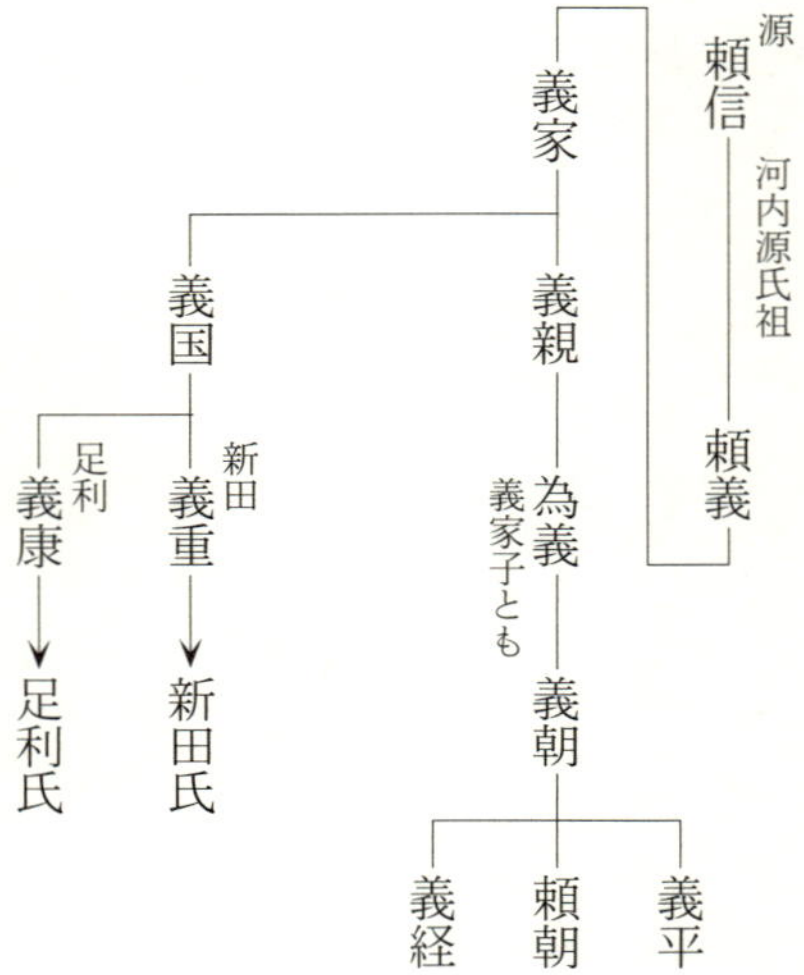

⑥北条時政の女cは、おそらく頼朝鎌倉入り後、畠山重忠に嫁した（前田本『平氏系図』）。

⑦伊東祐親《いとうすけちか》（伊豆。藤原氏系）の女dは、北条時政に嫁し、義時《よしとき》を生んだ（『工藤二階堂系図』は祐親の通称を「伊東入道」とし、前田本『平氏系図』は義時の母を「伊東入道女」とする。拙著『鎌倉北条氏の神話と歴史』〈日本史史料研究会、二〇〇七年〉第一章「右京兆員外大尹」参照）。

⑧伊東祐親の女eは、三浦義明の子義澄《よしずみ》に嫁し、義村《よしむら》を生んだ（『吾妻鏡』寿永元年二月十四日条。『工藤二階堂系図』は祐親の通称を「伊東入道」とし、『三浦系図』は義村の母を「伊東入道女」とする。前掲拙著参照）。

⑨王朝貴族牧宗親《まきむねちか》（藤原氏）の女（または妹。牧方）は、北条時政に嫁し、頼朝鎌倉入り後に、政範《まさのり》を生んだ。宗親の姉妹（宗子《むねこ》。池禅尼《いけのぜんに》）は平忠盛《ただもり》に嫁し、頼盛《よりもり》を生んでおり、清盛の継母である（史料は『尊卑分脈』・『愚《ぐ》管抄《かんしょう》』など。杉橋隆夫「牧の方の出身と政治的位置―池禅尼と頼朝と―」〈上横手雅敬監修『古代・中世の政治と文化』思文閣出版、一九九四年〉参照）。

なお、杉橋氏は時政と牧方の婚姻を頼朝鎌倉入りのかなり以前と推定しており、私は牧氏と北条氏は頼朝鎌倉入り以前から何らかの関わりは持っていたものの、時政・牧方の婚姻は鎌倉入り後のことと考えている（前掲拙著参照）。しかし、本稿では杉橋説を採用して重忠婚姻関係図を作成してみた。

婚姻関係図からわかること

この重忠婚姻関係図からは、いかなることが読み取れるのであろうか。

まず、全体を鳥瞰してわかることは、次の（あ）（い）（う）三点である。

（あ）武蔵の秩父党・下総の千葉・相模の三浦・上野の新田・伊豆の伊東というそれぞれの国を代表する在地豪族が婚姻関係で結ばれている。坂東八ヵ国（南坂東＝相模・武蔵・安房・上総・下総、北坂東＝上野・下野・常陸）のうちの四ヵ国に、坂東に隣接する伊豆を加えた五ヵ国である。

（い）この婚姻関係には、中央軍事貴族（いわゆる武家の棟梁《とうりょう》）である河内源氏為義流が食い込んでいる。

（う）伊豆の北条は、秩父党・千葉・三浦・新田・伊東に比して遙かに小規模な武士団である（前掲拙著参照）が、牧氏を通じて、当時、京都政界に威を振るっていた平氏一門（伊勢平氏。平清盛の一族）とつながっていた。

つまり、畠山重忠は、千葉胤正《ちばたねまさ》・三浦義村《みうらよしむら》・北条義時《ほうじようよしとき》・新田義兼《にったよしかね》（義重の子）・源義平、そして源頼朝の従兄弟であったのである。また、重忠は三浦・伊東・北条・牧の各氏を介して平清盛・頼盛兄弟とも非常に遠縁ではあるが、親族関係にあった。

重忠婚姻関係図は重忠につらなる婚姻関係を図として作成したサンプル調査であり、本来はもっと大規模な調査をおこなうべきところである。しかし、この重忠婚姻関係図からだけでも、頼朝鎌倉入り以前の坂東、特に南坂東とその近隣地域では、武士たちの広範囲に及ぶ婚姻関係が形成されていたこと、そしてそこには河内源氏為義流が食い入っていたことは理解できる。坂東、わけても南坂東が鎌倉幕府の本拠地というべき地域であることは、今さら言うまでもないことである。この坂東地域における武士の婚姻関係によるつながりが、河内源氏為義流の人である源頼朝による鎌倉開府の下地の一つとなったということは指摘できるであろう。

個別事例からわかること

では、重忠婚姻関係図に見える個別の婚姻関係は、果たして有効に機能していたのであろうか。具体例をあげて検討してみたい。

（ア）重忠と千葉胤正の従兄弟関係は有効に機能した事例である。

文治《ぶんじ》三年（一一八七）九月二十七日、重忠は代官の所行を伊勢神宮《いせじんぐう》から訴えられた。重忠は代官の行為を知らなかったと弁解したが、頼朝は所領四ヵ所を没収したうえで、重忠を囚人として千葉胤正に召し預けた。十月四日、胤正が幕府に参上して頼朝に次のように訴えた。

重忠、召し籠められて、すでに七ヶ日を過ぐるなり。この間、寝食共に絶ちおわんぬ。ついに又言語を発する無し。今朝、胤正、詞《ことば》を尽くして膳を勧《すす》むといえども、許容せず。顔色《がんしょく》、ようやく変ず。世上の事、ほとんど思い切るかのよし、見及ぶところなり。早く免許有るべきか。

［意訳］重忠が召し籠められて、すでに七日が過ぎました。この間、重忠は寝ることも食事も断ち、言葉を発することもしていません。今朝、私が必死に食べるよう言っても、食べませんでした。衰弱して顔色《かおいろ》もだんだん変わってきています。このまま餓死すると心に決めた様子です。早くお許しください。

これを聞いた頼朝は慌て、その場で重忠を赦免した（『吾妻鏡』各日条）。

頼朝が重忠を胤正に預けたこと、胤正が重忠の赦免を頼朝に訴えたことの背景には、重忠と胤正の従兄弟関係があったと判断されよう。

（イ）これによく似た事例を重忠婚姻関係図にもとめると、伊東祐親と三浦義澄の舅婿関係があげられる。

伊東祐親は頼朝挙兵時に敵対し、これがため頼朝鎌倉入りの十三日後である治承四年十月十九日、捕虜となった。すると「祐親法師が聟三浦次郎義澄」が祐親を預かりたいと頼朝に願い出た。頼朝は祐親の処分が決まるまで、義澄が祐親を預かることを許可した。一年半近く後の寿永元年（一一八二）二月十四日、北条政子の懐妊（八月十二日に頼家が生まれる）を良い機会として義澄は祐親の処分について頼朝の意向をうかがった。すると、頼朝は「御前に召して直に恩赦あるべきのむね（祐親を自分の前に呼んで、直接許しを与えよう）」と義澄に述べたのである。喜んだ義澄が郎従《ろうじゅう》（家臣）に祐親を呼びに行かせたところ、赦免を聞いた祐親は、かえってこれを恥辱とし、その場で自殺を遂げたのであった（『吾妻鏡』各日条）。

祐親は自刃してしまったが、「祐親法師が聟三浦次郎義澄」と明記されていることから、祐親を義澄が預かり、その赦免に尽力した理由が二人の舅婿関係であったことは明らかである。

（ウ）重忠婚姻関係図以外で似たような事例を探すと、下野の小山朝政《おやまともまさ》・結城朝光《ゆうきともみつ》兄弟（秀郷《ひでさと》流藤原氏系）と同じく下野の宇都宮頼綱《うつのみやよりつな》（藤原氏系）の事例があげられる。

小山氏と宇都宮氏の関係は、小山朝政・結城朝光の父小山政光《まさみつ》の妻で朝光の母である寒河尼《さむかわに》が宇都宮頼綱の大オバ（頼綱の祖父朝綱の姉妹）であったというものである（『吾妻鏡』治承四年十月二日条。系図3「小山・宇都宮婚姻関係図」参照）。

三代将軍源実朝の時代となった元久《げんきゅう》二年（一二〇五）八月七日、宇都宮頼綱に謀叛の嫌疑がかかり、実朝の叔父北条義時ら幕府首脳部は頼綱討伐を決めた。そして討伐を命じられたのが小山朝政であった。ところが、

【系図3　小山・宇都宮婚姻関係図】

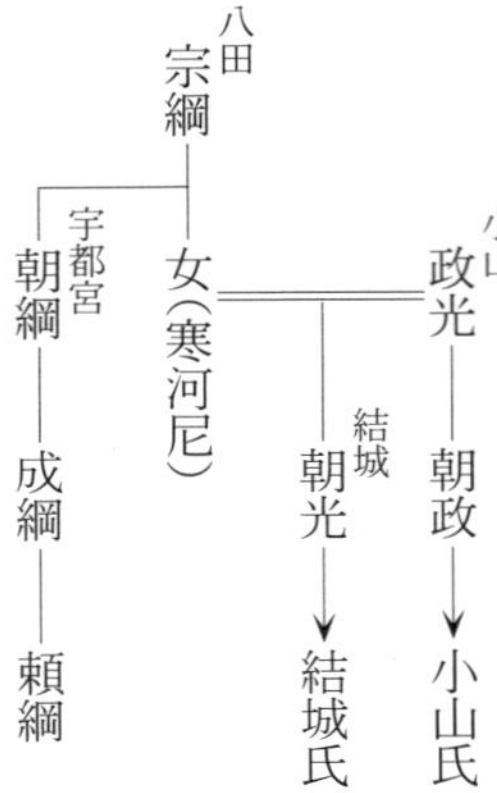

義時の面前で討伐命令を受けた朝政は「叔家の好あり（叔父甥の関係にあり親しいから）」という理由で拒絶したのである。そして十一日、朝政は頼綱の義時宛書状に自身の添え状を付けて義時に届け、十九日、出家して恭順の意を示した頼綱の切り落とされた髻《もとどり》（マゲ）を義時に仲介したのは、結城朝光であった（『吾妻鏡』各日条）。かくて、頼綱は小山兄弟の奔走により、討伐を免れたのであった。朝政が討伐命令を拒否し、逆に頼綱救済に奔走した理由は、婚姻関係によって結ばれた「叔家の好」であった。

以上の（ア）（イ）（ウ）の事例は、武士が窮地に陥った際に婚姻関係が危機回避の機能を発揮することを示すものである。

婚姻関係図からだけではわからないこと

さらに、重忠婚姻関係図からは次のような主張をすることも可能である。

（A）治承四年十月四日、頼朝の隅田《すみだ》川の陣に畠山重忠ら秩父党の幹部が参上する（『吾妻鏡』同日条）と、頼朝は傘下にあった三浦氏と既に交戦してしまっていた（『吾妻鏡』同年八月二十四・二十六・二十七日条）重忠らを即座に許し、三浦氏と和解させた。そして十月六日の鎌倉入りに際しては、重忠が行列の先陣を務めた

（『吾妻鏡』同日条）。また、文治五年（一一八九）の奥州合戦《おうしゅうかっせん》でも重忠は頼朝自らが率いる鎌倉方東山道《とうさんどう》軍の先陣を命じられている（『吾妻鏡』同年七月十九日・八月九日条）。このように重忠が頼朝の挙兵直後から一貫して秩父党構成員を含めた御家人たちの中で優遇されたのは、頼朝と重忠の従兄弟関係に拠るものである。

（B）北条時政の女cが重忠に嫁したこと、また元久二年（一二〇五）六月の二俣《ふたまた》川合戦（畠山合戦・畠山事件。北条時政・牧方夫妻の陰謀で重忠が滅ぼされた事件）に際し、北条義時が父時政に対し、

　重忠が弟・親類は大略《たいりゃく》もって他所《たしょ》にあり。戦場に相《あい》従ふの者、わずかに百余輩《ひゃくよはい》なり。しかれば謀反を企つる事、すでに虚誕《きょたん》たり。もしは讒訴によって誅戮《ちゅうりく》に逢《あ》えるか。はなはだもって不便《ふびん》。首を斬りて陣頭《じんとう》に持ち来《きた》る。これを見るに、年来合眼《ねんらいごうがん》の昵《むつみ》を忘れず、悲涙《ひるい》禁じがたし（『吾妻鏡』元久二年六月二十三日条）。

［意訳］重忠の弟や親戚はほとんど他所《よそ》にいた。重忠に従って戦場に来た者は、たった百人ばかりであった。よって、重忠が謀反を企てていたというのは虚偽である。讒言によって殺されたなら、かわいそうでならない。斬られて陣に持ち込まれた首を見て、仲良くしてきた長い間のことを思い出し、私は涙を止めることができなかった。

と論難したのは、重忠と義時との従兄弟関係に拠るものである。

（C）元暦《げんりゃく》元年（一一八四）六月一日、鎌倉に滞在していた平頼盛が帰京することになり、頼朝は餞別の宴を催した。この時、頼朝の命でその場に候じた小山朝政以下九人の御家人の中に重忠の名が見え、彼らは「これ皆、京都に馴《な》るるの輩《ともがら》なり」とされている（『吾妻鏡』同日条）。また、同年十一月六日、重忠は頼朝の御前で今様《いまよう》を歌っており、文治二年（一一八六）四月八日、静御前《しずかごぜん》（源義経の愛妾）が鶴岡八幡宮《つるがおかはちまんぐう》で舞った時には、銅拍子《とびょうし》を務めている（『吾妻鏡』同日条）。重忠は「京都に馴るるの輩」であり、都の文化を身に付けていた。

重忠が京都文化を身に付けていた理由は、重忠と清盛・頼盛ら平氏一門との親族関係に拠るものである。

いずれも可能性としては、否定できない。しかし、私が実際に、前記（ア）（イ）（ウ）のような他の史料の裏付けなしに、重忠婚姻関係図だけを根拠に（A）（B）（C）のごとき主張をしたならば、いかなる評価を受けることになるであろうか。

おそらく、まともな歴史研究者は失笑しただけで無視することであろう。

すべての学説は仮説であり、仮説は可能性である。歴史研究において可能性は常にゼロではない。だが、可能性がゼロではないことは、当然のことながら、その仮説が他の仮説に比して優秀であることを保証しないのである。可能性を言うのであれば、畠山重忠が女性である可能性とて、完全には否定できないのである。

つまり、重忠婚姻関係図は登場する人々がそのような関係にあったということを示すにすぎず、各人相互の関係が有効に機能していたことを保証するものでは、なんらないのである。

なにも婚姻関係に限らず、当時の人々は乳母《めのと》関係を含めた主従関係、烏帽子《えぼし》親子関係・猶子《ゆうし》（子供待遇）関係など、いろいろな人間関係で多くの人々とつながりを持っていた。しかし、そのすべてが常に有効に機能していたとはかぎらない。

当時の婚姻関係は当事者双方の一族が何らかの利益を期待して結ばれる政略的なものであることは、言うまでもない。だが、双方あるいは片方の期待が成就するかどうかは別の話であり、効果を発揮するかどうかは、時と場合によって異なる。前記（ア）（イ）（ウ）は有効に機能した事例であるが、機能しない場合もある。

たとえば、治承四年八月二十三日の石橋山《いしばしやま》合戦における頼朝敗北後、頼朝方であった義澄率いる三浦勢と頼朝挙兵を聞いて南下して来た畠山重忠率いる秩父党の軍勢は、八月二十四日の由比ヶ浜《ゆいがはま》合戦、二十六日から二十七日にかけての衣笠城《きぬがさじょう》（三浦の本城）合戦で交戦し、由比ヶ浜合戦では重忠方が五十余人を討たれて敗北、衣笠城合戦では逆に三浦方が当主義明を討たれて敗北した（『吾妻鏡』各日条）。この二つの戦闘では、義澄が重忠のオジ、義明が重忠の外祖父であったことは何の効果もなかったのである。

重忠婚姻関係図のような図は、いわば「作れば、作れる」というものであり、そこに記された人々の関係が実際に機能していたかどうかは、図だけではわからないのである。（A）では頼朝、（B）では北条時政・義時、まして（C）では平清盛・頼盛が、そもそも畠山重忠を親族として認識していたかどうかがわからない。よって、（A）（B）（C）のような主張をするのであれば、（ア）（イ）（ウ）のように、婚姻関係図以外の史料（証拠）を示さなければならない。それなくしては、学説とは言えない。

しかし、特に昨今、歴史研究者の著作物（論文・研究書・一般向け書籍）で（A）（B）（C）とレベル的に同等な主張がなされていることが少なくない。根拠にならない史料（証拠にならない証拠）を提示しての主張、はなはだしくは根拠となる史料を提示しない（史料が無い）ままの主張である。

根拠となる史料（直接証拠または間接証拠〈傍証〉）が無い主張は、単なる思い付き・ひらめきであり、それは学説ではない。思い付き・ひらめきを学説に昇華させるためには、その自説の根拠となる史料を探し出して提示する作業がなされなければならないのである。たとえ推論であっても、その推定の根拠となる史料を示さなければならないのは、同じである。

最近、ある碩学は某研究者の著作物（一般向け書籍）について、次のように述べたという。

「某さんの本は、おもしろいですね。史料があれば」

歴史学界の一部に見られる右記のような安易な主張についての、誠に鋭い批判と言えよう。読者は歴史研究者の著作物を専門家の作品だからとて、鵜呑みにしてはならない。嘆かわしいことであるが、立ち止まって自身でその真偽を判定しなければ、とんでもない妄想を信じ込まされかねないのである。

以上、武蔵武士畠山重忠につらなる婚姻関係を素材に、平安末・鎌倉初期の武士にとって婚姻関係がいかなる効果を発揮し、また発揮しなかったか、を述べてみた。読者の武蔵武士・鎌倉武士理解に少しでも役立ってくれること、そして歴史研究の正しい手法を知っていただけることを願いつつ筆を擱く。

コラム　武蔵武士の群像❸　金子十郎家忠《かねこ　じゅうろう　いえただ》

保延四年（一一三八）〜建保四年（一二一六）

久保田　和彦

金子十郎家忠《かねこじゅうろういえただ》は、武蔵国入間郡《いるま》金子（埼玉県入間市）を本拠とした金子家範《いえのり》の子として保延《ほうえん》四年（一一三八）に生まれた。生年は、『保元物語《ほうげんものがたり》』に、保元元年（一一五六）七月十一日に起こった保元の乱に十九歳で初陣したという記述から逆算した。通称は金子十郎である。金子氏は、武蔵国村山郷を名字の地とする武蔵七党の一つ村山党の庶流である。村山党は、西多摩郡の東端から北多摩郡・入間郡の両郡にまたがる丘陵一帯に勢力のあった「党」的武士団であり、『武蔵七党系図』によると、桓武平氏《かんむへいし》の系譜を引く野与《のよ》基永《もとなが》の弟頼《より》任《とう》にはじまり、宮寺《みやでら》・山口・須黒《すぐろ》・仙波《せんば》・久米・荒幡《あらはた》・大井・難波田《なんばだ》・金子など多くの一族が分出した。

保元の乱では、後白河《ごしらかわ》天皇方に味方した源義朝に従うため上洛した東国の軍勢のうち、武蔵国の軍勢の一人として「村山に金子十郎家忠、山口十郎、仙波七郎」と記されている。『保元物語』の「白河殿攻落す事」によると、家忠は上皇方の鎮西八郎《ちんぜいはちろう》　源《みなもとの》為朝《ためとも》の軍勢と戦い、重目結《かさねめゆい》の直垂《ひたたれ》に、招縄目《ふしなわめ》の鎧を着し、鹿毛《かげ》の馬に黒鞍を置き出陣するが、矢を射尽くすと、太刀を抜き敵方の真っ向にあて、「武蔵国住人金子十郎家忠十九歳、軍は今日ぞ始なる。御曹司の御内に、我と思はん兵は、出合や」と名乗り、大力として知られる高《たか》間三郎《まのさぶろう》・四郎《しろう》兄弟の二人を相手に勝利をおさめた。為朝は家忠の剛力に感心し、この戦いに勝利した際には郎等《ろうとう》にしたいと述べたという。

治承《じしょう》四年（一一八〇）八月の源頼朝の挙兵に際して、家忠は平家方として多くの武蔵武士とともに三浦一族の衣笠城《きぬがさじょう》攻めに参加した。『吾妻鏡』同月二十六日条には、衣笠城攻撃の軍勢数千騎の中に、河越《かわごえ》太郎重頼《しげより》・江戸《えど》太郎重長《しげなが》らとともに、「金子・村山の輩」の名が見える。また、延慶本《えんぎょうぼん》『平家物語』の「衣笠合戦の条」には、この戦いで壮絶な最期を遂げた三浦義明《みうらよしあき》が、家忠の勇壮な戦いぶりを賞賛し、酒を送ったという逸話も見える。

平家との西海《さいかい》合戦では、家忠は源義経の軍に属し活躍した。『平家物語』の「嗣信最後」によると、元暦《げんりゃく》二年（一一八四）二月の屋島《やしま》合戦において、義経により屋島御所を焼かれ海上に逃れた平家方の越中次郎兵衛盛嗣《もりつぐ》と義経方の伊勢三郎義盛《よしもり》が互いの悪口を大声で発する詞戦《ことばいくさ》の場面で、金子十郎家忠は「無益の殿原《とのばら》の雑言」であると二人の悪口・雑言を非難し、弟の与一《よいち》近範《ちかのり》の放った矢は越中次郎盛嗣の鎧の胸板を貫いている。平家との西海合戦の恩賞として、家忠は法隆寺《ほうりゅうじ》領の播磨国鵤《いかるが》荘地頭職《じとうしき》を与えられたらしく、文治三年三月に現地における濫妨《らんぼう》行為を領家より訴えられ、幕府から押領停止を命じられている。

金子家忠墓　埼玉県入間市　瑞泉院所蔵

　その後、家忠は文治元年（一一八五）十月二十四日の頼朝の勝長寿院《しょうちょうじゅいん》供養に際し、弓馬の達人を清選した最末の随兵《ずいひょう》六十人の一人に選ばれている。また二度の頼朝の上洛《じょうらく》にも随兵として供奉《ぐぶ》し、『吾妻鏡』建久元年（一一九〇）十一月七日条には後陣随兵五番に、同六年三月十日条の東大寺供養の後陣随兵に名前を連ねている。

　伝承によれば、金子十郎家忠は建保《けんぽう》四年（一二一六）に没したといわれ、入間市木蓮寺《もくれんじ》地区に所在する金竜《きんりゅう》山瑞泉院《さんずいせんいん》の境内には、金子一族の墓と伝わる宝篋印塔《ほうきょういんとう》が数基残されている。家忠の創建といわれる瑞泉院の付近は、金子氏の館跡であるといわれている。

II 南北朝動乱と武蔵武士

——『太平記』の世界——

第1章　鎌倉幕府の滅亡と武蔵武士

高橋典幸

武蔵守と鎌倉幕府

武蔵国は鎌倉にもほど近く、後述するように、鎌倉幕府の直轄地的性格も指摘されており、鎌倉幕府の「お膝元」ともいえる勢力基盤であった。さらにまた、それとはまた違った意味で鎌倉幕府にとっては特別な国でもあった。その一つの徴証として、武蔵国が将軍家知行国《ちぎょうこく》であったことが挙げられる。

知行国とは、有力貴族や寺社などが朝廷から国衙《こくが》支配を認められた国のことで、その国（国衙領）からの収益はすべて知行国主のものとされ、知行国主の推薦によって国司《こくし》が任じられることになっていた。鎌倉幕府の将軍は、初代源頼朝が元暦元年（一一八四）六月に武蔵国・駿河国などを知行国として給わって以来、複数の国々を知行国として認められていた。その数は時期によって変動があり、一時的に将軍家の知行が認められたにすぎない国々も少なくなかったが、武蔵国は一貫して将軍家知行国だったのである。

そのため武蔵守には、表のように、いずれも鎌倉幕府の有力御家人が任じられた。表の最初にみえる平賀義信《ひらがよしのぶ》は信濃源氏出身の源氏一門の有力者で、とくに源頼朝からあつく信頼されていた人物である。続く朝雅《ともまさ》は義信の子で、一時は将軍候補と目されたこともある。朝雅の後任については不明であるが、足利義氏《あしかがよしうじ》に比定する説があり（七海　二〇〇三）、これもまた源氏一門の有力者である。以上のように、足利義氏については確定できないものの、初期の武蔵守には源氏将軍周辺の有力者が任命されており、鎌倉幕府にとっていかに武蔵守が重視されていたかがうかがえよう。

もう一つ、武蔵守の特徴として、承元四年（一二一〇）以降、源《みなもとの》親広《ちかひろ》（源頼朝の有力側近大江広元《おおえのひろもと》の子）在任期の一時期を除いて、北条氏に独占されるようになったことが注目される。その転換点は、ちょうど源氏将軍期から執権《しっけん》を中心とした執権政治期への移行期にあたるが、実際に武蔵守に任じられた北条一門の過半が執権もしくは連署を勤めているのである。鎌倉時代末期に作成され、鎌倉幕府の法律や裁判制度を解説した『沙汰未練書《さたみれんしょ》』という書物には、「両国司とは、武蔵・相模両国の国司の御名なり。将軍家執権の御事なり」と記されている。すなわち、鎌倉幕府では武蔵守は、相模守とともに「両国司」と呼ばれ、執権（もしくはその補佐にあたる連署）が就任する特別な官職として位置づけられていたのである。

鎌倉幕府が重要な命令を発する際には、執権・連署が署名する下知状《げちじょう》・関東御教書《かんとうみぎょうしょ》という様式の文書が用いられており、その多くは「武蔵守」「相模守」名義の

表　鎌倉時代の武蔵守

	氏名	補任	備考
1	平賀義信	元暦元（1184）	
2	平賀朝雅		
3	足利義氏か？	元久2年（1205）	
4	北条時房	承元4年（1210）	
5	源親広	建保6年（1218）ごろ	
6	北条泰時	承久元年（1219）	執権
7	北条朝直	嘉禎4年（1238）	
8	北条経時	寛元元年（1243）	執権
9	北条朝直	寛元4年（1246）	
10	北条長時	建長8年（1256）	執権
11	北条宣時	文永4年（1267）	
12	北条義政	文永10年（1273）	連署
13	北条宗政	建治3年（1277）	
14	北条時村	弘安5年（1282）	連署
15	北条久時	嘉元2年（1304）	
16	北条熙時	徳治2年（1307）	連署
17	北条貞顕	応長元年（1311）	連署
18	北条守時	文保3年（1319）	執権
19	北条貞将	嘉暦元年（1326）	

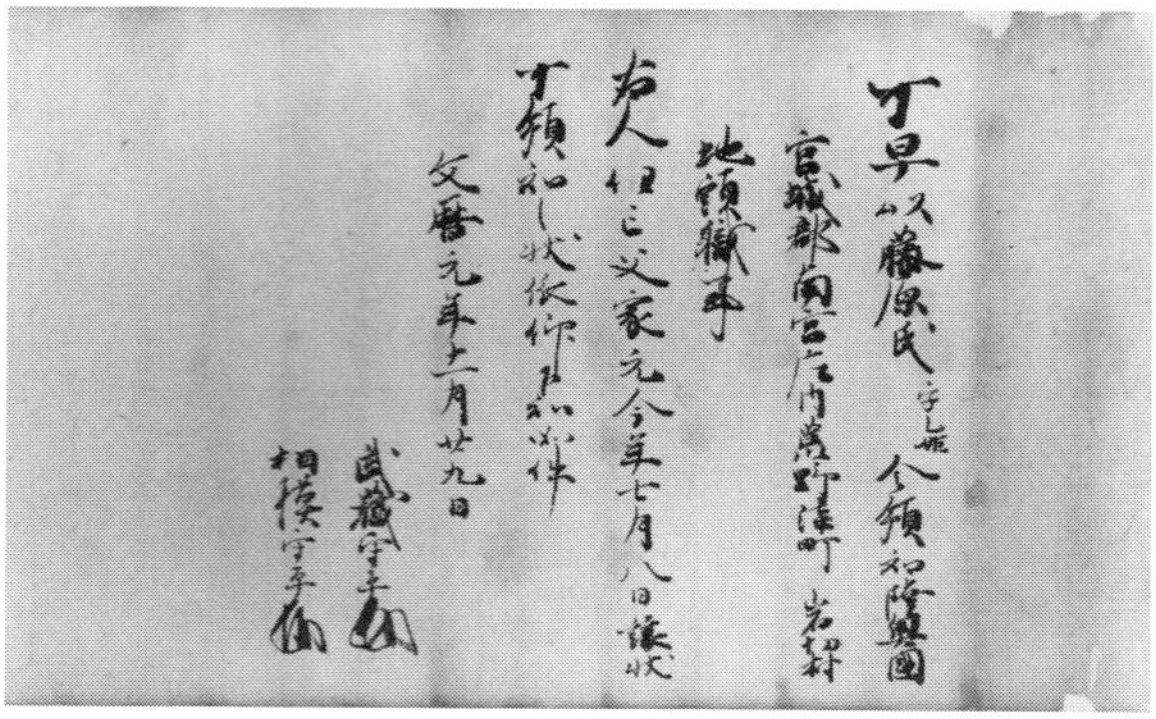

関東下知状（奥州市立図書館所蔵）
執権「武蔵守」北条泰時と連署「相模守」北条時房が署名している。

文書であった（上図）。このように、武蔵守は鎌倉幕府の権威を象徴する地位だったのである。

北条得宗家と武蔵国

知行国の場合、知行国主の下にあって実際の国衙行政にあたる者もしくはその権限のことを国務といい、必ずしも国守が国務の地位にあったわけではない。武蔵国の場合も、武蔵守に任じられた北条一門とは別に、北条得宗家が国務を掌握していた。

武蔵国の特徴としてはもう一つ、守護《しゅご》が任じられていなかったことが指摘されている。この点については、国務が守護職権（検断権《けんだんけん》）を行使していたとする見解と、武蔵国の検断は鎌倉幕府侍所《さむらいどころ》の直轄支配下にあったとする見解が提示されている（伊藤　二〇一〇）。ただし侍所の実権は得宗《とくそう》によって握られていたので、いずれにせよ武蔵国の守護職権（検断権）も実質的には得宗家が掌握していたことになる。すなわち国衙行政・検断両面において、武蔵国は得宗家の支配下にあり、そうした意味で得宗分国として位置づけられていたのである。

もちろん、鎌倉幕府の成立当初から、武蔵国は得宗分国だったわけではない。得宗家が名実ともに国務の地位を手に入れるのは北条泰時《ほうじょうやすとき》の武蔵守任官以降のことである。また武蔵国には数多くの武士が蟠踞《ばんきょ》しており、なかでも秩父平氏《ちちぶへいし》一門は留守所惣検校職《るすどころそうけんぎょうしき》なる地位を代々継承して、武蔵国内に大きな力を及ぼしていたとされている。北条得宗家が武蔵国を分国化するには、これらの課題に対処しなくてはならなかった。

北条氏の武蔵支配の動きは鎌倉時代のはじめ、北条時政《ときまさ》のころから確認することができる。当時の武蔵守平賀《ひらが》義信《よしのぶ》は国務も掌握していたが、時政が目をつけたのはその子で、次の武蔵守の朝雅《ともまさ》であった。時政は朝雅を娘婿としており、平賀氏を取り込もうとしていたことがうかがえる。建仁三年（一二〇三）一〇月、武蔵守朝雅が京都守護として上洛すると、幕府から武蔵国の武士たちに対して、「遠州（北条時政）に対して二心を抱いてはいけない」という命令が下されている（『吾妻鏡』建仁三年一〇月二七日条）。これは娘婿朝雅に代わって、時政が武蔵国務を握ったことを示すと考えられている（七海　二〇〇三）。ちなみに、朝雅の後の武蔵守と推測される足利義氏も、時政の外孫であった。

一方、時政は秩父平氏の畠山重忠《はたけやましげただ》も娘婿としていた。文治元年（一一八五）一一月、源義経の縁座により河越重頼《かわごえしげより》が所領を没収され、その後処刑された結果、秩父平氏の第一人者は畠山重忠となっていたから、時政は畠山氏を通じて秩父平氏も取り込もうとしていたと考えられるが、それは平賀氏を介した武蔵国務支配とは合致しなかった。元久二年（一二〇五）六月、平賀朝雅と重忠の子重保《しげやす》の口論に端を発して、重忠父子は鎌倉幕府の追討を受け滅亡するが（二俣川《ふたまたがわ》の合戦）、その背景には武蔵支配をめぐる北条氏と畠山氏の対立が指摘されている（永井　二〇〇〇）。二俣川の合戦では、同じ秩父平氏の稲毛《いなげ》氏・榛谷《はんがや》氏も没落した。

その直後に北条時政も失脚するが、武蔵支配は時政の後継者によって進められることになる。先にみたように、承元四年（一二一〇）以降、武蔵守は北条一門の独占するところとなり、武蔵国務の地位も北条泰時以降は得宗家によって掌握された。

また北条氏の武蔵支配という観点からは、建暦三年（一二一三）五月の和田《わだ》合戦も注目される。北条氏の挑発により頼朝以来の功臣和田義盛《わだよしもり》が挙兵し、鎌倉を舞台に繰り広げられたこの内戦では、武蔵南西部から相模にかけて蟠踞していた横山《よこやま》党の多くの武士が没落した。また和田義盛が滅亡したことにより、それまで彼が掌握していた侍所別当《べっとう》の地位が北条得宗家に移ることになった。その結果、得宗家による侍所支配が進み、それは武蔵支配にも資するところとなったと考えられるのである。

以上のように、北条得宗家による武蔵支配は、武蔵守・国務の地位を独占しつつ、内戦により武蔵国内の有力武士（畠山氏・横山氏など）を排除し、かつ幕府内での地位を高めることにより、幕府直轄地たる武蔵支配の実権を握るという形で進められたのであった。

武蔵武士と北条氏

武蔵国内には数多くの武士団が分布していた。中でも重要なのは秩父平氏（江戸《えど》・河越《かわごえ》・畠山・豊島《としま》など）である。彼らは秩父牧（現埼玉県秩父市）から武蔵国内各地に展開し、周辺の「党」と呼ばれる中小武士団にも影響力を及ぼしていた。源頼朝にとっても、秩父平氏は一目おかざるを得ない存在であった。挙兵以来の功臣三浦氏にとって秩父平氏は仇敵だったが、畠山重忠ら秩父平氏の面々が帰参してきた際、頼朝は、「秩父平氏を取り立てなければ、大事業は成し遂げ難い。頼朝に対して忠節を尽くそうと思うのならば、秩父平氏に対する憤《いきどお》りを捨てよ」と三浦一族を諭したとされること（『吾妻鏡』治承四年一〇月四日条）からも、その実力の程がうかがえよう。

ところが、鎌倉幕府の武蔵支配の進展は、このような武蔵武士の勢力分布に大きな変化を与えることになった。先にみたように、河越重頼や畠山重忠が没落し秩父平氏の影響力が低下した結果、武蔵国内の中小の武士が鎌倉幕府に直結することになったのである。

文治五年（一一八九）の奥州合戦時、「武蔵・上野両国内の党の者など」は、加藤景廉《かとうかげかど》や葛西清重《かさいきよしげ》など手勢の少ない者について戦うことが頼朝から命じられている（『吾妻鏡』文治五年七月一七日条）。武蔵の中小武士団が頼朝の直属軍的な扱いを受けていたことがうかがわれる。さらに、承久三年（一二二一）五月、承久の乱に際して先制攻撃をかけることを決定した幕閣では、「阿保実光《あぼさねみつ》以下の武蔵国勢の到着を待って速やかに出撃すべし」とされていた（『吾妻鏡』承久三年五月一九日条）。すなわち、武蔵国の武士は非常時における鎌倉幕府の軍事力としてもっとも期待されていたのである（川合　二〇〇六）。実際に宇治川《うじがわ》の合戦では、武蔵と相模の武士がとくに奮戦したことが知られている（『吾妻鏡』承久三年六月一四日条）。

実は武蔵武士の多くは、武蔵国を南北に縦断する鎌倉街道上道《かみつみち》周辺に分布しており（三七頁掲載地図参照）、彼らは鎌倉街道上道を通じて鎌倉に直結することが期待されていたのである。鎌倉幕府も武蔵武士を直属軍として組織すべく、鎌倉街道上道を整備・管理していた（川合　二〇一〇）。先に武蔵国を「鎌倉幕府のお膝元」と表現したが、両者はこのような特別な交通路によって結びつけられていたのである。武蔵国はまさに鎌倉幕府直属軍がプールされている直轄地だったわけである。

以上のような武蔵武士の様相を示す貴重な史料が、建治元年（一二七五）五月に作成された六条八幡宮《ろくじょうはちまんぐう》造営注文である（鈴木　一九九八）（次頁の図）。前年焼失した京都の六条八幡宮の再建費用を御家人に割り当てた帳簿で、鎌倉中・在京、そして各国ごとに経費を割り当てられた御家人と割当額が書き上げられている。それによると、武蔵国の御家人数は八四人で、鎌倉中を除く諸国の中では突出して多い（第二位の相模国は三三人）。さらに割当額は五貫文程度の者が大半であることから、「党」と呼ばれる中小武士団が群棲していたことがう

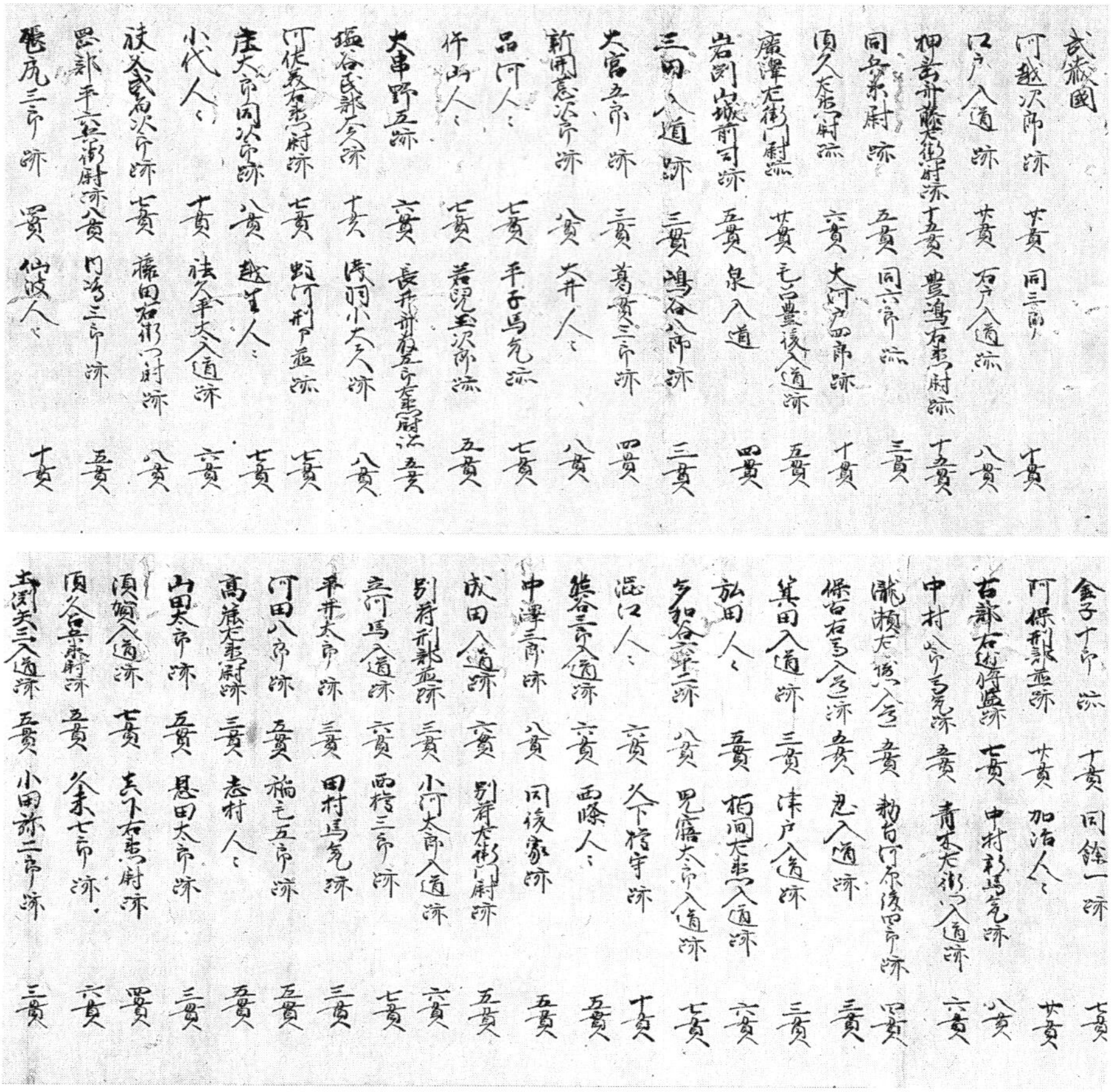

「六条八幡宮造営注文」武蔵部分（国立歴史民俗博物館所蔵）

かがえる。河越氏や江戸氏など秩父平氏の中に二〇貫文も割り当てられている者がいることは目を引くが、秩父平氏以外にも二〇貫文・一五貫文負担する武士もあり、秩父平氏の圧倒的な地位を読みとることはできない。

六条八幡宮造営注文については、造営費の割当基準など、さらなる検討が必要であるが、秩父平氏の勢力が封じ込まれ、鎌倉幕府直属軍たる中小武士団が数多くプールされている武蔵武士の様相を読みとることができよう。

得宗被官

以上のように、武蔵武士は鎌倉幕府の直属軍としての性格を有していたが、鎌倉幕府の武蔵支配は実質的には得宗家による分国支配であったから、得宗家と武蔵武士の関係も気になるところである。

そこで注目されるのが、宝治元年（一二四七）六月、宝治合戦直前の不穏な情勢のもと、鎌倉に参上した相模や駿河・伊豆の御家人たちと並んで、「武蔵国党々」が執権北条時頼《ほうじょうときより》邸の警固にあたっていることである（『吾妻鏡』宝治元年六月二日条）。鎌倉幕府の直属軍としての緊急出動とも考えられるが、警固対象が時頼邸だったことから、得宗時頼と武蔵国御家人らの私的な関係もうかがうことができよう。すでに建保五年（一二一七）には、武蔵武士横山党の成田《なりた》次郎《じろう》が北条泰時に家人として仕えていたことも知られている（『吾妻鏡』建保五年四月五日条）。

「御内人《みうちびと》」とも呼ばれた得宗家の家人《けにん》（得宗被官《とくそうひかん》）については、かつては御家人一般より身分が低いものと位置づけられていたが、近年の研究ではむしろ御家人の中から得宗被官化するものが少なくなかったことが明らかにされている。得宗分国として得宗家の強い影響下にあった武蔵の武士や御家人の中からも、得宗に仕える者が現れても不思議ではない。これまでの研究では、成田氏の他にも、安保《あぼ》氏・岩田《いわた》氏・加地《かじ》氏・高麗《こま》氏（丹《たん》党）、浅羽《あさば》氏・塩谷《しおや》氏・四方田《よもだ》氏・庄《しょう》氏・蛭河《ひるかわ》氏・宿屋《しゅくや》氏（児玉党）、甘糟《あまかす》氏・内島《うちがしま》氏（猪俣《いのまた》党）、大蔵《おおくら》氏・高柳《たかやなぎ》氏（野与党）、足立《あだち》氏、新開《しんかい》氏、師岡《もろおか》氏などから得宗被官が出ていることが指摘されている。その多くが先に紹介した六条八幡宮造営注文に武蔵国御家人として名前の見える武士たちであり、また「党」と呼ばれる中小武士団出身の者が多いことも注目される。

ところで、評定衆《ひょうじょうしゅう》や引付衆《ひきつけしゅう》などとして幕政運営に携わることができるのは、北条氏や安達氏など、一部の有力御家人に限られており、鎌倉幕府内で家格化が進行していたことが知られているが（細川　二〇〇〇）、鎌倉にあって幕府の日常的な行事運営に参加する御家人も固定化・限定化の傾向にあったことが新たに指摘されている（秋山　二〇〇六）。それが六条八幡宮造営注文で「鎌倉中《かまくらじゅう》」に分類された御家人たちであった。たとえば、毎年八月に行なわれる鶴岡八幡宮《つるがおかはちまんぐう》の放生会《ほうじょうえ》は鎌倉幕府の重要儀式であり、多くの御家人を率いて将軍が参詣するのが慣例であったが、一三世紀半ば以降の将軍供奉人の大半は「鎌倉中」の御家人であったという。鎌倉幕府直属軍たる武蔵武士たちもその例外ではなく、「鎌倉中」に分類されている足立氏・畠山氏を除くと、この間、鶴岡八幡宮放生会に供奉した武蔵御家人は大河戸《おおかわど》・河越《かわごえ》・長井《ながい》・広沢《ひろさわ》の四氏に過ぎなかった。

むしろ鎌倉で目にするのは、得宗被官としての武蔵武士たちの活動であった。円覚寺《えんがくじ》で行なわれる歴代得宗の追善《ついぜん》仏事では、浅羽氏・足立氏・安保氏・内嶋氏・大蔵氏・高柳氏・蛭川氏・師岡氏などが奉仕している姿が確認されるし、文永九年（一二七二）二月の二月騒動や嘉元三年（一三〇五）五月の嘉元の乱など、鎌倉内での政変においては、四方田氏や大蔵氏、甘糟氏・岩田氏・加地氏などが得宗配下の実働部隊として活躍している。

霜月騒動

一三世紀後半以降、鎌倉幕府の政治は得宗を中心とする専制体制の色合いを強めてくる。それにともなって、得宗分国たる武蔵国や武蔵の武士たちにも何らかの影響があったことが推測されるが、中でも最大の事件が弘安八年（一二八五）一一月の霜月騒動《しもつきそうどう》である。

得宗北条貞時《ほうじようさだとき》の外戚《がいせき》で、弘安徳政を展開し幕政を牽引してきた安達泰盛《あだちやすもり》が、得宗被官で内管領《ないかんれい》の平頼綱《たいらのよりつな》によって攻め滅ぼされたこの政変は、単に得宗周辺の勢力争いにとどまらず、鎌倉では安達一族をはじめ五〇〇人もの有力御家人が自害に追い込まれ、さらにその余波は九州にまで及ぶという、鎌倉幕府を二分するような大規模な戦乱であった。この時、安達泰盛とともに鎌倉で自害した武蔵武士として、足立太郎左衛門尉《あだちたろうさえもんのじよう》（直元《なおもと》）と綱島次郎入道《つなしまじろうにゆうどう》がいたことが知られている。足立氏は源頼朝挙兵以来の功臣足立遠元《とおもと》の子孫で、武蔵国足立郡を所領としていたが、霜月騒動の結果、足立郡を没収されている（足立郡は得宗領に組み込まれた）。

足立氏・綱島氏とともに六条八幡宮造営注文では「鎌倉中」に記載されており、日常的に鎌倉にいたことから、今回の戦乱に巻き込まれ、その名前が記録されることになったのであろう。実は霜月騒動では「上野や武蔵の御家人で自害した者は、報告できないほどである」（安達泰盛乱自害者注文〈鎌倉遺文一五七三四〉）と記録されており、名前は伝わらないものの、他にも多数の武蔵武士が被害にあっているのである。足立氏の足立郡以外にも数多くの武蔵武士の所領が没収されたことも予想される。

以上から、霜月騒動が武蔵武士に与えた影響は小さくなかったと考えられる。この後、得宗被官として足立氏の活動が知られることから、霜月騒動で没落した武士の一族からは得宗家に従属する道を選んだ者もいたと推測されるが、その対応はさまざまであったろう。むしろ次に見る鎌倉幕府滅亡時の状況を考えると、少なくとも武蔵武士との関係においては、得宗専制の進展が、鎌倉幕府にとって必ずしも有利に作用しなかった可能性も考えるべきだろう。

鎌倉陥落

鎌倉幕府打倒の火の手はまず畿内で挙がった。元徳三年（一三三一）八月、討幕計画が発覚した後醍醐《ごだいご》天皇は京都を脱出して、笠置山《かさぎやま》（京都府相楽《そうらく》郡笠置《かさぎ》町）に立て籠もる。幕府は承久の乱の例にならって、東国から大軍を上洛させ笠置山を包囲、後醍醐を捕らえて隠岐島《おきのしま》に流した。その後も畿内では楠木正成《くすのきまさしげ》や護良親王《もりよししんのう》のゲリラ活動が続き、六波羅探題《ろくはらたんだい》がその鎮圧にてまどると、元弘三年（一三三三）三月、再び幕府は東国から足利《あしかが》高氏《たかうじ》・名越高家《なごえたかいえ》を総大将とする大軍を上洛させている。なお東国は盤石のようであり、武蔵武士も幕府上洛軍の有力な一角を占めたことであろう。

ところが、五月になって上野国で新田義貞《にったよしさだ》が挙兵すると、情勢は一変する。鎌倉をめざして鎌倉街道上道を南下する義貞軍には、「上野・下野・上総・常陸・武蔵ノ兵共不期ニ集リ、不催ニ馳来テ」（『太平記』）とあるように、周辺諸国の武士が合流して大軍勢となったという。彼らは小手指原《こてさしがはら》・分倍河原《ぶばいがわら》で迎撃に出てきた幕府軍を次々と打ち破って鎌倉に迫っていったのであった。

注目されるのは、この倒幕軍に武蔵武士も加わっていたことである。『太平記』には江戸氏・豊島氏・河越氏・庄氏・横山氏等の名前が見え、当時の史料からは熊谷氏の一族や大河戸氏の代官も鎌倉攻めに加わっていたことが知られる。その名前が、先にみた得宗被官を出した家々と重ならないところをみると、彼らは得宗家をはじめとする北条氏打倒をめざしたというべきであろうか。得宗専制の進展が、かえって武蔵武士の反発を呼び起こした可能性を指摘しておきたい。

もう一つ注目されるのは、討幕軍が鎌倉街道上道を進んだことである。武蔵武士の去就次第で、鎌倉幕府を支える軍用道路が、鎌倉への侵入路と一変してしまったのである。

もちろん、鎌倉幕府と運命を共にした武蔵武士もいた。『太平記』によると、加治《かじ》次郎左衛門入道家貞《いえさだ》・安保《あぼ》左衛門入道道潭・新開《しんかい》左衛門入道が新田軍迎撃のため鎌倉から出撃し、安保道堪父子三人は、分倍河原での敗戦後、関戸《せきど》（東京都多摩市）で討死したという。彼らはいずれも得宗被官であった。

埼玉県入間《いるま》市野田《のだ》は丹《たん》党加治《かじ》氏の故地で、その地の円照寺《えんしょうじ》には加治家貞《いえさだ》（道峰禅門）の供養のために作られた板碑《いたび》が今も残っている（二五六頁掲載の写真）。そこに刻まれた元弘三年五月二二日という日付は、ちょうど得宗高時以下北条一族が鎌倉東勝寺《とうしょうじ》で族滅した日である。加治家貞も北条一族に殉じたのであろう。

参考文献

秋山哲雄『北条氏権力と都市鎌倉』（吉川弘文館、二〇〇六年）
伊藤邦彦『鎌倉幕府守護の基礎的研究【国別考証編】』（岩田書院、二〇一〇年）
川合　康「鎌倉幕府研究の現状と課題」（『日本史研究』五三一、二〇〇六年）
川合　康「鎌倉街道上道と東国武士団」（『府中市郷土の森博物館紀要』二三、二〇一〇年）
鈴木宏美「『六条八幡宮造営注文』にみる武蔵国御家人」（『埼玉地方史』四〇、一九九八年／岡田清一編『河越氏の研究』〈名著出版、二〇〇三年〉に再録）

永井　晋『鎌倉幕府の転換点』（日本放送出版協会、二〇〇〇年）
七海雅人「鎌倉幕府の武蔵国掌握過程」（『年報三田中世史研究』一〇、二〇〇三年）
細川重男『鎌倉政権得宗専制論』（吉川弘文館、二〇〇〇年）

コラム　武蔵武士の群像❹

河越重頼

かわごえ　しげより

生年未詳〜文治元年（一一八五）

久保田　和彦

河越重頼《かわごえしげより》は秩父平氏《ちちぶへいし》の一族で、武蔵国留守所惣検校職《るすどころそうけんぎょうしき》（近年の研究で存在を疑問視する説もある）として武蔵国内に大きな勢力を有したといわれる重綱《しげつな》の次男重隆《しげたか》の孫として生まれた。通称は河越太郎である。秩父平氏は、桓武平氏良文《よしぶみ》流の武基《たけもと》が武蔵国秩父牧別《べつ》当《とう》を称したことにはじまり、武蔵国最大の武士団を形成した。河越氏は、入間郡と高麗《こま》郡にかけて成立した新日吉《いまひえ》社領河越荘の開発領主である。

重頼の祖父重隆は、秩父重綱の次男であったが家督を継承し、仁平《にんぺい》二年（一一五三）夏、上野国多胡《たご》郡に下向《げこう》していた源義賢《みなもとのよしかた》を養君《やしないぎみ》として比企《ひき》郡大蔵館《おおくらやかた》に迎えたが、久寿《きゅうじゅ》二年（一一五五）八月、義賢の兄義朝の長男で鎌倉悪源太《かまくらあくげんた》と呼ばれた義平《よしひら》に義賢・重隆ともに討たれてしまう。義平の軍勢には、秩父重綱の長男重弘《しげひろ》の子畠山重能《はたけやましげよし》が参加していた。大蔵合戦は、翌年都で起こった保元の乱の関東における前哨戦《ぜんしょうせん》であり、河内源氏内部の対立と武蔵国最大の武士団秩父平氏内部の対立が連動して起こった事件といえる。

大蔵合戦に敗れた重隆の子能隆《よしたか》は、児玉《こだま》党の有道行重に預けられ、葛貫《つづらぬき》牧別当として生きながらえる。また、能隆の子重頼《しげより》は河越に、重頼の弟重経《しげつね》は久良岐《くらき》郡師岡《もろおか》郷に進出する。保元《ほうげん》元年（一一五六）七月十一日に起こった保元の乱では、後白河《ごしらかわ》天皇方に味方した源義朝に従うため上洛した東国の軍勢のうち、武蔵国の軍勢として「河越、師岡、秩父武者」と『保元物語』に記されており、重頼と重経兄弟が源義朝の支配下にあったことがわかる。しかし、三年後の平治《へいじ》元年（一一五九）に起こった平治の乱に、河越・師岡・秩父一族の名前は見えない。河越荘の本家新日吉社は、平治の乱の翌年の永暦《えいりやく》元年（一一六〇）に後白河上皇によって創建されており、開発領主としてこの地を寄進した河越重頼は、平治の乱後も武蔵国内に大きな勢力を保有していたといえる。

治承《じしょう》四年（一一八〇）八月の源頼朝の挙兵に際して、

河越重頼は同族の江戸太郎重長ら多くの武蔵武士を率いて、三浦一族の本拠である衣笠城《きぬがさじょう》を攻撃した。『吾妻鏡』同月二十六日条によると、「重頼は秩父家の次男の流であるが、家督を継ぎ、武蔵国の党的武士団を従えていた」と記されている。八十歳を過ぎていた三《み》浦義明《うらよしあき》は、「年老いた命を頼朝に捧げ子孫の勲功とする」と述べ、壮絶な最期を遂げた。同年十月、房総半島で兵力を集めることに成功した源頼朝が相模国鎌倉をめざすと、河越重頼は畠山重忠《はたけやましげただ》・江戸《えど》重長《しげなが》とともに武蔵国長井渡《ながいのわたし》に参会し、頼朝に降伏した。頼朝は、三《み》浦義明《うらよしあき》を討った重頼・重忠らに恨みを持つことがないよう三浦一族を説得し、両者は眼を合わせて列座したという。頼朝は江戸重長に武蔵国雑事の沙汰、在庁官人等の指揮を、畠山重忠には鎌倉入りの先陣を命じた。

河越重頼墓　埼玉県川越市　養寿院所蔵

河越重頼は、頼朝が最も信頼を寄せる比企尼《ひきのあま》の娘を妻とし、寿永《じゅえい》元年（一一八二）八月、頼朝の長男頼家《よりいえ》が誕生した際に、重頼の妻は乳母として乳付《ちつけ》をつとめた。元暦《げんりゃく》元年（一一八四）一月の木曽義仲との合戦では、重頼は子の小太郎重房とともに従軍し活躍した。同年九月、重頼は娘を在京の源義経に嫁がせるため、家子《いえのこ》二人、郎従《ろうじゅう》三十余騎を付けて上洛させた。頼朝の命令によりかねて約束していたことを実行したという。しかし、この縁の結果、文治《ぶんじ》元年（一一八五）十一月に源義経が頼朝に反逆すると、河越重頼は義経の縁者として所領等を没収され、同年中に誅殺された。

第2章　南北朝動乱と『太平記』

新井孝重

かつて武蔵野には鎌倉から上野に抜ける、上ツ道《かみつみち》（のちには鎌倉街道）とよばれる幹線道路が走っていた。この道では北（上野方面）から、南（鎌倉方面）からたくさんの軍勢がすがたを現し矢叫《やさけ》び、鍔音《つばおと》を響かせてぶつかりあった。幾度もの合戦のなかで、とくに建武四年（一三三七）京都に上洛する北畠顕家《きたばたけあきいえ》軍の上ツ道通過と鎌倉攻略、観応二年（一三五一）の東国での観応擾乱《かんのうじょうらん》、それに継起する観応三年の武蔵野合戦（正平一統《しょうへいいっとう》の南朝蜂起）は大規模なものであった。ここでは三つの合戦の推移を『太平記』から眺め、それら合戦にかかわる武蔵武士の動きを、高麗《こま》郡の武士にスポットを当てて観てゆくことにしたい。内乱が烈しくなるにつれ、たくさんの死人けが人がでるが、そうしたなかで武士の意識はどう変わっていくか。このことにも注意を払いたい。またあわせて軍勢が移動する交通路としての上ツ道とはどのような道であったのか、その景観も含めて考えてみたい。

南党北畠の奥州軍

建武四年（一三三七）八月、奥州の経営に尽瘁《じんすい》する鎮守府将軍・北畠顕家は、霊山《りょうぜん》を発って一路京都をめざし進軍を開始した。白河を通って下野国にはいった北畠南軍（奥州軍）は、那須《なす》郡の福原《ふくはら》を経て宇都宮《うつのみや》、小山《おやま》

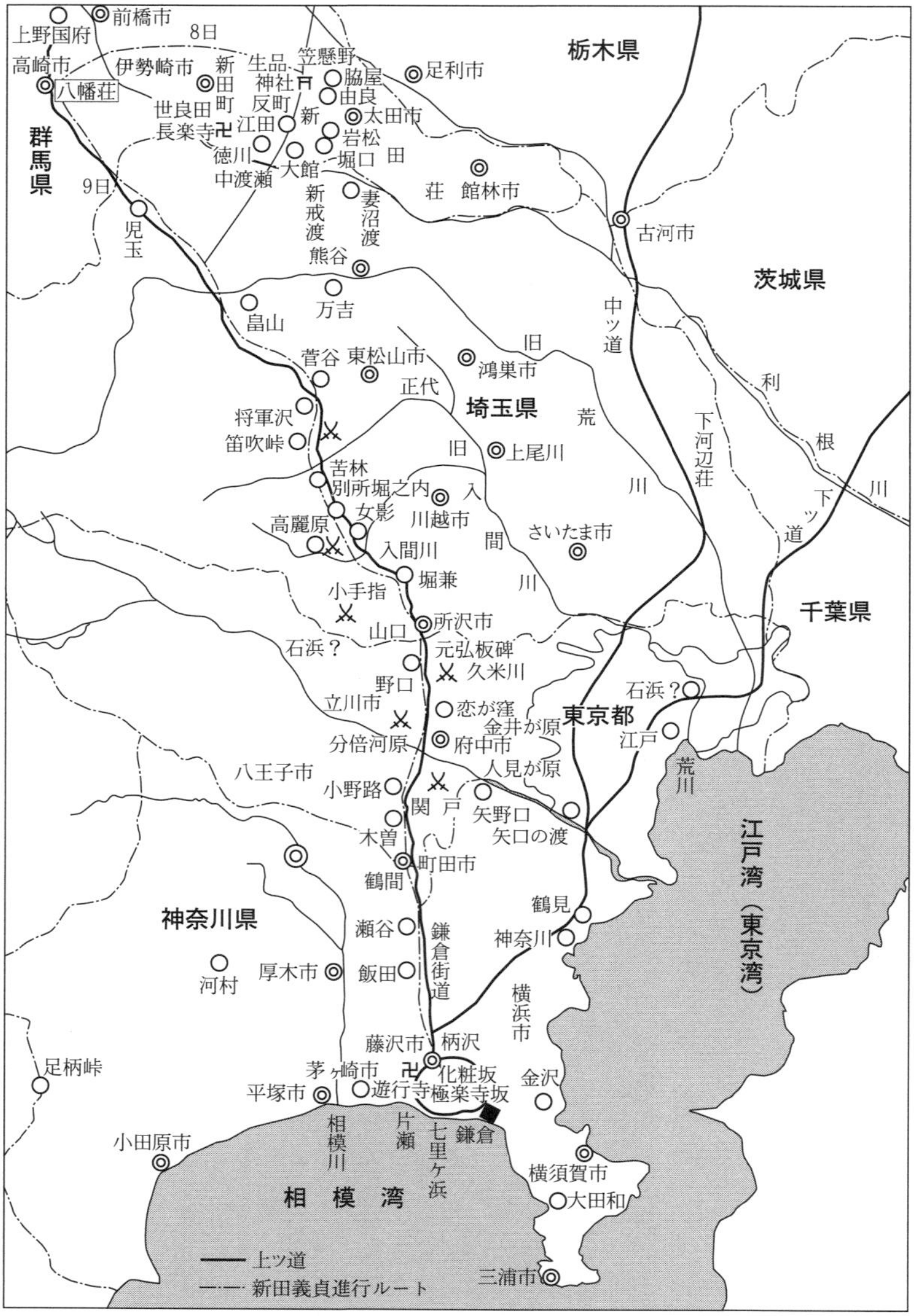

上ッ道（鎌倉街道）概観図（峰岸純夫『新田義貞』所掲地図を改変）

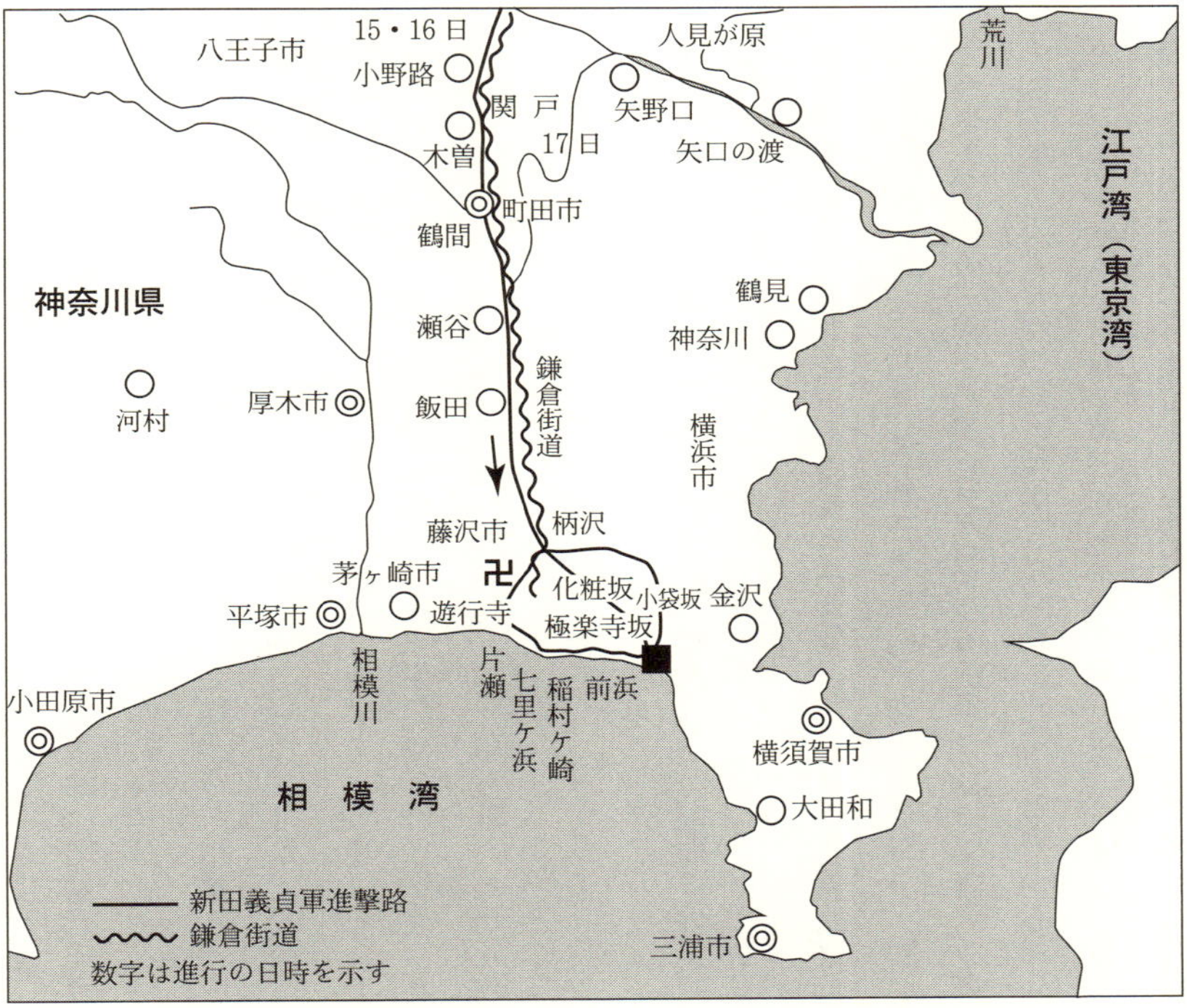

新田義貞鎌倉攻めの進路（峰岸純夫前掲書所掲地図部分）

へと進んだ。途中足利軍と幾度も合戦となり、ことに守護所のある小山では来援の上野守護上杉憲顕《うえすぎのりあき》の軍勢と戦わねばならなかった。そのご道を西にとって上野国にはいる。利根《とね》川を渡って対岸の丘に上がれば、武蔵国加美《かみ》郡の安保《あぼ》原である。折からの時雨で増水した利根川の水のなかで、奥州軍は足利軍勢と激突、そのまま足利軍を押しまくって岸へ上がり、さらに安保原に敵を撃破し潰走せしめた。

しかし鎌倉には東八ヵ国の足利方の軍兵が充満しているという。顕家は上ッ道を一路南下したあと武蔵府中《ふちゅう》に軍馬の足を止め、鎌倉の様子をさぐらねばならなかった。だがその頃、南党勢力には思わぬ有利な情勢が生まれていた。吉野から勅免《ちょくめん》をこうむった鎌倉北条氏の残党（北条高時《ほうじょうたかとき》の遺子相模二郎時行《さがみじろうときゆき》）が、伊豆・箱根・足柄方面から鎌倉をうかがい、新田義貞《にったよしさだ》の二男義興《よしおき》が武蔵の入間《いるま》川に着陣。たがいに連絡をとりあって鎌倉を攻撃しようとしていたのである。北畠南軍はこれら反足利の諸勢力と足並みをそろえ鎌倉に押し寄せた。

対する上杉憲顕、斯波家長《しばいえなが》、桃井直常《もものいなおつね》、高重直らの軍勢は、足利義詮《あしかがよしあきら》をいただき決死の覚悟で迎え撃った。全軍は四隊に分かれて、それぞれ周囲の山の谷口にひかえ、道々に出合う南党軍勢と馬を駆けあわせ戦った。しかし北畠奥州軍と反足利諸勢力の猛攻のまえに、鎌倉の防衛は一日でやぶれ、大蔵山《おおくらやま》の杉本城《すぎもとじょう》で斯波家長が討ち取られると、谷々の切通しからは攻撃軍がつぎつぎ乱入した。足利の軍兵の多くは囲まれ討ち取られ、からくも逃れた残兵は前濱《まえはま》、腰越《こしごえ》へと移動し、なおも戦ったがこれも敗退し、大将の義詮は逃走した。

東国の観応擾乱

南党北畠顕家は鎌倉を出て上洛をめざしたが、大軍勢は飢えと疲労によって途中で崩壊した（新井『悪党の世紀』吉川弘文館、一九九七年）。京都にはいることのできなかった顕家は奈良・淀川《よどがわ》辺に転戦し、けっきょく和泉国石津浜《いしつのはま》で陣没した。その後の南北朝の争いは、北党武家方の圧倒的優位のうちに推移した。だが、貞和五年（一三四九）から将軍足利尊氏《あしかがたかうじ》と弟直義《ただよし》が不和となり、観応二年（一三五一）将軍執事高師直《こうのもろなお》が直義派に殺されると、直義・尊氏の対立は公然たる抗争となって爆発。舞台は東国へ移って火を噴くことになった。東国の観応擾乱である。京都を脱出した直義は北陸・東国へと奔り、同年十一月十五日鎌倉へはいった。これを討とうとする尊氏は軍兵を率いて東海道を東へ向かい駿河国薩埵山《さったやま》に陣を布いた。当時東国の主だった武将は越後・上野・伊豆の守護であった上杉憲顕《うえすぎのりあき》をはじめ、多くは直義派であったから、兵の数では直義軍勢が尊氏軍をはるかに上回っていた。

さる程に将軍すでに薩埵山に陣を取って、宇都宮が馳せ参るを待ちたまふ由聞こえければ、高倉殿《たかくらどの》（直義）まず宇都宮へ討手を下さでは難儀なるべしとて、桃井播磨守直常に、長尾左衛門尉《ながおさえもんのじょう》、ならびに北陸道《ほくりくどう》七箇国の勢《せい》を付けて、一万余騎上野国へ差し向けらる、高倉禅門も同じ日に鎌倉を立って薩埵山へ向かひたまふ、一方には上杉民部大輔憲顕《みんぶだゆうのりあき》を大手《おおて》の大将として二十万余騎、由比《ゆい》・蒲原《かんばら》へ向けらる、一方には石塔入道《いしどうにゅうどう》・子息右馬頭頼房《うまのかみよりふさ》を搦手《からめて》の大将として十万余騎、宇都部佐《うつぶさ》へ回って押し寄する、（中略）千重万重に取り巻きたる（以下略）（『太平記』巻第三十「薩埵山合戦の事」）

直義は桃井、長尾を上野へさしむけ、自身は鎌倉を発って薩埵山へ向かい、有力臣下の上杉民部大輔憲顕や石塔らは大軍を率して東海道筋の由比・蒲原、あるいは宇都部佐（現・富士宮市内房）へ軍をすすめた。ところが北へ向かった桃井の軍勢は利根川南岸の那和《なわ》荘（いま荘域は利根川流路変遷のため北岸にある）付近で宇都宮の軍に撃破されてしまい、これをきっかけに直義軍は瓦解していくのである。

勢いづいた宇都宮らの軍勢は薩埵山包囲軍の背後にせまり、これを聞いた直義派軍勢は不安にかられ、ほとんど合戦らしいこともせず四散潰走した。かくして直義は伊豆《いず》山権現《さんごんげん》に身を隠したものの、もはや反撃の機は断たれていたから兄尊氏のもとに降るいがいにはなかった。鎌倉にはいった直義は大休寺《だいきゅうじ》（浄妙寺《じょうみょうじ》境内延福寺《えんぷくじ》西隣にあった寺）に押し込められ、けっきょくそこで急死するのである。尊氏に毒を盛られたといわれているが（『太平記』、『尊卑分脈《そんぴぶんみゃく》』）、真相は不明である。

南朝、京・鎌倉に同時蜂起

足利氏の内訌激化は南朝にとり願ってもない情勢をつくりだした。足利内訌を機に南朝勢力は東西に時をおなじくして蜂起し、関東に尊氏を誅滅するいっぽう、京都に子の義詮を討ち取ろうと考えた。足利軍事力を殲《せん》滅《めっ》し、もって起死回生の京都奪還を実現しようと考えたのである。正平一統の南朝蜂起である。

足利直義が鎌倉で急死した観応三年（一三五二）二月、遠く南大和では南朝がうごきだした。後《ご》村上《むらかみ》天皇が行宮《あんぐう》の賀名生《あのう》を発して北に進軍、閏二月十九日には南山城石清水八幡宮《いわしみずはちまんぐう》に達し、その翌日には北畠顕能《きたばたけあきよし》、千種《ちぐさ》顕経《あきつね》、楠木正儀《くすのきまさのり》らが先鋒となって京都を攻撃、七条大宮辺に足利義詮を打ち破った。そして時あたかも符節を合わすごとく、関東では「(南北合体は一時の便宜なれば、動揺して時を空費してはならない)、はやく義兵を起こして将軍を追討し、宸襟《しんきん》をやすめ奉るべし」との指令をうけた、新田《にった》義宗《よしむね》、義興《よしおき》、脇屋《わきや》義治《よしはる》らが上野国に蜂起した（『太平記』巻第三十一）。これを聞いた直義の旧臣石塔義房《いしどうよしふさ》や、三《み》浦《うら》、葦名《あしな》、二《に》階堂《かいどう》の者らも、降人として鎌倉にいるのを奇貨として、再度尊氏への反逆を決意した。

石塔らの尊氏反逆の計画は、合戦にはいる前に石塔の子があくまで尊氏派として寝返りを拒否したために失敗し、直義旧臣グループは攻めよせる新田勢へ走った。閏二月二十日尊氏派と新田の両軍は武蔵小手指原《こてさしがはら》に会し激しく衝突した。このときの軍勢の様子を『太平記』にみるとこうである。

一方の大将には新田武蔵守義宗五万余騎、白旗《しらはた》・中黒《なかぐろ》・頭黒《かしらくろ》、打輪《うちわ》の旗は児玉党、坂東《ばんどう》八平氏赤印《あかじるし》一揆を五手《いって》に引き分けて、五所《いっところ》に陣をぞ取ったりける。一方には新田左兵衛佐義興《よしおき》を大将にて、その勢都合二万余騎、かたばみ・鷹の羽・一文字・十五夜の月弓《つきゆみ》一揆、引きては一人も帰らじと、これも五手に一揆して四方六里にひかえたり、一方には脇屋左衛門佐義治《よしはる》を大将にて二万餘騎、大旗・小旗・下濃《すそご》の旗、鍬形《くわがた》

一揆、母衣《ほろ》一揆、これも五箇所に陣を張り、射手をば左右に進ませて、懸け手は後ろにひかえたり、（『太平記』巻第三十一）

義興、義治のそれぞれの軍勢は、様々な目印をあしらった一揆の集団〈戦闘共同体〉*によって構成されていた。華やかな一揆の登場は相手の足利軍勢にもみられた。疾駆する騎馬の両軍は、火を散らさんばかりに激突する。鍔音激しい太刀打ちのすえ、新田義宗の軍は尊氏の御所一揆《ごしょいっき》を突き崩した。揺らめき逃げる二つ引両《ふたびきりょう》の軍勢をめざし、義宗は尊氏めざし猛然たる追撃戦にでた。追われる尊氏は四十六里もはなれた石浜（台東区浅草辺か）まで逃げたという。

かように尊氏を潰走せしめた点では、新田勢が優勢であるかのようである。だが、しかし全体としてみると、尊氏派の軍勢が戦場を圧していた。義興と義治は足利の主力の勢に囲まれ、すんでのところで落命しそうになっているし、追撃から戻った義宗は小手指原にとどまることができず、笛吹峠《ふえふきとうげ》（現・鳩山町）まで引かねばならなかった。とはいえ、義興・義治は旧直義派の軍勢にたすけられ、やっとのことで鎌倉入りをはたした。ほんの一時であったが、南党が鎌倉を制したのである。『太平記』が「(関東）八個国の成敗にすわられけり」と述べているのは、あたかも久方ぶりに京都を制圧し、すぐに落ちねばならなかった、吉野の軍勢の一瞬のよろこびにも通じていた。

その後、南党は宗良《むねよし》親王を奉じて、直義の旧臣上杉憲顕ら有力大名を糾合し、北党尊氏派の軍勢に再度の戦闘をこころみた。だが小手指原、入間河原、高麗原に戦うもつぎつぎ敗退し、笛吹峠に拠り北党を迎え撃ったが、ついにここでも敗れる。南党義興は鎌倉を放棄し、武蔵野に戦う南党の兵は信濃・越後へと落ち、将軍宗良も越後を経て信濃へ引き退いて行ったのである。とき同じくして京都でも、南党は義詮の反撃にあって敗退した。かくして南朝による京・鎌倉への同時攻撃は、観応擾乱による足利の動揺に乗じた大規模な反抗作戦であったが、けっきょくは失敗に帰し、これを最後に関東の南党勢力は衰退していった。

＊　集団の先頭に翻る旗や、甲冑に付属する揃いの鍬形・母衣は、戦闘時における仲間意識を支える目印であった。一揆の呼称（赤印一揆・鍬形一揆・母衣一揆など）がこうした目印に由来するのであれば、それが合戦の場面で結成された〈戦闘共同体〉であったことは容易に推察されよう。常陸南朝討伐に駆り出された多摩の武士などはこの共同体に属していたから、自分が死んでも、一揆の人々がいるので「心やすく候」といえたのである（『日野市史史料集』高幡不動胎内文書編四五号）。おそらく〈戦闘共同体〉の内部では戦場で助け合い（見継ぎ見継がれ）、あるいは万一のときは自他のイエ存続のために奔走しあっていたのだろう（拙稿「中世地侍自治の誕生—伊賀国に発生した一三四七年の一揆から—」『日本の科学者』五四〇号、二〇一三年）。

奥州軍勢に加わる高麗行高

一連の武蔵野の合戦に在地の武士はどのように動いていたのだろうか。ここでは武蔵高麗郡の武士の動きを観る。同郡内には七世紀高句麗から列島に渡来した高麗氏（大宮寺《おおみやでら》高麗氏）、平良文を始祖とする平姓（秩父平氏）の高麗氏、丹《たん》党に属す高麗氏の三氏が隣り合って住んでいた。このうちの大宮寺（現高麗神社）の多門房《たもんぼう》行高《ゆきたか》と平姓武士高麗《こま》彦四郎《ひこしろう》経澄《つねずみ》は、東国の戦乱にまともに巻き込まれていった。北畠顕家南軍の鎌倉攻めには、大宮寺の高麗多門房行高が参加していた。高麗氏系図（『日高市史』中世資料編）行高の項をみると、顕家が鎌倉を攻めたとき、軍勢の一員であった行高は十九歳であった。合戦に加わったのは、上州に挙兵した新田義興の招きによるものであった。

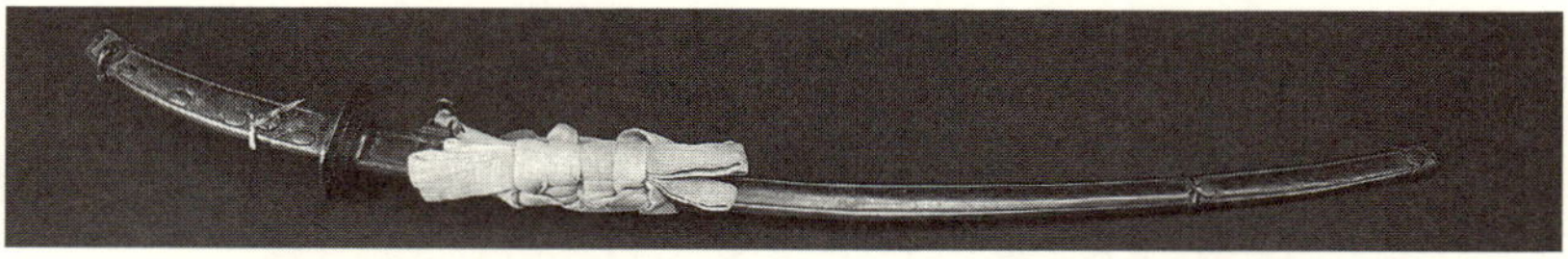

高麗氏相伝の太刀（鍍銀鳩榊彫文長覆輪太刀，高麗神社所蔵）

拵《こしらえ》は，地板をはめて長覆輪を施した兵庫鎖太刀と同様のもの。鎌倉時代の太刀の様式をよく示す貴重な作である。大宮寺高麗氏は8世紀初めの高麗建郡以来，郡の開発を主導した高句麗渡来人に系譜をひく一族で，中世のかれらは修験の武士団として存在していた。

高麗行高が南党軍勢に加わったのは、彼の大叔父たちの死と関係がありそうだ。祖父多門房行仙の弟三郎行持《ゆきもち》・四郎行勝《ゆきかつ》は鎌倉に仕えたが、五月二十二日の鎌倉滅亡にさいして、葛西谷東勝寺《かさいがやっとうしょうじ》で討ち死にしている（高麗氏系図）。東勝寺は北条一門が自害したところであるから、そこで死んだ高麗氏は北条氏のよほど昵近《じっきん》の御内人《おんうちびと》であったと考えられる。とするならば、鎌倉滅亡後逼塞していた高麗氏が、旧主北条氏（時行）の反足利挙兵を知って、鎌倉攻めの合戦に加わっても不思議ではない。

ところで武蔵国の西部を南北に突っ切る上ツ道の道筋には、高麗氏のほかに北条得宗家《とくそうけ》の御内人が多数いたと思われる。東隣の入間郡には浅羽《あさば》氏（児玉党の中心武士）がおり（『坂戸市史』通史編1、四三九頁）、武蔵丘陵を隔てた南隣には加治《かじ》氏がいた。北条氏の所領はおもに元荒川・古利根川の水上交通の要地と、武蔵国中央部（大河沿いの自然堤防上や低湿地の大規模開発地）であった。これにたいし上ツ道沿道には平安時代以来の武蔵武士が館を連ねているから、この地区での北条氏所領の開発は無理であって、北条氏はおのれの勢力を扶植するのに、武士団の一部を御内人化する以外にはなかったといわれている（『埼玉県史』通史編2、二一六〜七頁）。

鎌倉が滅んだとき北条氏と運命をともにしたのは、これまでは安保《あぼ》、新開《しんかい》、加治《かじ》だけであったといわれているが（『埼玉県史』通史編2、二三九頁）、高麗氏は東勝寺で死んでいるし、浅羽氏も北条氏と運命をともにしたようだ。坂戸市内の浅羽氏の供養碑とおぼしき板碑《いたび》には「元弘三年五月十八日」の年紀が彫り込まれている。この日、鎌倉の入り口である稲村崎《いなむらざき》霊山寺をめぐって、新田軍と鎌倉軍が激戦をまじえた。このときの死者を供養したものである可能性は高い（『坂戸市史』通史編1、四四七～八頁）。

南党の高麗氏、北党の高麗氏

北畠顕家の鎌倉攻撃戦に加わった大宮寺高麗行高は疵を負い郷里へ帰ったが、観応二年（一三五一）冬、東国の観応擾乱がはじまると、再びかれは合戦に加わることになる。足利直義の招きに応じ、一族一八〇余人を率い薩埵山包囲の陣に参じたのであった。だが先述したようにこの包囲軍勢は敵の後攻めにあって瓦解する。行高は「敗軍して逃げかえった」という（高麗氏系図）。

いっぽう近隣に住む別系統（平姓）の高麗彦四郎経澄は、大宮寺高麗行高とはまったく別の行動をとっていた。経澄は観応二年（一三五一）八月に鎌倉殿（足利義詮。かれは貞和五年〈一三四九〉十月鎌倉を離れ京都にはいっているが、変わらず鎌倉殿と呼ばれていた）の御教書《みぎょうしょ》を給わって下野国宇都宮へ行き、おりから京都より下向《げこう》した薬師寺公義《やくしじきんよし》とひそかに会って直義派の巨魁上杉憲顕を誅伐する相談をした（正平七年正月日高麗経澄軍忠状、町田家文書『日高市史』資料編一〇八号）。武蔵国司代兼守護代であった薬師寺は尊氏の意を体して、武蔵武士高麗経澄を組織し軍事行動の手はずを整えていたのである。

十二月十七日高麗経澄は武蔵鬼窪《おにくぼ》（古利根川西岸・太田荘南方、白岡町辺）に旗をあげ、武蔵府中をめざした。十九日には羽禰倉《はねくら》（荒川流域、浦和市下大久保・富士見市南畑の辺）で敵に会し合戦、土地の豪族難波田《なんばた》氏を討ち取り、さらにその日阿須垣原（場所不明）に夜営して、攻めてきた敵の吉江新左衛門尉と激戦をまじえた。そして二十日、かれは府中に押し寄せた。おそらくこの時点での経澄の軍は、北関東から直義の背後を衝かんとする宇都宮の軍勢（尊氏党主力軍）の一部になっていたと思われる。府中は交通の要衝であるから、新田義貞を迎え撃った鎌倉北条氏のように、直義もここに軍勢を配置していた。

これを追い散らした尊氏党軍勢は、多摩川の南岸にある直義派の小沢城《おざわ》（神奈川県樹橘郡《たちばな》）を焼き払った。ここで経澄は少し情勢を観望していたか、一週間以上の間をおいて二十九日足柄山に進み敵を追い落とした。年が明けて文和元年（一三五二）正月、伊豆国府（静岡県三島）の尊氏のもとに馳参し、鎌倉へと御供つかまったという（以上町田家文書）。このとき降参した直義の身柄を護送していたことは間違いない。

武蔵野合戦、おおきな痛手

大宮寺高麗氏の多門房行高は、北畠顕家鎌倉攻略戦や足利氏観応擾乱の戦争だけでなく、南党蜂起・武蔵野合戦にも参加していた（以下高麗氏系図による）。観応三年（一三五二）の春、かれは新田義興の招きに応じて、北党の足利軍勢と武蔵野の所々に戦った。激戦をきわめた武蔵野合戦のなかにあって、行高の弟兵庫介則長《ひょうごのすけのりなが》は、内容は不明ながら功を挙げたという。しかし不幸にして、義興の兵として鎌倉に攻め込んだとき流れ矢にあたり死んだ。歳は二十七であった。

武蔵笛吹峠に宗良親王が敗走し、足利軍の反撃がはじまると、いったんは鎌倉を占領した南党義興であったが、そこに留まることはできず相模河村城《かわむら》へと落ちていった。河村城は北党の攻撃にさらされ、行高弟左衛門《さえもんの》介高広《すけたかひろ》はここで命を落とした。歳は三十一であった。行高はこの窮地からどうやら逃げおおせたが、郷里に戻ることはできず、所縁をたよって上野国藤岡《ふじおか》に身を隠さねばならなかった（高麗氏一族は上野国にひろく分布していた。その一族に匿まわれたか）。行高はこの間の戦がよほど身にこたえたようである。気が付いてみれば弟を二人も失い、自分も郷里へ帰れなくなっていた。顕家上洛戦も、観応擾乱も、正平一統南朝蜂起も、行高にしてみれば、あまりに採算の合わない合戦であった。延文二年（一三五七）鎌倉公方基氏に降を許され、郷里に戻った行高は人生を全うして七十歳で没している。

十四世紀の武蔵野の道

中世の関東平野には鎌倉から上野国につながる上ツ道《かみつみち》と、武蔵国の東部を経て下野に至る中ツ道《なかつみち》、さらに古東京湾岸をへて下総・常陸方面にむかう下ツ道《しもつみち》という三本の道が存在した。鎌倉幕府の政治的な（あるいは軍事的な）意思（ないし力）はこれらの道を通して関東各地はもちろん、東日本・東北地方へと運ばれていた。文治五年（一一八九）源頼朝が奥州へ遠征したときは、北陸道から攻める比企能員らの軍勢が上ツ道を経て上州、それから越後へと進み、出羽国へはいるコースをとり、＊頼朝本隊は中ツ道を経て下野を通過し、白河関《しらかわ》を抜けて奥州へはいっている。

奥州合戦以後は、畠山氏討滅のさいに多少の軍勢の動きと合戦がみられたが、基本的には武蔵野の道は平和な道であった。だが十四世紀にはいると阿鼻叫喚の戦闘の舞台と化す。ことに上ツ道は上州に蜂起した新田義貞の鎌倉攻撃のための軍用道路となっていらい、南北朝期の南党・北党・尊氏党・直義党、あるいは旧鎌倉北条氏の余類・残党までも、この道路を使って北に南に動いていたし、すでに見たようにこの道を戦場にして幾度もの合戦が行われたのである。

戦争の時代に入ってから、武蔵野の道（上ツ道）の景観は急速に変わっていったと思われる。戦争が道に及ぼす作用は人びとの暮らしや信仰において、それまでにはなかった新たな事象を生んだはずだ。それが道の景観までも変えていったであろうことは容易に推測されるのである。まず経済面からみれば、戦争による破壊的打撃にもかかわらず、街道はにぎわい商業の活発化をもたらした。人や牛馬が足を止める川の渡渉地点にはモノが集まり、そうした道のつなぎ目にはきまって宿が生まれ、町場的景観がみられるようになった。

鎌倉末期には幕府ですら戦争をするのに、銭貨がなければどうにもならなくなっていた。新田が反鎌倉の挙兵に踏み切った直接のきっかけは、楠木討伐のための軍費として、鎌倉北条氏から莫大な戦費の負担をふっかけられたからであった。鎌倉からすれば、一銭でも多くの銭貨を掻き集めなければ、大軍を維持し移動するだけの兵粮をまかなうことはできなかった。世の中は確実に銭による戦争の時代に入っていたのである。されば新田の鎌倉攻略いらい、関東が戦乱状態になれば、軍勢が移動する道路と宿には、戦争を当て込んで兵粮をはじめ、さまざまなモノやサービスを商う人々が現れたはずなのである。

現在東京の府中にある中世の遺跡からはたくさんの柱穴《ちゅうけつ》群・竪穴《たてあな》遺構・井戸跡・溝などがみとめられ、また中世後期のものではあるが地下式の倉庫らしき施設が掘り出され、それらの遺構は活発な商業活動の痕跡を伝えている（『武蔵府中と鎌倉街道』府中市郷土の森博物館、二〇〇九年）。『太平記』によれば分倍河原《ぶばいがわら》に野営する軍勢の中に、たくさんの遊女の姿がみられ、兵たちの群飲とどんちゃん騒ぎの喧騒が聞こえていた。近くの宿からは遊女が駆り出され、大量の酒や飯が供給されていたのだろう。そうした光景が以下の記事から想見される。

明《あく》れば五月十六日の寅刻《とらのこく》に、三浦四万余騎が真先に進んで、分陪河原へ押寄る。敵の陣近く成るまで、態《わざ》と旗の手をも不下《おろさず》、時の声をも不挙《あげざり》けり。是は敵を出し抜いて、手攻《てず》めの勝負を為決也《けつせんためなり》。如案《あんのごとく》敵は前日数箇度の戦いに、人馬皆疲れたり。其上今敵可寄共不思懸《よすべきともおもいかけざり》ければ、馬に鞍をも不置《おかず》、物具をも不取調《とりそろへず》、或は遊君《ゆうくん》に枕を双《ならべ》て、帯紐を解いて臥したる者もあり、或は酒宴に酔《よい》を被催《もよおされ》て、前後を不知《しらず》寝たる者もあり、只一業《いちごう》所感の者共が、招自滅不異《じめつをまねくにことならず》。（『太平記』巻第十「三浦大多和《おおたわ》合戦意見事」）

そればかりか中ッ道（奥大道）には、鎌倉中期から夜討強盗が出没しているのであるから（建長八年六月二日関東御教書、新編追加）、同じ東国の街道である上ッ道の街道筋にも雑多なアウトローがいてもおかしくはなく、そうした者どもが戦乱期には傭兵となって戦力を提供することも、見られたのではないかと思う。

＊　吾妻鏡文治五年七月十七日条によれば、北陸道の大将軍比企能員《ひきよしかず》、宇佐美実政《うさみさねまさ》らは下道を経て上野国高山、小林、大胡《おおご》、左貫《さぬき》らの住人を催し、越後国より出羽国に入ることになったという。この場合いずれも上野国内の住人を動員しながら、越後にいったん向かっているのだから、比企らの軍勢が使ったという「下道」は上ッ道の誤りと考えられる（ちなみに高山、小林は上ッ道沿線に位置する）。

合戦激発と道の宗教民　道にはもともと境界性（他界性といってもよい）があるから、ひとは道をこの世からあの世への入り口、ないしあの世そのもの（他界）と観念していた。さればこそ道端は罪人を現世から他界へ送り込む刑場として使われるし、墓塚も作られたのだろう。そこは無縁《むえん》・公界《くがい》の市や店棚が立つ場であると同時に、盗賊や非人がたむろする場であり、そしてまた時衆《じしゅう》や聖《ひじり》など、民間の宗教民が活動する場でもあったのである。上ッ道には時衆や聖たちの活動の痕を幾つもみることができる。

武蔵嵐山《らんざん》（字大蔵《おおくら》）には上ッ道に面して時宗の道場向徳寺《こうとくじ》がつくられ、善光寺《ぜんこうじ》式の銅造阿弥陀三尊《あみださんぞん》ならびに三十数基の板碑がいまに伝えられている。毛呂苦林《もろにがばやし》の越辺《おっぺ》川南岸には上ッ道の町場（宿）が発掘され、その裏側に隣接して土塁《どるい》をめぐらした、墓寺と思しき堂宇《どうう》の跡が確認されている。またそこから街道を少し南下し、日高《ひだか》市内の小畔《こあぜ》川を渡ると、別所《べっしょ》というところがある。そこからは大量の板碑（板碑一〇三基、台座四一基）が出土しており、またいくつかの骨壺も発見されている。別所という地名をかんがえると、そこには聖や遁世者・遊行僧《ゆぎょうそう》が身を寄せる寺堂があったのだろう。別所から街道（上ッ道）を挟んで東側は堀之内《ほりのうち》というところで、そこからは深さ二メートル、幅二・五メートル前後の薬研堀《やげんぼり》状の溝が掘り出され、付近からは住居跡や生活遺物（陶磁器・曲物・石臼・銭など）が発掘されている（一九九八年日高氏遺跡調査会会議次第）。

発掘データの整理と総合化はまだ行われていないから、ここがいかなる性格の遺跡であるか、確かなことはわからない。しかし、「堀之内」の地名と長大な溝跡（濠であろう）からすると、在地領主の居館*があったところで、そこから発展し宿村的な交通集落になったところではないか、とわたしは考えている。** この交通集落の西のはずれに、道を挟んで石の塔婆《とうば》が立ち並ぶ別所があったわけである。さて上ッ道をさらに南へ進むと、久米《くめ》川の宿にも時宗道場長久寺《ちょうきゅうじ》が存在し、さらに府中《ふちゅう》、関戸《せきど》を通過して、新田が攻め込んだ鎌倉前浜には一向堂《いっこうどう》があった（元弘三年六月十四日信濃後藤信明軍忠状、東京大学史料編纂所々蔵文書『鎌倉遺文』第四十一巻、三二二六八号）。堂のある浜には広い範囲にわたって葬送地が広がっていた。

別所遺跡から発掘された骨壺のひとつ（日高市教育委員会所蔵）

100 基以上の板碑（いちばん古いのは弘安 10 年〈1287〉，新しいもので文明 4 年〈1472〉，そうじて鎌倉末南北朝期のものがおおい）が出てきて，それらと一緒に骨壺もいくつか出土した。壺は在地で焼成されたものらしく，素焼きに近い質素なものである。

堀ノ内遺跡の濠と集落跡（日高市教育委員会所蔵）

堀ノ内遺跡からは発掘の結果，深くて幅の広い，そして異様なほど直線的な溝が出てきた。溝の縁には掘ったときの残土を利用して土塁が築かれたはずである。それを想定すると，溝の実質的な深さは優に3メートルを超えたであろう。上の写真に見える溝突き当りは土橋の壁面である（下写真矢印）。規模と構造からみると，これはたんなる溝ではなく，何らかの軍事的機能をになう濠と考えるべきかと思う。しかし，いまだこの遺跡の全体像は明らかになっておらず，この濠の解明もなお検討を要する。

そもそも鎌倉時代の上ツ道は信濃善光寺への重要な参詣路であり（峰岸純夫「鎌倉街道上道―「宴曲抄」を中心に―」『多摩の歩み』第九二号、一九九八年）、そのことは街道に点在する時宗のお堂に善光寺式の銅造阿弥陀仏を多く伝えていることとも関係していよう。武蔵野の道が善光寺妻戸の時衆（金堂前の礼堂妻戸に出仕する僧徒であるとも、また金堂妻戸に候ずる念仏僧ともいう。金井清光『時衆文芸研究』風間書房、一九八九年、一七三頁）や聖たちの影響下にあったことをここでは、とくに注意しておきたい。鎌倉をめざして南下する新田軍の兵、飽間《あくま》一族（上野国碓氷《うすい》郡の武士）が武蔵府中と村岡《むらおか》（藤沢《ふじさわ》）で討ち死にしたとき、おそらく一族縁辺の者であろうか、時衆の徒が石の卒塔婆《そとば》を立て霊を弔ったのは有名だ（『新田氏根本史料』口絵写真三四）。が、そうした追善《ついぜん》・回向《えこう》の活動も含めて、戦乱時代にはいると、かれらの活動は急激に活発化したのではなかっただろうか。

＊　秩父平氏系の高麗氏と関連するか、高麗景実の譲状《ゆずりじょう》〈宝治二年二月二十八日、新渡戸文書・埼玉県史資料編5所収〉にみえる「ひんかしひらさわ〈東平沢〉……、きやうつかやしき〈経塚屋敷〉」の地に想定しうるか。

＊＊　湯浅治久氏が提示した宿と在地領主との関係についての指摘は示唆にとむ（同氏「中世的宿の研究視角―その課題と展望―」佐藤和彦編『中世の内乱と社会』東京堂出版、二〇〇七年所収）。氏の所見によれば、近時の諸研究は「中世前期の「宿」が武家（在地領主）の居館や屋敷をコアにして、ないしは重要な要素として交通路を形成していたこと、それが彼らの支配拠点・軍事拠点であったこと、またそこに付随して町場が形成される場合があったこと」を明らかにしているという。

時衆の活動、厭戦感の発生

関戸方面から南下した上ツ道（鎌倉街道）の道筋が、藤沢・片瀬《かたせ》あたりから霊山麓《りょうぜん》をぬけると、そこは終点の鎌倉前浜である。前浜には前述のように一向堂があり、霊山麓を抜けて鎌倉に乱入した新田軍は、そのお堂のまえで鎌倉軍勢と激しい戦闘をまじえた。そこにいた他阿弥陀仏《たあみだぶつ》は鎌倉滅亡の様子を次のように伝えている。つまり鎌倉は「おひたゝしきさわき」であるけれども、礼拝に来ていた武士たちがみな戦場へ出かけたから、道場はいたって閑《しずか》である、合戦の最中に寄せ手も城の内の者（霊山寺の城の兵か）も、皆念仏を唱えている、そして（誤って）同士打ちしたものは、後日その責任を問われて頸を召された、その殿原が念仏者であれば、御房たちは前浜の刑場に出て「皆念仏すゝめて往生させ」た、という（〈元弘三年〉五月二十八日他阿弥陀仏書状、信濃金台寺所蔵文書『鎌倉遺文』四十一巻三二二一八号）。

わたしたちは時衆の活動が戦場のなかの人の死と密着していた（人の死に立ち会っていた）ことを知る。したがって、その活動には命終《みようじゆう》のあとの亡骸《なきがら》を葬むり、残された家族へ遺品を届け戦場のありさまを語り伝えることまでも行っていたと、推測されるわけである。*応永七年（一四〇〇）信濃国善光寺平で戦われた大文字一揆の合戦では、善光寺の聖・時衆たちの活動の情景を『大塔物語《おおとうものがたり》』（嘉永四年江都《えと》書林《しよりん》版本）は次のように伝えている。

善光寺ノ妻戸時衆、同ク十念寺ノ聖、大塔ノ人々既ニ自害スト聞シ召シ、急ギ彼ニ至リ、合戦ノ庭之為体《テイタラク》ヲ見廻ラシ給フニ、目モ当ラレヌ作法也、昨日今日左右《マデ》ハ、将《サシ》モ美々敷ク見エシ人々、皆屍ト成リテ郊原ニ在リ、人馬ノ骨肉散乱シテ、曠野ノ紅葉ハ風ニ飄《タダヨエ》ルガ如ク、蔓草血ニ染ミテ、紅錦ヲ日ニ曝スニ似タリ、（中略）彼ノ時衆達、此《コ》コ彼《カ》シコ落散タル屍ネ共ヲ一々取リ納メ、或ハ栴檀ノ煙ト成シ、或ハ塚ヲ築キ卒塔婆ヲ立テ、各《オノオノ》十念ヲ与ヘ、遍《アマネ》ク弥陀引接《インジヨウ》ノ願望ヲ励マシテ、之ヲ利益ス、墓無キ形見ノ筆ノ椛《スサミ》ニ至マデ、取集メ妻子《メコ》ノ方ニソ送ラレケル、（原文を訓み下し文にした）

かれら時宗の徒は戦闘後の惨憺たる戦の庭にあらわれると、兵たちの死骸をとり集めて荼毘《だび》にふし、塚を築いて卒塔婆を立てて、遍く阿弥陀の引接を願い十念を授けた。そして亡者が残した形見の筆のすさび（遊びなぐさめに描いた文字や絵か）までも、とり集めて妻子のもとへ送り届けたという。こうした光景は武蔵野の道でも見られたに違いない。中ツ道が善光寺系の影響のもとにあったことは、すでに述べたとおりである。ならばこの影響の媒介となった時衆・聖たちの活動は、合戦のたびに武蔵野の道でも同様にみられたと思われるのである。

戦争の激発による無慈悲な死は、人びとに無常の風を実感させ、現世諦観と浄土を希う心性を醸したのであって、それが塚や板石塔婆が並びたつ街道筋の風景をつくりだしていたことはまちがいない。しかしそれと同時に戦争と死をめぐる宗教的感懐が、いっぽうで武勇へのつよい嫌悪の感情につながっていたことも注意すべきであろう。

六道外ニ無シ、只眼前弓矢取身之習ヒニ有リ、全くク人ノ上ニ非ズ、偏《ヒトエ》ニ源ハ貪欲《ドンヨク》ノ心ヨリ起キテ、皆名利ニ誇リ、消ヘ易キ露命ヲ省《カヘリ》ミズ、愚ニシテ百年之栄楽ヲ求ルカ故也、(中略)捨《ス》テテモ捐《ス》テルベキハ、弓箭ノ悪縁道也、(『大塔物語』原文を訓み下し文にした)

武蔵野に繰り返された幾つもの合戦に参戦し、兄弟を失って、みずからも負傷し、さらに負け戦に身を隠さねばならなかった大宮寺の高麗行高は、おのれの臨終にあたって、一族のものに何事があっても「武士之行いを為すことなかれ」「軍《いくさ》は致さざるもの也」といい、明確に武勇を放棄した(高麗氏系図)。こうした中世武士の意識のありようも、おそらく時衆らの活動が生み出す宗教的な感懐と無関係ではない、とおもえるのである。

＊　こうした語り伝えの活動のなかに、時衆の文芸の基礎が形成され、さらには『太平記』のモチーフが形づくられたことは、岡見正雄氏「陣僧」旧版(日本古典文学大系『太平記』三・月報62、岩波書店、一九六二年所収)、樋口州男氏「『太平記』と在地伝承—新田義興怨霊伝承を素材として—」(佐藤和彦前掲編著所収)をみれば容易に推察される。

〔付記〕　本論を草するにあたって高麗神社宮司高麗文康氏、ならびに日高市教育委員会社会教育課文化財係中平薫氏から多くの資料と貴重なご教示をたまわった。記して感謝申し上げる次第である。

コラム　武蔵武士の群像❺　比企尼《ひきのあま》

生没年未詳

久保田　和彦

寿永《じゅえい》元年（一一八二）八月十二日、北条政子《ほうじょうまさこ》は御産所である比企谷殿《ひきがやつどの》で長男頼家《よりいえ》を出産した。午後七時ころ、河越《かわごえ》太郎重頼《しげより》の妻が呼ばれて参入し、乳母として乳付《ちつけ》をつとめた。重頼の妻は比企尼《ひきのあま》の次女である。同年十月十七日、政子と頼家は御産所から御所に戻るが、比企四郎能員《よしかず》は数多くの御家人の中で、乳母の夫として若君に御贈物を奉る役目をつとめた。『吾妻鏡』同日条によると、比企尼は頼朝の乳母として京都で源義朝に仕え、平治の乱に敗れた頼朝が永暦《えいりゃく》元年（一一六〇）に伊豆国に流されると、忠節を尽くすため、武蔵国比企郡を請所《うけしょ》として夫の掃部允《かもんのじょう》とともに下向《げこう》し、治《じ》承《しょう》四年（一一八〇）の秋まで二十年間におよび、経済的にも精神的にも頼朝を支えたのである。比企尼はこの日、甥の能員《よしかず》を猶子《ゆうし》として頼朝に推挙した。挙兵に成功し、鎌倉を拠点として南関東に安定した勢力を確立し、今後の繁栄を確実とした頼朝にとって、今こそ比企尼の恩に報いるべき時と考えたのである。

比企尼がいかなる出自であるかは史料がなく不明である。また、夫の掃部允については、『吾妻鏡』治承四年八月九日条に「比企掃部允」と見える。「武蔵国比企郡を請所とする」という『吾妻鏡』の記載が、掃部允は比企郡を本拠とする武士という意味なのか、比企郡に下向し居住したため比企の姓を名乗ったのか判断できない。能員が比企藤四郎《ひきとうしろう》、朝宗《ともむね》が比企藤内《とうない》と呼ばれていることから、掃部允の本姓を藤原氏とする論述も見えるが、能員・朝宗が比企尼の縁者であるならば、掃部允を藤原氏と断定することはできない。

比企尼には三人の娘がいた。長女は二条《にじょう》天皇に仕え、丹後内侍《たんごのないし》と呼ばれた女性で、在京中に歌人で中級官人の惟宗広言《これむねのひろこと》に嫁し、島津忠久《しまづただひさ》をもうけている。比企尼の東国下向により広言と離婚し、流人時代の頼朝に仕えた安《あ》達藤九《だちとうく》郎盛長《ろうもりなが》に再嫁し、生まれた女子は源　範《みなもとののり》頼《より》の妻となる。次女は河越重頼《かわごえしげより》の妻となり、生まれた女子は源義経《よしつね》の妻となる。三女は伊《い》豆の伊東祐親《とうすけちか》の子

比企一族墓　鎌倉市　妙本寺所蔵

祐清《すけきよ》に嫁した。平家の家人であった父祐親が頼朝を殺害しようとした際、祐清は父に反して頼朝を助けた。後に頼朝が挙兵に成功し、伊東祐親・祐清父子が頼朝軍によって捕らえられた際、頼朝は過去に自分を助けた恩賞を祐清に与えようとするが、祐清はこれを拒否し、平家軍に参じるために上洛、後に北陸道の合戦で討ち死にしている。夫と死別した三女は信濃源氏の平《ひら》賀《が》義信《よしのぶ》に再嫁し、平賀朝雅《ともまさ》を生む。平賀朝雅は北条時《ほうじようとき》政《まさ》と牧の方との間に生まれた娘を妻とし、建仁《けんにん》三年（一二〇三）に京都守護に任じられるが、元久《げんきゅう》二年（一二〇五）七月、実朝を廃し朝雅を将軍に擁立しようとする牧氏事件に連座し、京都で山内首《やまのうちす》藤通基《どうみちもと》に討たれた。以上、二十年間の頼朝の流人時代や鎌倉初期の頼朝の御内関係は、比企尼と三人の娘を中心に形成されており、鎌倉幕府の初期政治史は比企一族を抜きにして語ることはできない。

元暦元年（一一八四）一月の木曽義仲滅亡後に北陸道勧農使《かんのうし》に任じられ、北陸道の各地に多くの権限を行使し、文治二年（一一八六）に源頼朝の使節として上洛、源義経の家臣堀《ほり》弥《や》太《た》郎《ろう》を捕縛するなど、多様な活動が見られる比企一族に比企藤内朝宗がいる。比企尼と比企遠宗の実子とする「藤原姓比企氏系図」もある。この系図の信憑性が実証できれば、比企一族の多くの謎が解明できるが、現状では難しい。比企朝宗は『吾妻鏡』建久五年（一一九四）十二月十日条以降、史料上から姿を消す。以後、比企氏の家督を継承し、娘の若狭局《わかさのつぼね》が頼家に嫁し長男の一幡《いちまん》を生むなど、二代将軍源頼家の外戚として大きな権勢をふるったのは比企藤四郎能員である。『吾妻鏡』は先述のように、能員を比企尼の甥とする。能員は建仁三年（一二〇三）九月、北条時政の名越《なごえ》邸で謀殺され、比企一族は族滅する。

第3章　南北朝武士団の諸相

角田朋彦

南北朝の動乱における武蔵武士の動向・活躍は、現在に残されている古文書類のほか、軍記物語の『太平記』に詳しい。『太平記』についての話は別に譲るとして、ここでは『太平記』や古文書から武蔵武士の動向を見ていきたい。ただし、大小含めて数多くの武蔵武士が確認され、ここでそのすべてを紹介していくことはできない。そのため、大小二つの武士団に焦点を当てることにする。一つは小領主の代表として、『太平記』に華々しい活躍を見せる児玉《こだま》党を、そしてもう一つの大名は、政治史的にも重要なポジションを占め、その歴史の中でもっとも輝いた河越《かわごえ》氏を、それぞれ見ていくことにしたい。

児玉党の活躍

児玉党は武蔵七党の一つで、武蔵国児玉郡を中心に発展していった。児玉党といっても、本家筋に当たる児玉氏のほか、庄《しょう》・本庄《ほんじょう》・蛭河《ひるかわ》・阿佐美《あさみ》・四方田《よもだ》・塩谷《しおや》・真下《ましも》・富田《とだ》・今井《いまい》などの名字を持つ家が分出している。そのうち児玉氏などは、鎌倉時代後期には安芸国を拠点としていたようであるが、関東にも拠点を残しつつ活動していた一族も確認できる。鎌倉倒幕時には、京都で後醍醐《ごだいご》天皇方の千種忠顕《ちぐさただあき》と戦う幕府軍に、同じ武蔵の丹《たん》党とともに児玉党の名が見える。そして、足利尊氏《あしかがたかうじ》によって攻められ、近江《おうみ》国番場《ばんば》で自害して果てた六波羅《ろくはら》軍の中に、庄俊充《しょうとしみつ》・塩屋《しおや》浜恒・塩屋家弘ら児玉党一族の名が見えている。一方、鎌倉を攻める新田《にった》義貞《よしさだ》軍の中にも、従軍した武蔵武士として庄為久《しょうためひさ》・児玉党が見えている。倒幕時は、それぞれに動員されている状況なので、一族内で家名を残すためにうんぬんの話ではないだろう。幕府軍として京都に動員されていた者と、関東に残る中で進軍する新田義貞に従軍した者がいたのであった。

建武二年（一三三五）七月、後醍醐天皇による建武新政の最中、最大の事件が起きた。北条高時《ほうじょうたかとき》の遺児時行《ときゆき》を擁した北条与党の反乱である。信濃国の諏訪《すわ》氏に擁立された北条時行の軍勢は、鎌倉街道上ノ道を南下して鎌倉を制圧するが、この時に児玉党の塩谷《しおや》民部《みんぶ》大夫《だゆう》が軍勢に加わっている。この乱は、後醍醐天皇の勅許《ちょっきょ》を得ずに関東へ下った足利尊氏によって鎮圧されるが、その最中に児玉党の蛭河彦太郎入道《ひるかわひこたろうにゅうどう》が生け捕りされている。これらは、義貞にしても時行にしても、児玉党の所領付近を南下する軍勢があったとき、それに加わっているといったところであろうか。

この北条時行の乱は、結果的に足利尊氏の離反を招くこととなり、以来、後醍醐の勢力と尊氏の勢力が衝突する、南北朝の動乱が起こることとなる。まず、後醍醐天皇は新田義貞に対して足利尊氏を討つよう命じた。これを受けて義貞は東下するのであるが、そのなかに児玉庄左衛門《こだましょうざえもん》の名が見えている。義貞は京都で軍勢を揃えているので、児玉庄左衛門はこの時上洛中であったのであろう。たとえば、庄宗家《しょうむねいえ》は武者所結番《むしゃどころけちばん》の四番に名を連ねている。おそらく、義貞による鎌倉攻めの後、同じく上洛して活動中だったとみられる。そしてこれ以降、『太平記』中では、児玉党の名は主に新田義貞方として見せている。建武三年（一三三六）正月、鎌倉から上洛した足利尊氏は、京都での攻防戦に敗れ、いったん九州まで落ちている。そして再び上洛を開始し、京都を占領することとなった。この再度の上洛のさいに、摂津《せっつ》国湊川《みなとがわ》の合戦で楠木正成《くすのきまさしげ》・正季《まさすえ》兄弟を自害に追い

太平記絵巻「畑六郎左衛門事」（埼玉県立歴史と民俗の博物館所蔵）

やったのは有名な話である。この正月の京都攻防戦で四方田太郎《よもだたろう》左衛門尉《ざえもんのじょう》は、父が桂川《かつらがわ》で先駆けして討ち死にしたとして尊氏から感状を受けている。一方、尊氏が再度上洛してからの攻防戦では、義貞側の勢力にも児玉党が見えている。『太平記』では児玉党として一括りにされる小武士団ではあるが、ここにはそれぞれの思惑で動いている様子が見て取れる。四方田氏は、この後も足利方として京都で活躍しており、貞和四年（正平三、一三四八）十月八日には山城《やましろ》国日吉社《ひえしゃ》の雑掌《ざつしょう》に下地《したじ》を交付する両使を務めている。また、貞和六年には祇園社執行《ぎおんしゃしゅぎょう》の顕詮《けんせん》が、たびたび四方田氏の許を訪れている様子も見える。

さて、京都は尊氏に押さえられ、後醍醐天皇は吉野に落ち、義貞は越前国で勢力の挽回を図るという状態となった。この義貞の北陸での活動に名を見せ活躍するのが児玉党である。暦応元年（延元三、一三三八）七月、義貞は越前国灯明寺畷《ともみょうじなわて》で討死してしまうが、その後も義貞の弟脇屋《わきや》義助《よしすけ》を中心に越前での攻防戦が繰り広げられている。この中に畑時能《はたときよし》がいるのであるが、この時能の従者として児玉《こだま》五郎《ごろう》左衛門《ざえもん》も活躍を見せている。時能については、「畑六郎左衛門事」というタイトルが付けられ詳述されるほどの

畑児塚

活躍を見せ、そのため、のちには新田義貞四天王の一人として謳われ、浮世絵にも描かれるほどであった。時能は、義貞の戦死後、越前国の黒丸城《くろまるじょう》・千手城《せんじゅじょう》・鷹巣城《たかのすじょう》などを転戦し、足利方の斯波《しば》高《たか》経《つね》と攻防戦を繰り広げていた。暦応四年（興国二、一三四一）十月、越前国伊地山《いぢさん》に討って出た時能・児玉五郎左衛門らは深手を負い、時能は肩に負った傷がもとで没してしまった。『太平記』は「およそこの畑は悪逆無道にして罪障《ざいしょう》を恐れざるのみならず、無用なるに僧法師を殺し、仏閣社壇を焼毀《やきこぼ》ち、修繕《しゅぜん》の心は露許《つゆばか》りもなく、悪業をなす事は山の如く重なりしかば、勇士智謀のその芸有《あり》しか共、遂に天の為にや罰せられけん、流矢《ながれや》に侵《おか》されて死にけるこそ無慙《むざん》なれ」と評し、「畑すでに討たれし後は、北国の宮方気を撓《たわ》まして、頭《かしら》を差し出す者も無かりけり」と北陸における南朝勢の衰えを述べているが、ともかくもこの時能の活躍が後に喝采を得たのであった。

この時、児玉五郎左衛門がどうなったのかは『太平記』は記していない。ただし、埼玉県上里町《かみさとまち》には、次のような話が伝えられている。伊地山で戦死した時能であったが、従者の児玉光信《こだまみつのぶ》がその首を故郷まで持ち帰り供養したと。現在、上里町に所在する陽《よう》雲寺《うんじ》の入口には、畑児《はたこ》塚《づか》と呼ばれる供養塔があり、これが畑時能と児玉光信の首塚であるとしている。もちろん、当時のものではなく、のちに新田四天王の一人として名を高めた結果、造られたものと見られるが、義貞のもとで活躍する畑時能、そして児玉五郎左衛門の姿を今に残している。

さてこの頃、関東でも南北朝の争いが激化していた。各地の南朝勢の勢力を挽回するため、暦応元年に南朝の重鎮北畠親房《きたばたけちかふさ》が常陸国に入り、常陸小田氏とともに活動をしていた。これに対処するため、鎌倉の足利方も兵を送っている。この時の主力は武蔵国の武士であり、児玉党も軍勢催促に応じていた。児玉党の浅羽《あさば》太《た》郎左《ろうさ》衛門尉《えもんのじょう》が、暦応四年六月十六日の小《お》田《だ》宝塔峰《ほうとうみね》合戦から康永二年（興国四、一三四三）四月二十四日の関城《せきじょう》合戦まで従軍している様子が見え、ともに戦っている別府《べっぷ》幸実《ゆきざね》の軍忠を見知している。

観応二年（正平六、一三五一）、足利尊氏と直義兄弟の対立が激化し、直義は北国から関東へと落ちていった。この争いは、年末から翌正月にかけて行われた駿河国薩埵《さった》山《さん》合戦で尊氏の勝利となり、終結した。この時、北国へ落ちる直義に従軍する者として四方田入道の名が見え、さらに直義方として薩埵山を攻撃する者に児玉党の名が見えている。さらに、直義の急死があって、その混乱に乗じて新田《にった》義宗《よしむね》らが鎌倉を襲った。文和元年（正平七、一三五二）閏二月に起きたこの事件は武蔵野合戦と呼ばれ、関東の覇権を争う大きな合戦となった。この時、新田義宗に従う武蔵武士の中に児玉党の浅羽・四方田・庄・桜井・若児《わかこ》玉《だま》諸氏の名が見えている。四方田は直義の関東落ちに従っており、そのまま直義党として義宗に加担したのであろう。この合戦では、児玉党は打輪の旗を掲げて新田軍の一翼を担い、尊氏方の饗庭命鶴丸《あえばみょうづるまる》を中心とした若武者の集団花一揆《はないっき》（梅の花一枝を甲に挿していたためこう呼ばれる）を蹴散らしている。この観応擾乱の中では、おおむね、児玉党の面々は、反尊氏の勢力となっていたことが窺われる。

一方で、一族の中でも分かれて活動していた家も確認できる。例えば、真下氏である。貞和五年（正平四、一三四九）八月二十八日には、真下四郎太郎重氏《しげうじ》が勲功の賞として足利尊氏から上野国山名《やまな》郷内の地を充行《あてが》われていた。しかし、文和元年（正平七、一三五二）三月二日までには、真下中務丞《なかつかさのじょう》が安房国古国府中村の所領を没収されている（この地は尊氏から遠山景房に与えられている）。その要因は不明であるが、観応擾乱という一連の流れの中で、反尊氏の動きを見せていたのであろう。しかし、天下の趨勢が尊氏の手中にほぼ収まってくると、様相はまた違ってくる。延文二年（正平十二、一三五七）には真下入道心蓮が白井行胤《しろいゆきたね》とともに幕府奉行人を務めていたり、応安三年（建徳元、一三七〇）四月九日には真下左衛門太郎が将軍足利義満の社参に帯刀《たてわき》を務めるなどしている様子が見える。もっとも、これらの真下氏が、さきの真下重氏や中務丞と系譜的にどのように連なるのか、どういう繋がりを持っているのかは不明である。ただ、時には尊氏方として、時には反尊氏方として活動する様子、また一族の中でも個々がそれぞれの考えで活動する様子などが見て取れる。

また関東では、応安七年十月十四日に阿佐美《あさみ》弥四郎左衛門入道という人物が、竹沢《たけざわ》郷などの所領を藤田覚能に沙汰する使者を、蓮沼《はすぬま》安芸入道とともに務めている。こうしてみると、児玉党と一括りにされる中でも、個別には時代の趨勢の中でその時々に応じて生き残っていく小領主の様子が見て取れるのである。

大きな戦乱の中では、どちらかと言えば反主流派に属しながら時代を生き抜いた児玉党。その根幹は、小さな所領を守ることにあったのであろう。児玉郡を中心に勢力を張っていたが、所領は他領主と錯綜していて一円的に有していたわけではないし、決して大きくもない。中国地方に拠点を移していた児玉家氏《いえうじ》が、観応二年に所領の安堵《あんど》を足利直冬《あしかがただふゆ》に申し出たさいに、武蔵国に保有していたのは児玉郡池屋と同宿在家半分地頭職だけであった。児玉郡内の周辺の地では、松枝名内塩谷《まつえだみょうないしおや》や太駄郷《おおだごう》などが、安保光泰に相伝安堵されていた。この安保光泰は武蔵七党の丹党に属し、足利尊氏に従って活躍を見せている。両者間での所領をめぐる紛争などは明確ではないが、ほかの一族も含めて細かい争いがあったであろう事は想像に難くない。そうした中で、敵対する勢力とは別の行動を取るのは自然であったであろう。また、児玉党の勢力圏内を鎌倉街道上ノ道が通っているのも見逃せない。新田義貞にしても新田義宗にしても、みなこの通りを南下して鎌倉に迫っている。そうした軍事行動の中で軍勢催促がなされ、それに応じることで自然に新田軍に身を置くという側面もあったのであろう。また、児玉党の勢力圏の利根川を挟んだ対岸は上野国であり、新田庄とも程近い位置になる。義貞と児玉党との関係は、こうした地縁的なものも考えられよう。

いずれにしても、『太平記』に華々しい活躍を描かれる児玉党。小領主として生き抜く術をそこに見せてくれている。

河越氏の没落

去る夜か、群盗、東軍の河越《かわごえ》旅館に乱入し相戦う、両方疵《きず》を被る者両三か、かつまた名馬一疋・資財・金銀作りの太刀・刀、多くもってこれを取られると云々、

公家の洞院公賢《とういんきんかた》の日記『園太暦《えんたいりゃく》』に記された記事である。延文四年（正平十四、一三五九）十一月八日の晩、京都に滞在していた河越直重《なおしげ》の旅宿が強盗に襲われ、名馬や資財などを奪われている。これは、直重が当時流行でもあったバサラ大名であったことを示すもの、直重の豊かな経済力を示すものとして有名な記事であるが、この頃、直重は絶頂期にいた。次は、この河越氏の盛衰について見ていこう。

鎌倉倒幕時では、河越氏も幕府方および倒幕軍方にその名を見せている。河越貞重《さだしげ》が、近江番場で六波羅軍

とともに自害する一方、新田義貞の倒幕軍に河越氏が見えている。こののち、建武新政が成立すると、河越高《たか》重《しげ》が鎌倉を守る関東廂番衆《ひさしばんしゅう》の一番に、同族の高坂信重《たかさかのぶしげ》が二番に名を連ねている。まずは、これがきっかけとなり、河越・高坂両氏は足利氏と結び付いていくことになる。ただし、足利尊氏の離反時では、高重は尊氏追討の新田義貞軍に身を置き、相模国箱根で足利直義の軍勢と合戦している様子が見て取れる。ただし、これは足利方・新田方というよりも、高重は政権側の命令として動いたものであろう。

しかし、高重の名前はこれ以降見られず、次に河越氏で名前を見せるのは、貞和元年（興国六、一三四五）の直重《なおしげ》となっている。この年八月十六日の除目で、直重は天龍寺《てんりゅうじ》造営の功として従五位下・出羽守に任じられた。この間に、高重から直重に当主の交代があったことはわかるが、史料がなく、その動向は不明である。しかし、突如天龍寺造営の功を受けることはないだろう。さきにこの期間のことについて見ていきたい。

まず直重の名前に注目したい。直の字は、足利直義からの偏諱《へんき》と考えられ、直義が相模守として成良《なりよし》親王を奉じて鎌倉にいた期間に、元服した可能性が想定される。高重が廂番衆に名を連ね、足利氏と繋がりを持つ中での元服と考えられる。さて、その後の関東の状況はどうであったか。児玉党の所でも少し触れたように、暦応元年（延元三、一三三八）九月、南朝の重鎮北畠親房が常陸国に下向して神宮寺城《じんぐうじじょう》に入り、翌月には小田氏の拠る小田城に入った。この後、親房は周辺の武士に味方になるよう工作を繰り返しながら、康永二年（興国四、一三四三）に常陸国の関・大宝城《だいほうじょう》が落ちるまでの五年間、南朝方の勢力を挽回するべく活動をしていた。これに対して足利方は、高師冬《こうのもろふゆ》を武蔵守護として関東に送り、親房勢に対処させた。

この合戦では、武蔵国の山内経之《やまのうちつねゆき》が家族に出した、合戦に参加しなければ所領没収の憂き目に遭ってしまうこと、残した家族の安否を気遣うことなどの書状が有名である。師冬は、武蔵守護として武蔵国内の武士に動員をかけたのであり、史料では確認できないが、河越氏もこれに応じたであろうことは容易に想像できる。特に河越氏は、鎌倉時代を通して武蔵留守所総検校職《るすどころそうけんぎょうしき》を伝えたとする家で、いわば武蔵国を統括するような名族である。師冬も武蔵武士の動員に当たり、河越氏を頼ったのではないだろうか。戦果は芳しくなく五年もの長陣となったが、この間に河越氏と師冬および師直など高一族の結び付きが強くなったのではないかと考えられる。

そして、貞和元年の河越直重の登場である。この時、天龍寺の造営に対して功があったとして、常陸の佐竹《さたけ》師義《もろよし》・相模の三浦行連《みうらゆきつら》とともに従五位下に叙され、出羽守《でわのかみ》に任官している（師義は刑部丞、行連は遠江守）。これは成功《じょうごう》といい、寺社の造営にさいして資財などを納め、それに対する見返りとして任官したものである。直重の初出としてはいささか派手であるが、武蔵国の名族として資財を有していたこと、そして足利氏・高一族と深い繋がりを持っていたことなどによるものであろう。

以後、直重は足利方、特に尊氏方として活躍している。貞和五年には、足利直義に替わって政務を執るため上洛する足利義詮に、高坂氏とともに供奉している。『太平記』は「東国の大名も川越・高坂を始めとして」と筆頭に名を記している。直重の勢威が窺い知れるところである。

さて、観応擾乱では、雌雄を決した薩埵山合戦ではその動向を窺い知ることはできないが、直後の武蔵野合戦では平一揆《たいらいっき》を組み、尊氏方の一翼を担っているので、擾乱でも尊氏方の動きを示していたのであろう。その武蔵野合戦では、久米川《くめがわ》に逗留している尊氏のもとに、直重を始めとする平姓の武蔵・相模の武士が真っ先に馳せ参じている。そしてこの一群が平一揆の母体となっている。小手指原《こてさしはら》合戦では、全身を赤に統一し、尊氏軍の先陣として新田義興《よしおき》の軍勢と戦っている。ここでは、いったん尊氏は武蔵石浜まで引いているが、直重らは石浜の尊氏のもとに馳せ参じ、鎌倉街道上ノ道沿いに位置する笛吹峠《ふえふきとうげ》の合戦で、新田勢を打ち破っている。こうして尊氏の勝利を導いたのであった。この功績も認められ、尊氏が上洛した後の関東経営を、畠山国清《はたけやまくにきよ》・宇都宮氏綱《うつのみやうじつな》らとともに任されることになった。

関東の主は公方基氏となり、その基氏は入間川に布陣した。入間川は河越直重ら平一揆の勢力範囲であり、警護も平一揆が行っていた。さらに直重が鎌倉の所在する相模守護となり、まさに鎌倉府を守る形となったのである。相模守護河越直重のもとでは、所領を沙汰する両使の役を、平一揆のメンバーが務めている。

文和四年（正平十、一三五五）二月、京都を攻めた南朝勢を攻略するため、関東の武士もこぞって上洛している。この時、平一揆も上洛するが、これは高坂氏重が率いる形となっていた。高坂氏は、系譜的な関係は不明ながら河越氏と同族とみられ、直重と氏重はきわめて近い関係にある。氏重の花押形が直重のものとほぼ同じ形をしていることからも、その関係が窺い知れる。この時は、氏重が平一揆を率い、直重が関東に残って基氏を守る役割を果たしていたのであろう。平一揆の活躍はめざましく、三月十二日には京都七条で南朝勢を破っている。

さて、翌延文元年（正平十一、一三五六）になると、平一揆の内部でも徐々にシフト変更が見られるようになってくる。入間川の護衛について、参加する武士の着到状には、高坂氏重が証判を据えるようになってくる。さらに氏重は、笙や和歌などの芸能を通じて基氏と関係を深めていく。平一揆の中では、足利尊氏—高一族と結び付いた河越直重と、公方基氏と結び付きを強めた高坂氏重という、二本の軸が生まれたのである。

このことは、その後の政治的変化の中で如実に顕れてくることになる。まず、延文四年（一三五九）四月三十日に足利尊氏が亡くなった。将軍職は義詮が継ぐこととなり、関東執事の畠山国清はこれを祝うことと、南朝勢力の征討と称して、関東の武士を率いて上洛することとなった。冒頭に記した、直重の旅宿が強盗に襲われたのは、この時上洛した直後のエピソードである。直重にとっては、尊氏によって配された支配体制の一翼であり盟友ともいえる国清の行動に応じ、また重用してくれた尊氏の死に報いようとの思いもあったのであろう。華々しく上洛した姿が、盗賊らに襲われる要因であったとみられる。また、高一族との繋がりも、バサラ大名として名を馳せる一端とみてよいだろう。

さて、この国清による上洛戦は芳しいものではなく、幕府内部の対立も露見することとなり、関東の武士は逃げるように帰国した。これに対し国清は、帰国後、彼らの所領を没収するという暴挙に出たのである。これは、関東の武士らによる訴えで事なきを得たが、逆に国清が罷免されるという形となった。国清は守護を務めていた伊豆国に立て籠もって叛旗を翻し、これを平一揆らが攻めることになる。平一揆は葛山氏と所領争いをしてすぐに兵を引き揚げることになったが、この辺りは国清との関係もあったのかもしれない。いずれにしても、尊氏による関東の支配体制の一翼が奪われたこととなった。これは平一揆内部のシフト変更とともに、直重に対して暗い影を落とすこととなったのである。

貞治元年（一三六二）の国清討伐以降、平一揆の中心メンバーとして名を見せるのは、高坂氏重となる。河越直重の政治的活動は相模守護としてのものが中心で、貞治二年二月二日までは見られるが、氏重はそれを上回る飛躍を遂げている。まず、貞治元年までには鎌倉府の侍所司に任じられていて、国清の失脚後は伊豆国の守護に任じられた。まさに、関東の支配が尊氏支配体制から基氏自身の体制へとシフトしつつある状況で

太平記絵巻「芳賀兵衛入道軍事」（国立歴史民俗博物館所蔵）

あろう。さらに貞治二年三月には、直義党として越後国に引き籠もっていた上杉憲顕《うえすぎのりあき》が、関東管領として復帰したのである。憲顕の復帰は京都の要請に始まっている。尊氏の死後、逼塞《ひっそく》していた直義党が次々に復帰を果たしているが、憲顕もその流れの一つとなる。そしてこの事が、関東における政治的パワーバランスを大きく揺さぶることとなる。憲顕の復帰を機に、直重の名が見えなくなることもそれであろう。

さらに、この憲顕の復帰に対して、真っ先に越後守護職を剝奪された宇都宮氏とその家臣芳賀《はが》氏が反応している。宇都宮氏も薩埵山合戦での功績により、関東の支配のため尊氏から信任された人物であった。この年の八月、宇都宮氏と芳賀氏は兵を挙げ、実力で憲顕の復帰を阻《はば》もうとしている。これに対して、基氏自ら兵を率い芳賀氏および宇都宮氏を降伏させているが、ここで活躍したのが平一揆であった。基氏は武蔵国岩殿《いわどの》まで出陣し、そこで芳賀氏らと合戦に至っている。ここでは、平一揆と白旗一揆が基氏軍の主力となり、芳賀の軍勢を打ち破っている。この時、『太平記』は芳賀高貞《たかさだ》が「平一揆・白旗一揆は、兼ねて通ずる子細有りしかば、軍《いくさ》の勝負について、或いは敵ともなり或いは御方《みかた》ともなるべし」と声高に叫んだと記しているが、これは宇都宮氏と河越直重の政治的立場を示しているものといえよう。直重が平一揆を率いて出陣しているのであれば、通じるところがあるからなんとかなるかもしれないとの思いがあったのであろう。しかし、この時の鎌倉側に提出された着到状・軍忠状に証判をしていたのは高坂氏重であった。宇都宮氏が期待した、尊氏に重用された直重ではなく、基氏によって抜擢された氏重が主力を担っていたのであった。岩殿合戦で芳賀氏の軍勢を打ち破った基氏軍は、この後、下野国小山まで進出し、宇都宮氏綱らを降伏させている。

　ここには、京都の幕府も含めた全体的な政治的転換期を迎えている様子と、それにともなう河越氏の没落、高坂氏の発展が見て取れるのである。その後も、氏重の躍進は続いた。

　貞治四年（一三六五）九月晦日、高坂氏重は京都六波羅蜜寺《ろくはらみつじ》に対して馬を奉納している。これは、貞治二年三月の僧観実《かんじつ》による六波羅蜜寺修営の勧進《かんじん》に応えたもので、この年四月九日から翌年にかけて、今川範国《いまがわのりくに》をはじめとした幕府の重臣・近習衆が馬や銀剣などの奉加《ほうが》を行っている。関東からは、高坂氏重をはじめとした鎌倉公方の近習衆が馬を奉加しているが、多くの関東武士が連名で奉加状を提出している中で、氏重は単独で奉加状を出していたのであった。さらに、この年の十一月十六日に開板した、円覚寺に納められた大般若経の巻二〇一に、そして翌年三月に開板した巻二〇五・二〇六に、氏重の名が寄進者として記されている。この大般若経は文和年間から開板が開始され、関東の主な武士が寄進者として名を連ねているもので、河越直重は延文四年十一月の開板に名を見せているが、シフト変更があってからは氏重の名が見えるようになっている。

　こうして関東では、公方基氏のもとに関東管領として政治的主導権を握ろうとする上杉憲顕が存在し、一方で軍事的に人的に基氏を支えるようになっていた平一揆の中心高坂氏重が存在した。ただし、これはやや綱渡り的な危うい構造となっていて、貞治六年四月の足利基氏の急死によって、この構造は一気に瓦解することとなったのであった。

　貞治六年四月二十六日、基氏は流行病に罹《かか》り、二十八歳で没した。基氏の訃報はすぐに京都にもたらされ、朝廷では五月三日から七日間の雑訴が停止されている。五月二十九日には足利金王丸《こんのうまる》（氏満）が、鎌倉公方に就任した。さらに同年十二月には将軍義詮が急死し、後を足利春王（義満）が将軍職を継ぐこととなった。

　こうした一連の流れの中で、関東管領上杉憲顕は義満の将軍就任慶賀のため、翌応安元年正月二十五日に上洛の途についた。この憲顕留守の間隙を縫って、二月五日に河越直重らが武蔵国河越館に立て籠もり謀反を起こすこととなった。これには下野宇都宮氏も呼応している。さらに鎌倉でも高大和入道や三浦下野入道が不穏な動きを見せていた。また、武蔵国の江戸牛島にも呼応した別働隊が活動を見せている。いずれにしても、足利基氏という存在を失ったことで、上杉氏に対する大きな不満が爆発したのであった。

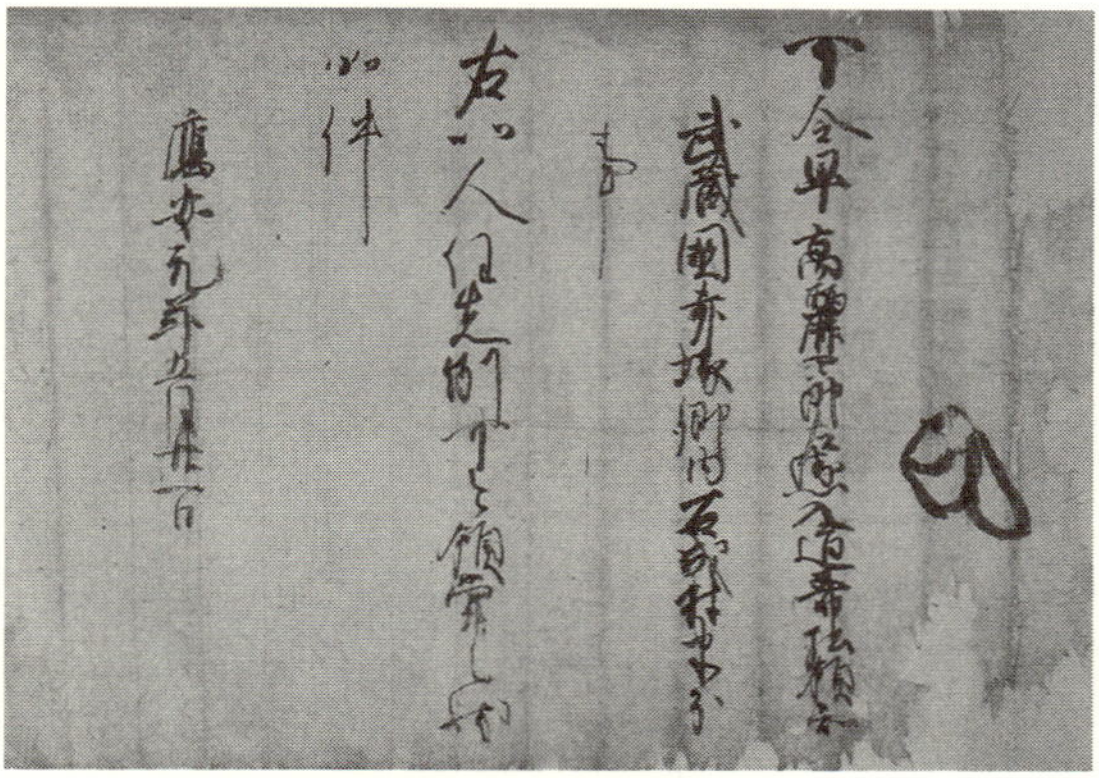

河越直重充行状（個人蔵）

　河越直重は、五月二十一日に豊島郡赤塚郷石成村半分を高麗《こま》季澄《すえずみ》に充行っている。この文書は、直重が袖《そで》に花押を据えた下文形式で出されていて、ここに直重の気概が見て取れる。この平一揆の反乱は、四月五日に鎌倉へ下着した上杉憲顕によって、鎮められることとなる。反乱の火の手が広範囲に広がったせいかすぐには動かなかったが、六月十七日には河越合戦で立て籠もる一揆衆を没落させ、二十七日には江戸牛島の別働隊を退散させ、九月六日には下野宇都宮氏も降伏させている。こうして、河越直重を中心とする平一揆は、歴史の上から姿を消したのであった。

では、この時、高坂氏重の動向はどうであったのであろうか。これを直接示す資料は残されていない。しかし、乱後、伊豆国守護が上杉憲顕に交替されているところを見ると、やはり同様に河越館に籠もり、直重とともに没落していったものとみるべきであろう。しかし、乱勃発後の三月、氏重が名を連ねる大般若経が開板した。もちろん、それ以前からの寄進であったり、開板の準備期間を考慮すれば、直接乱との関係はない。それでも、氏重は尊氏ではなく基氏との結節点であり、尊氏—師直—直重と直義—憲顕のラインで考えれば、むしろ後者に近かったのかもしれない。基氏は尊氏の子でありながら、貞和五年（一三四九）に十歳で鎌倉に下るさい、直義の養子となっている。さらに鎌倉では観応擾乱まで憲顕によって育成されている。そのことを考慮すると、長じた基氏によって抜擢された氏重は、直重と異なり、基氏—憲顕の体制ともまずまずの関係であったのではないだろうか。しかし、一揆の盟友である直重が挙兵するにさいし、氏重もこれに加担せざるを得なかったのではないか、と考えることは飛躍しすぎであろうか。

南北朝の動乱の中で、足利尊氏および高一族と結び付いた河越直重は、関東支配の一翼となり、最大限に輝きを見せていた。しかし、尊氏の死とそれにともなう政治的転換の中で没落の一途を辿ることとなる。一方、直重の盟友として、基氏の抜擢を受けた高坂氏重は逆に輝きを増しはじめた。だが、その結節点であった基氏の死を契機に、氏重の存在も変換を迫られた。こうして、最終的に河越氏ら平一揆は叛旗を翻すこととなり、没落の道を辿ったのである。

鎌倉・南北朝時代を通して、武蔵国最大の勢力であった河越氏は、最期にその輝きを最大限に放っていた。しかし、河越氏らが没落することで、武蔵国は上杉氏の領有することとなり、多くの武蔵武士も上杉氏の配下に組み込まれていくこととなった。河越氏の没落は、尊氏体制の終焉でもあり、観応擾乱で没落していった高一族一派の最後の戦いでもあったといえよう。

コラム　武蔵武士の群像❻

稲毛重成　いなげ しげなり

生年未詳〜元久二年（一二〇五）

久保田　和彦

稲毛《いなげ》重成《しげなり》は秩父平氏の一族で、武蔵国留《る》守所《すどころ》惣検《そうけん》校職《ぎょうしき》（近年の研究で存在を疑問視する説もある）として武蔵国内に大きな勢力を有したといわれる重綱《しげつな》の長男重弘《しげひろ》の孫として生まれた。通称は小山田《おやまだ》三郎《さぶろう》・稲毛三郎である。父は武蔵国多摩郡小山田荘（現在の東京都町田市）の開発領主である小山田有重《ありしげ》で、弟は武蔵国榛谷御厨《はんがやのみくりや》（現在の横浜市保土ヶ谷区）を本拠とした榛谷重朝《しげとも》である。稲毛氏は、武蔵国橘樹郡《たちばな》（現在の川崎市中原区）に成立した九条家領稲毛荘の開発領主である。

重成の祖父重弘は秩父平氏の嫡流で、母は横山経兼《よこやまつねかね》の娘であり、重弘自身も横山隆兼《たかかね》の娘を妻とするなど、武蔵国府近くに展開した小野牧《おののまき》を本拠に、武蔵国最大の勢力を誇った小野姓横山一族と二重の婚姻関係を結んでいる。平安末期の貴族　源　師時《みなもとのもろとき》の日記『長秋記《ちょうしゅうき》』によると、天永四年（一一一三）三月、河内源氏の棟《とう》梁《りょう》源為義《ためよし》の代官である愛甲内記《あいこうないき》太郎を殺害した罪で、横山隆兼《たかかね》以下の横山一族に対して、常陸《ひたち》・武蔵《むさし》・上野《こうずけ》・下総《しもうさ》・上総《かずさ》五ヵ国の国司に追討宣旨《せんじ》が下されている。横山一族と姻戚関係にあった重弘は、この事件を契機に廃嫡され、弟の重隆が家督を継承した。重隆は仁平《にんぺい》二年（一一五三）夏、河内源氏の源義賢《よしかた》を養君《やしないぎみ》として比企《ひき》郡大蔵館《おおくらやかた》に迎えるが、久寿《きゅうじゅ》二年（一一五五）八月、義賢の兄義朝の長男で鎌倉悪源太《かまくらあくげんた》と呼ばれた義平《よしひら》に義賢・重隆ともに討たれてしまう。義平の軍勢には、重弘の子畠山重能《はたけやましげよし》が参加していた。

大蔵合戦に勝利した重能の名前は、『保元《ほうげん》物語』と『平治《へいじ》物語』には見えず、両乱に参加した形跡はない。重能自身は三浦義明《みうらよしあき》の娘を妻として、長寛《ちょうかん》二年（一一六四）に長子重忠が誕生している。また、重能の姉妹は千葉常胤《ちばつねたね》の妻となり、永治《えいじ》元年（一一四一）に胤正《たねまさ》を生んでいる。そして、弟の有重は多摩郡小山田荘、その子重成は武蔵国橘樹郡稲毛荘、重朝は榛谷御厨を開発し、その勢力は多摩《たま》川・鶴見《つるみ》川沿いに武蔵国南部へと拡大していった。

畠山重能・小山田有重兄弟は、治承《じしょう》四年（一一八五）八月の源頼朝の挙兵の時に大番役《おおばんやく》のため在京中で、寿《じゅ》永《えい》二年（一一八三）の北陸道の木曽義仲追討軍にも平家方として参加し、加賀国篠原合戦《しのはらかっせん》では義仲の武将樋《ひ》口兼光《ぐちかねみつ》と激戦を交えている。同年七月の平家都落ちに際し、一族が頼朝に味方したことを理由に処刑されそうになるが、平 貞能《たいらのさだよし》によって助命され、宇都宮朝綱《うつのみやともつな》とともに無事東国に帰郷した。以後、重能・有重兄弟、有重の子の稲毛重成・榛谷重朝は鎌倉御家人となり、頼朝の厚い信頼を得ることになる。

稲毛重成墓　川崎市多摩区　廣福寺所蔵

元暦《げんりゃく》元年（一一八四）二月の一の谷合戦で、稲毛重成・榛谷重朝兄弟は大手の源 範頼《みなもとののりより》軍に属し活躍した。また、同年六月に源頼朝が甲斐源氏の一条忠頼《いちじょうただより》を鎌倉御所で誅殺した際、重成・重朝兄弟は父小山田有重とともに、杯酒を注いで忠頼の気を逸らせたと『吾妻鏡』同日条に記されている。治承五年七月の奥州合戦では先陣随兵として鎌倉を出発、二度の頼朝の上洛にも随兵として供奉《ぐぶ》し、『吾妻鏡』建久《けんきゅう》元年（一一九〇）十一月七日条には北条義時《ほうじょうよしとき》とともに先陣随兵最末の六十番に、同六年三月十日条の東大寺供養の後陣随兵に名前を連ねている。

稲毛重成は北条時政の娘を妻に迎えていたが、建久六年七月に他界し、重成は妻の死を悲しみ出家した。法名《ほうみょう》は道全《どうぜん》。以後、稲毛入道《にゅうどう》・小沢入道と呼ばれた。同九年に亡妻の供養のため、相模川に橋を架けている。元久《げんきゅう》二年（一二〇五）六月、畠山重忠《はたけやましげただ》が謀叛《むほん》の罪により二俣川合戦《ふたまたがわかっせん》で滅亡する事件が起こる。その後、重忠の謀叛は無実であり、事件は稲毛重成が妻の父北条時政《ときまさ》とともに策謀したとされ、翌日重成は子息重政とともに誅殺された。

第4章　南北朝期の血縁、婚姻関係

角田朋彦

南北朝期の人的ネットワーク

武蔵国では、桓武《かんむ》平氏の後裔となる秩父《ちちぶ》平氏をはじめ、秀郷《ひでさと》流藤原氏、さらには在地で発展してきた武士団など、さまざまな出自を有する武士が多く展開している。古くは、彼らが広範囲にわたって婚姻などの結び付きを持ち、人的ネットワークを広げる姿が見られていた。それは、同じ祖を持つ血縁関係にある一族同士だけでなく、異なる出自の武士間でも行われていた。しかし、南北朝の動乱期ぐらいになると、こうした情報を教えてくれる史資料、例えば系図の類などが極端に少なくなってくる。特に武蔵武士の場合、主な武士が西遷を果たすこととなる。一方で、武蔵国で活躍する武士団は中小領主が中心となり、室町・戦国時代を経て家伝文書などを残すことが少なくなる。そのため、中世前期ほど詳細な武士団の血縁や婚姻などの関係性はわからないというのが実情であろう。

また、中小領主間のパワーバランスを微妙に保っていた鎌倉幕府の時代を経ることで、その様相はだいぶ変化してくるように思われる。その要因はさまざま考えられるが、一つには一族のあり方に対する認識が変化したものであろう。それは、母親の系統ではなく父親の系統に一族の団結を求めるものである。鎌倉時代前期、嫡子のみならず庶子・女子にいたるまで所領の分割相続を行っていた。そのため、一族内での所領細分化を招くこととなり、また婚姻による他氏への所領流出という事態を生み出すこととなった。武蔵武士の事例ではないが、下総相馬《しもうさそうま》氏の所領が婚姻関係によって上野岩松《こうずけいわまつ》氏の所領となっていったことは著名である。それゆえ、鎌倉時代も半ばを過ぎると、嫡子単独相続という形態となり、庶子や娘に所領を譲ってもその人物一代限りという一期譲りが一般的な傾向となった。こうした傾向も、一族のあり方が父系に集約されていく一因でもあろう。

さて、このような中で、いくつか当該期の婚姻関係を示してくれる武士もいる。小領主ではあるが、いくつかその様子を見ていくことにしたい。

小武士団の地縁と血縁

まずは、『豊島宮城文書』の中に残された豊島郡石神井《しやくじい》郷の相伝《そうでん》を示す所領相伝系図である。この系図は、没収された豊島郡石神井郷の還補を訴えるに当たり、相伝されてきた経緯や由緒の正しさを示すために作成されたものとみられる。そしてこの系図には、鎌倉時代後半から南北朝期にかけての豊島郡周辺の武士の婚姻関係を窺うことができる。鎌倉時代の半ば、豊島郡石神井郷を所領としていたのは藤原姓の宇《う》多《だ》重広《しげひろ》という人物であり、この重広には三人の娘が確認できる。その娘たちの様子を見ていこう。

まず娘の一人は、泉右近蔵人《いずみうこんくろうど》に嫁いでいる。この泉氏は、その名乗りから武蔵国比企《ひき》郡泉郷を名字の地とする武士の一族とみられている。鎌倉時代の初頭、武蔵国入西《にっさい》郡毛呂《もろ》郷を本拠とする藤原姓の毛《も》呂《ろ》季綱《すえつな》が、源頼朝に対する忠節の勧賞として比企郡泉を与えられており、泉氏はこの地を名字の地とした、毛呂氏に連なる一族と考えられている。重広は、最初、この娘に石神井郷を譲った。しかし、子供を作らずに早逝したようで、

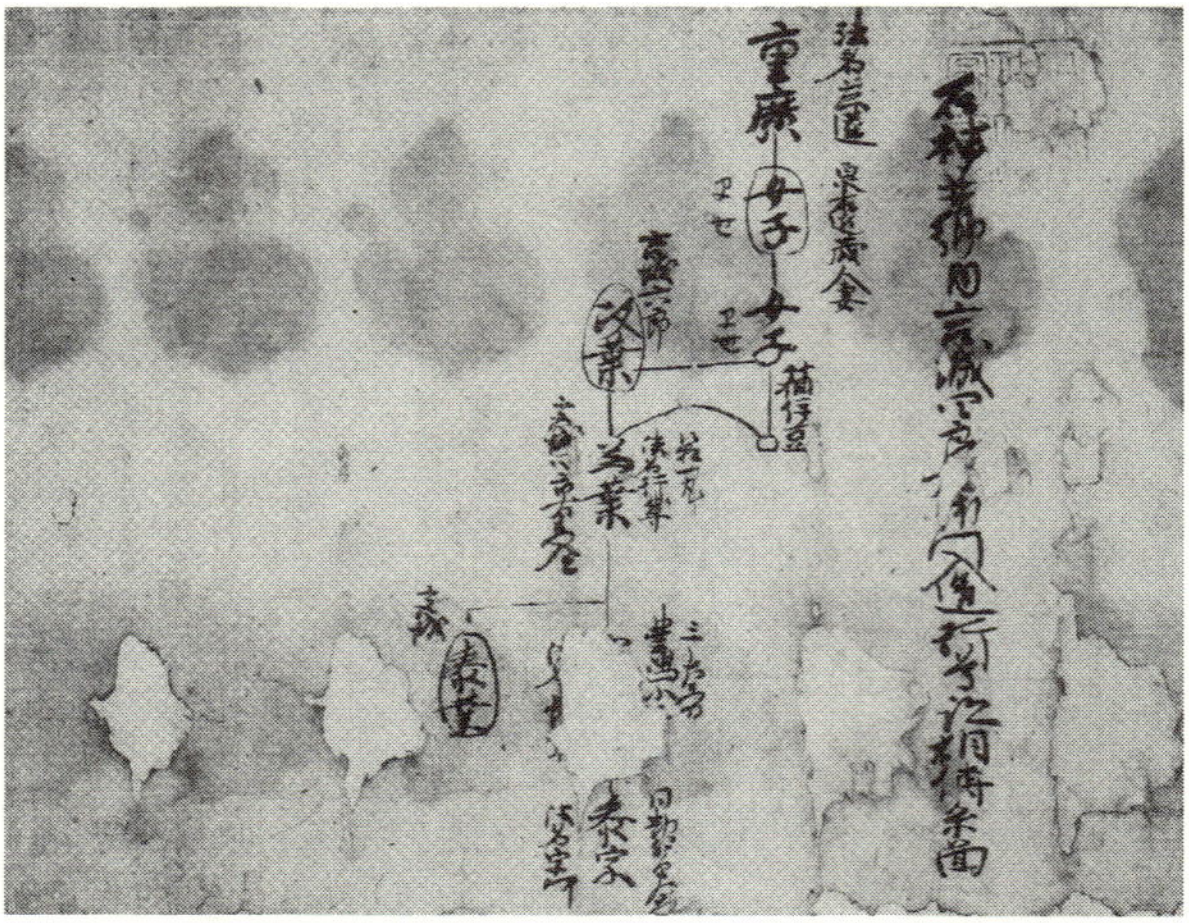
石神井郷相伝系図（内閣文庫所蔵）

石神井郷は実家の宇多家に悔い返されている。

次の娘は、字を箱伊豆といい、宮城《みやぎ》六郎《ろくろう》政業《まさなり》のもとに嫁いでいる。この宮城政業は、その出自は不明であるが、武蔵国足立郡宮城を名字の地とした武士であることは確かである。宮城政業に嫁いだ箱伊豆は、父重広から石神井郷を譲られている。この石神井郷は泉右近蔵人に嫁いだ娘から悔い返したものである。この譲与が鎌倉幕府に認められるのが弘安五年（一二八二）十二月十日のことなので、箱伊豆と政業との婚姻はその前後のことになろう。なお、この石神井郷は、箱伊豆と政業二人の間に設けられた宮城為業（四郎右衛門入道行尊《ぎょうそん》）に譲られている。

三人目は、字を土《と》用熊《よくま》といい、出家して戒円と号した娘である。戒円は、豊島三郎入道《としまさぶろうにゅうどう》のもとに嫁いでいる。豊島三郎入道は、秩父平氏を出自とする武蔵国豊島庄を本拠とした武士である。戒円も、石神井郷を譲られ、さらに二人の間に設けられた子供の朝泰《ともやす》に譲られていく。箱伊豆と戒円に譲られた石神井郷が、どのように分割されていたのかは不明であるが、いずれにしても豊島郡石神井郷は、宮城政業から娘たちに譲られ、それぞれ嫁いだ家の所領となったのである。ちなみに、豊島朝泰に譲られた石神井郷は、その子の宗朝《むねとも》に譲られている。もう一方の箱伊豆から宮城為業に譲られた石神井郷も、貞和五年（一三四九）十一月十二日に、為業から豊島宗朝に譲られている。相伝系図にはその辺の事情は語られていないが、後世に作成された豊島系図では、「実は為業の子」であるとか「養子として家督を継ぐ」などと注記がなされている。豊島宗朝は泰朝の実子で宮城為業の養子となって家督を継いだのか、逆に為業の子で泰朝の跡も継いだのか、その辺の事情はよくわからない。しかし、いずれにしても宮城氏と豊島氏の間で、婚姻を媒介とした繋がりがあったことは理解できよう。

では、この相伝系図が示す宇多氏・泉氏・豊島氏・宮城氏の関係はいかなるものであったのだろうか。泉氏の場合は不明といわざるを得ないが、宇多・豊島・宮城氏の本拠地は、それぞれ石神井川および入間川の流域に展開していることがわかる。そうすると、鎌倉時代後期から南北朝期にかけて行われた彼らの婚姻関係は、地縁的な関係によるものといえるのではないだろうか。そうすると、泉氏の場合も地縁的な関係が推測される。

このことは、やはり豊島宮城文書に残された別の石神井系図にも見いだせる。やはり鎌倉時代後期のことと考えられるが、江戸四郎次郎重村の娘平氏が豊島兵衛尉の妻となっている様子が見られる。江戸氏は豊島氏と同様、秩父平氏を出自とし、武蔵国豊島郡江戸郷を名字の地とする一族である。両氏はともに秩父平氏であり血縁的な関係も含まれるが、両氏の本拠地を考慮すると、これも地縁的な関係によるものといえるのではないだろうか。

広範な婚姻関係—高麗氏—

一方で、狭隘な地縁的関係ではなく、広範囲な面で婚姻関係を結ぶ一族がいることも確かである。その中から高幡《たかはた》高麗《こま》氏の事例を見ておこう。高麗氏は、高麗郡高麗郷を本拠とする丹治《たんじ》姓丹《たん》党の武士である。その一族の中で、武蔵国多西《たさい》郡得恒郷を本拠としたのが高幡高麗氏である。正和元年（一三一二）八月十八日に高麗忠《ただ》綱《つな》から嫡子孫若へ譲った所領には、高麗郡大町村や多西郡得恒郷、さらに多西郡に含まれる船木田《ふなきだ》庄の木伐沢村などが記され、鎌倉にも甘縄北斗堂《あまなわほくとどう》の前に屋敷地を保有しており、鎌倉に出仕する御家人であったことが知られる。なお、忠綱はこの譲状《ゆずりじょう》で平忠綱と平姓を称しており、丹治姓からの転姓を図っていることがわかる。あるいは、どこかの段階における婚姻関係などから、母方の姓を称すようになったのかもしれない。

この所領を譲られた孫若が、長じて助綱と称すようになる。助綱は、建武二年（一三三五）八月四日に大風のため倒壊してしまった高幡不動尊《たかはたふどうそん》を、康永元年（一三四二）六月二十八日に再建した人物として知られている。この辺の事情を記した不動明王像の火焔背銘には、「檀那平助綱幷大中臣氏女」とある。この大中臣氏女は助綱と併記されているところからも助綱の妻と考えられる。この大中臣氏は、常陸国鹿島《かしま》郡の名族大中臣《おおなかとみ》氏であろうと見られている。

また、高幡高麗氏の本家筋に当たる高麗郡高麗氏では、相模国足下《あししも》郡曾我《そが》庄を本拠として、陸奥国にも勢力を拡大していた曾我氏との間にも婚姻関係を結んでいたことが知られる。

こうした高麗氏のような広範囲における婚姻関係は、鎌倉幕府への出仕を通して、人的な関係が結ばれた中でのことであろう。

このように見ると、武蔵国の中小領主は、それぞれの置かれた立場の中で、地縁的であったり広範囲なネットワークであったりと、さまざまな婚姻関係を結んでいたことがわかる。

白旗一揆と血縁集団

こうした婚姻関係とは別に、南北朝の時代によく見られるのが、血縁関係で括られる武士団の様子である。

『太平記』では、合戦の場面などに「坂東八平氏《ばんどうはちへいし》」や「武蔵七党《むさししちとう》」が登場するが、これがそれぞれの出自でもって認識されていた武士団であり、血縁で結ばれたものである。これら血縁で結ばれた武士団の中で、武蔵国で最も大きいものが、秩父平氏を中心に結ばれた平一揆《へいいっき》と武蔵七党の系譜を引く武士によって編成された白旗一揆《しらはたいっき》であろう。

平一揆は、武蔵国の名族である河越氏や高坂氏を中心に編成された一揆である。その登場は、『太平記』に記された正平七年（一三五二）閏二月二十日に行われた武蔵野合戦での場面である。その合戦に駆けつけ平一揆を構成したと考えられるメンバーを見ると、河越《かわごえ》・唐古《からこ》・江戸《えど》・石浜《いしはま》・高坂《たかさか》・豊島《としま》らの武蔵国を拠点とした秩父平氏、さらに土屋《つちや》・土肥《どひ》・二宮《にのみや》・曾我《そが》・小早川《こばやかわ》らの相模国西部に展開した平氏、また浄法寺《じょうほうじ》・白塩・小林・高山などといった上野国に勢力を伸ばした平氏を出自とする一族も加わっている。ただし、『太平記』に描かれた場面は合戦の場であり、五陣に分けた足利尊氏方の第一陣を担ったものである。ここには、彼らの側からの結束だけでなく、軍事力として配された武士団も当然あったであろう。武蔵国の瓦葺《かわらぶき》・三田・古尾谷《ふるおや》といった出自不明の武士や、横山党を出自とする相模国の海老名《えびな》・本間《ほんま》氏らも参加した一族としてみられるが、これらは軍事力編成の中で加わっているものとみられる。さらには、常陸平氏鹿島一族の烟田《かまた》氏は、自らを平一揆であることを主張し、足利基氏《あしかがもとうじ》の入間川《いるまがわ》御陣に供奉《ぐぶ》している。これなどは、政治的に権限を持つにいたった平一揆を利用したものと考えていいだろう。

そもそも河越氏ら多くの武蔵武士は、鎌倉倒幕時に一族が分裂し、幕府側についたものと倒幕軍に加わったものなどがいた。こうした一族内部での危機的な状況を経て、建武新政期では関東廂番衆《ひさしばんしゅう》に河越・高坂氏らが名を連ね、その後は多くの武蔵武士が武蔵守護高師冬《こうのもろふゆ》のもとで常陸合戦などに従軍していた。このような関係から河越・高坂氏らは、武蔵野合戦という新田義興《にったよしおき》ら南朝方と上杉憲顕《うえすぎのりあき》ら旧足利直義《あしかがただよし》党の連合軍との戦いにおいて、その軍事力を頼りにされたのであろう。いわば、河越氏ら在地領主の側からの要求と、足利尊氏ら上部権力の側からの要求が合致して編成されたものであるといえよう。

ちなみに、平一揆の中で河越直重《かわごえなおしげ》と高坂氏重《たかさかうじしげ》が二本の柱として認識されている。しかし、実はこの二人の系譜的関係は明らかになっていない。氏重が自ら「従五位上行兵部大輔平朝臣氏重」と称していること、河越氏と同じく「重」の字を有していること、氏重の使用している花押《かおう》形が直重のものと似ていること、などから極めて近い位置にあったであろうと推測されているに過ぎない。秩父系図では、平安時代の末頃、秩父重綱の子に高坂五郎《たかさかごろう》が見えているので、秩父平氏一族であることは確実であるが、系図に見える高坂五郎の子孫に位置づけられるのか、それとも鎌倉時代の後期に河越氏から分立した家なのか、判断はつかない。

白旗一揆は、『太平記』には貞和四年（一三四八）正月、摂津国四條畷《しじょうなわて》で行われた足利尊氏方の高師直と南朝方の楠木正行《くすのきまさつら》との合戦に名前を見せているが、関東において恒常的に活動を開始するのは、平一揆同様、武蔵野合戦からとなる。一揆を構成した武士は、児玉《こだま》・村山《むらやま》・猪俣《いのまた》・丹《たん》・私市《きさいち》などの武蔵七党の系譜を引く中小武士団と、地域的に繋がりを見せる武士も含んでいる。この白旗一揆も、血縁という側面を中心に置くものと見ていいだろう。白旗一揆は平一揆とは違ってこの後も活躍し、上野国の武士を中心とした上州一揆や、武蔵国の武士を中心とした武蔵白旗一揆に分かれ、武蔵国ではさらに南白旗一揆・北白旗一揆に編成されていき、一つの大きな軍事力として期待されていた。

もっとも、武蔵野合戦では、武蔵七党は白旗一揆だけではなく、新田義宗《にったよしむね》ら南朝軍の一翼を担うものとしても『太平記』に見えている。そこには「児玉党には浅羽《あさば》・四方田《よもだ》・庄《しょう》・桜井《さくらい》・若児玉《わかこだま》、丹の党には安保信濃守《あぼしなののかみ》・

子息修理亮《しゅりのすけ》・舎弟六郎左衛門・加治豊後守《かじぶんごのかみ》・同丹内左衛門《たんないさえもん》・勅使河原丹七郎《てしがわらたんしちろう》、西党、東党、熊谷・太田・平山、私市・村山・横山・猪俣党」と武蔵七党の名が列記されている。武蔵七党の中では、いわば分裂状態にあったともいえよう。血縁的に出自を同じくする武士団といえども、必ずしも志を同じくして行動するというものではないことを示している。ただし、武蔵野合戦で足利方が勝利を収め、南朝方の勢力が弱まっていく中で、彼ら新田方についた武蔵七党も、おそらく白旗一揆に編成されていた一族へ吸収されていったのであろう。

薄れる血縁関係

この時期、血縁という面では大きく平一揆や白旗一揆などが見られるわけだが、これらの血縁関係にある一族の中で、婚姻関係などを含めてどのような関係にあったのかを明らかにするのは難しい。例えば、河越氏と高坂氏の間に婚姻関係はあったのか、他の秩父平氏の間ではどうだったのか、また武蔵七党の間でもそうした関係はあったのか、などである。先に見たように、宇多・豊島・宮城氏などのように地域的な関係で婚姻関係を結ぶ一族があり、秩父平氏として出自を同じくする豊島・江戸氏でも、むしろ地縁的な面で婚姻を結ぶ様子が窺われた。

これらのことを概観してみると、南北朝の動乱の時代は、大きな軍団編成がなされない中小領主にとっては、合戦などの大規模な行動については出自を同じくする血縁で行い、在地における婚姻活動などは地縁で行う時期であろうか。この後、武蔵国では南白旗一揆や武州南一揆といった武士の編成が見られるが、これらは血縁というよりも地縁で結び付いていった集団である。

武蔵武士に限ったことではないが、鎌倉時代後半から南北朝の動乱期にかけては、多くの武士団が西に東に大移動を繰り広げている。その中で獲得していった所領は広範囲に及ぶ場合もあり、かつ散在していることが多い。そのため、散在所領を管理するだけの多くの一族や被官などを持たない中小領主は、遠隔地所領を放棄して本拠となる所領周辺を一円的に確保していくようになることは、一般的に見られる傾向でもある。これらのことは血縁的関係から地縁的な関係へと、武士団の結び付きに変化が現れていることを示していよう。

所領面では嫡子単独相続へと変わり、女子一期譲りという状況が生まれ、他氏への所領流出を防ぐようになる鎌倉時代後半から南北朝の時代。遠隔地にある散在所領は手放し本拠地一円の所領の確保へと向かうこととなる。こうした所領問題と相まって、父系を中心とした一族のあり方へと視点が向くようになってくる。さらには、この後、血縁関係から地縁的な関係へと結び付いていくようになってくる。南北朝の動乱期における武蔵武士団の血縁・婚姻関係とは、一族のあり方に対する意識の変化、過渡期であったといえよう。

コラム　武蔵武士の群像❼　畠山国清　はたけやま くにきよ

生年未詳〜貞治元年（一三六二）

久保田　和彦

元久二年（一二〇五）六月、武蔵武士・鎌倉御家人の典型と称された畠山重忠《はたけやましげただ》が謀叛の罪により二俣川《ふたまたがわ》合戦で滅亡する事件が起こる。重忠の妻は北条時政《ほうじょうときまさ》の娘であるが、姉北条政子と兄弟北条義時の計らいで足利《あしかが》義純《よしずみ》に再嫁した。義純は足利義兼《よしかね》の長男であるが、北条時政の娘を母とする弟の義氏が足利氏の家督を継いだため、武蔵の名族畠山氏の名跡を継ぎ畠山義純を称した。義純ははじめ新田義兼の娘と結婚し岩松時兼《いわまつときかね》らの子をもうけるが、再婚した時政の娘所生の泰国《やすくに》を嫡男とし畠山家を継承させた。以後、泰国の子孫は鎌倉御家人として活躍するが、国清はその四代後の嫡流である。

建武二年（一三三五）十一月、建武政府を離反した足利尊氏を追討するため新田義貞が東国に下向すると、これを三河《みかわ》国矢作《やはぎ》宿で迎撃するため鎌倉を出発した足利直義の軍勢の中に畠山左京大夫国清の名前が見える（『太平記』）。翌年からは、尊氏軍の武将として中国・九州地方を転戦し、その功績により七月に和泉《いずみ》守護、九月に紀伊《きい》守護に任じられた。貞和年間（一三四五〜五〇）に足利直義と足利家執事で侍所の高師直《こうのもろなお》が対立すると、国清は直義に従い、師直の兄師泰にかわって河内・和泉両国守護を兼任した。この対立がやがて尊氏・直義兄弟の対立におよび、室町幕府を二分する観《かん》応《のう》の擾乱《じょうらん》に発展する。

国清は直義を河内国石川城に招き、尊氏方の軍勢と畿内各地で戦った。観応二年（一三五一）七月、直義が京都を脱出して北陸経由で東国・鎌倉に向かうと、最初は直義に同行したが、十月には京都にもどり尊氏に帰順した。翌十一月、尊氏は直義追討のため南朝に降伏し、自ら軍勢を率いて東国に下向した。国清は尊氏に従い、駿河国薩埵山《さったさん》の戦いや相模国早河尻《はやかわじり》の戦いで活躍した。翌年一月、戦いに勝利した尊氏は鎌倉に入り、直義は浄妙寺《じょうみょうじ》に幽閉され二月に急死した。『太平記』は尊氏による毒殺であると記している。

　文和二年（一三五三）六月、尊氏は南朝方に対抗するため上洛するが、鎌倉に残された関東公方《かんとうくぼう》足利基氏《あしかがもとうじ》を補佐する関東執事に国清を補任した。国清は伊豆守護・武蔵守護を兼ね、秩父氏など平一揆を組織し、延文三年（一三五八）十月に東国における南朝方の中心である新田義興《よしおき》を武蔵国矢口渡しで謀殺し、東国の南朝方を圧倒した。翌年、基氏の命令により、国清は二代将軍足利義詮《よしあきら》を支援するため東国の武士を率いて上洛した。国清は河内・和泉・紀伊守護に任じられ、畿内各地で南朝軍と戦い活躍するが、戦いが長期化すると、東国の武士の中で許可なく帰国する者が相次いだ。同五年八月、鎌倉にもどった国清は、無断で帰国した武士たちを厳しく処断したが、所領没収などの措置に怒った彼らは、対抗して国清の罷免を基氏に強訴した。

畠山国清墓　静岡県伊豆の国市　国清寺所蔵

　康安元年（一三六一）十一月、基氏がやむを得ず国清の関東執事の職を解任すると、国清は守護国の伊豆に走り挙兵する。しかし、国清の挙兵に応ずる武士は少なく、翌年貞治元年九月基氏に降伏するが、許されず、しかたなく国清は上洛して南朝方に降ろうとするが、これにも失敗する。国清の晩年は、確かな史料がなくよくわからない。基氏に降伏した時に殺害されたとも、上洛して畿内を放浪した末に大和で死去したともいわれる。畿内における畠山氏の動向を記した『畠山家記』によると、国清の死は貞治三年と記されている。国清の墓は、静岡県伊豆の国市奈古谷《なごや》に所在する国清寺にある。

Ⅲ　武蔵武士団のその後

第1章　東国武士の移動と移住

高橋典幸

移動する武士

中世の武士の特徴を示すキーワードとして「一所懸命」という言葉がある。一つの土地を、文字通り「命がけで」守り抜くのが武士の生き方、行動規範というわけである。彼らは、そのようにして先祖以来守り伝えてきた土地の名前を自らの家名とした。それが「名字《みようじ》の地」である（豊田　一九七一）。たとえば、同じ清和源氏《せいわげんじ》の子孫であっても、上野国新田《にった》荘を守り伝えた一族は「新田」を名乗り、下野国足利《あしかが》荘に拠った一族は「足利」を名字とした。このように武士の家名の多くは、先祖代々命がけで守ってきた土地に由来するものである。武士とは日々「名字の地」の開発・農業経営に励み、周辺の農民を支配する領主、すなわち在地領主と考えられてきた。当然、「名字の地」は「一所懸命」守られなければならないから、戦争などの非常時は別として、日常的には武士は本領《ほんりよう》を離れることはないものとも考えられてきた。

ところが、近年の武士・武士団研究の進展により、右のような見解は修正されつつある。そもそも武士を地方（在地）から発展した存在とする前提が見直され、武士の発生や成長には、朝廷や京都との関わりにも目を向けなければならないことが指摘されている（髙橋　一九九九）。たとえば、たいていの武士は「太郎」や「蒲《かばの》冠者《かじや》」といった通称で呼ばれているが、中には「左衛門尉《さえもんのじよう》」や「右馬允《うまのじよう》」といった官職を名乗っている者もいる。このような官職を手に入れるためには、京都で朝廷に仕えなければならなかった。そうした観点から武士たちの行動を見直すと、日常的に京都に滞在し、朝廷や貴族に奉仕したり、京都を舞台に他の国々の武士たちと交流したりする姿が浮かび上がってくるのである。

「名字の地」を守り伝えていくためには、そこにしがみついているだけでは不十分であった。京都に出ていき、朝廷や貴族・有力寺社などと接触して、その権威や権力を身にまとう（官職はまさにその象徴であった）ことも必要だったのである。

このように考えると、中世の武士たちはむしろ積極的に京都に出かけていたと考えるべきであろう。もちろん本領《ほんりょう》をなおざりにするわけにはいかないから、本領と京都とを往来する、あるいは一族で連絡を取りながら本領と京都での活動を分担するのが、武士・武士団としての日常的なあり方であったことが明らかにされつつあるのである。

武士、とくに東国武士の場合は農村の支配者（在地領主《ざいちりょうしゅ》）というイメージが強いが、実は中央（京都）と地方（本領）を移動する存在だったのである（川合　二〇〇七）。

鎌倉幕府の成立と東国武士

鎌倉幕府の登場は、「移動する武士」という側面を助長することになった。まず鎌倉幕府は御家人を遠征軍に編成して、西国の平家追討戦に投入した。そのため東国武士たちは、京都のみならず、遠く九州まで足をのばすことになった。

平家追討戦は東国武士たちにとっては初めての本格的な遠征であり、途中で厭戦気分が蔓延し、鎌倉の源《みなもとの》頼朝《よりとも》も遠征軍を率いる源範頼《のりより》もその対応に苦慮した。しかし、続く奥州合戦は、奥州藤原氏の討滅のみならず、御家人たちの忠誠度チェックも目的とされ、厳しい動員がかけられたため、全国から二八万騎を越える軍勢が集められたという（『吾妻鏡』文治五年九月四日条）。彼らは平泉《ひらいずみ》攻略後も北上を続け、結局、陸奥国岩手郡厨川《くりやがわ》（岩手県盛岡市）まで至っている。

奥州合戦においても東国武士が遠征軍の主力を占めたと考えられるが、彼らは頼朝の軍事命令に従うことによって、日本列島を南へ北へと、まさに縦断する移動を強いられたのである。それは空前の経験であったに違いない。承久の乱ではふたたび京都への上洛軍《じょうらくぐん》が編成され、すこし後のことになるが、モンゴル襲来に際しては少なからぬ東国御家人たちに九州下向《げこう》が命じられている。

また、御家人《ごけにん》たちには平時の軍役として京都大番役《きょうとおおばんやく》が課されていた。天皇や院の御所の警備にあたるのが京都大番役であるが、鎌倉幕府はこれを全国の御家人が国ごとに交替で勤めることを義務づけたのである。その結果、全国の御家人は定期的に上洛することになった。さらに遠江以東の東国一五ヵ国の御家人にはこれに加えて、鎌倉の将軍御所を交替警備する鎌倉番役も割り当てられていた。

以上のように、鎌倉幕府の成立は、東国武士たちにそれまで以上に移動の機会を増やすことになったが、それは移動対象となる武士やその頻度の拡大にとどまるものではなかった。武士の移動のありかたそのものに大きな変化を与えることになったのである。

平家追討戦・奥州合戦・承久の乱など鎌倉幕府の軍事活動に従事した恩賞として、東国武士たちには幕府から所領が与えられたが、それにはその軍事活動によって敵方から没収された所領があてられた。すなわち平家追討戦に際しては、朝廷が平家から没収した平家没官領が頼朝に与えられ、それが御家人たちに恩賞として分け与えられたほか、平家追討戦を進める過程で彼らが軍事占領した土地も、そのまま恩賞として認められた（川合　二〇〇四）。それらはもっぱら西国の所領であった。奥州合戦では奥羽全土に及ぶ広大な土地が恩賞として御家人たちに分配された。承久《じょうきゅう》の乱でも、後鳥羽《ごとば》院方についた貴族や武士の所領三〇〇〇ヵ所以上が没収され、そのほとんどに御家人が地頭として配置されていったが、それは鎌倉幕府の影響力が西国に浸透する大きな画期になったとされている。

このように東国武士たちは御家人として鎌倉幕府の軍事活動に従うことによって新たな所領を獲得していったが、その多くは西国や東北の所領だったのである。すなわち、東国武士たちは本領のある東国からは遠く離れたこれらの遠隔地所領も経営する必要に迫られたのである。それは、これまで京都と本領の往来を基本としていた武士たちの移動のあり方に、新たな形を生み出すことになった。

遠隔地所領

では東国武士たちは、新たに獲得した所領をどのように経営していたのであろうか。その具体的な様子を、研究蓄積の豊富な千葉氏を事例にみておきたい（井上　二〇〇三・湯浅　二〇一二）。

千葉氏は代々千葉介《ちばのすけ》を名乗る下総国の有力武士であったが、とくに千葉《ちば》常胤《つねたね》が源頼朝の挙兵に早くから従い、宿老《しゅくろう》として重用されたことから、大きく発展していくことになる。寿永二年（一一八三）冬、同族の上総《かずさ》広常《ひろつね》が粛清されると、その遺領の大半が千葉氏に与えられたため、上総・下総一帯にその勢力が及ぶことになった。

さらに常胤は平家追討戦では九州遠征軍に加わり、数々の武功を立てたほか、奥州合戦では八田《はった》知家《ともいえ》とともに東海道方面軍の大将を勤めている。承久の乱でも、常胤の曾孫胤綱《たねつな》が東海道方面軍の総大将の一人として上洛するなど、その後も千葉氏は御家人として活躍を続けた結果、数多くの所領を与えられた。その主要なものを列挙するだけでも、陸奥国行方《なめかた》・亘理《わたり》・伊具《いぐ》・岩城《いわき》・宮城・黒川郡・好島《よしま》荘、三河国藪田《やぶた》郷、美濃国山田荘、和泉国和田荘、淡路国由良《ゆら》荘・炬口《たけのくち》荘、肥前国小城《おぎ》郡、薩摩国菱刈《ひしかり》院・祁答《けどう》院・入来《いりき》院・高城《たき》郡など、北は陸奥国から、南は薩摩国に至る全国に所領を有するに至った。

千葉氏に関して興味深いのは、当主の下にあって家政を担当していた富《と》木常忍《きじょうにん》という人物の手もとに集まってきた文書が『日蓮遺文紙背文書《にちれんいぶんしはいもんじょ》』としてまとまって残っていることで、これにより千葉氏の所領経営のあり方の一端をうかがうことができるのである。

それによると、千葉氏は鎌倉と京都を拠点として、一族や従者を派遣して各地の所領と連絡を取り合っていたことが知られる。なかには九州・京都・鎌倉を何度も往来している者もいる。これらの所領経営では、幕府から割り当てられたさまざまな課役の経費をいかに捻出するかが問題となることが多かったが、千葉氏では早い段階から借上などの金融業者を利用していることが注目される。すなわち借上などのネットワークを利用して、さかんに為替《かわし》（割符《わりふ》）をふりだして、各地の所領から京都や鎌倉への送金に利用していることが確認されるのである。金融システムも活用しつつ、さまざまな人間が全国各地の所領を往来している姿が浮かび上がってこよう。

北遷御家人・西遷御家人

以上のように、鎌倉幕府の下で全国に遠隔地所領を得たことにより、東国武士たちは金融業者をも巻き込んだ新たな移動のあり方を身につけていくことになった。さらに遠隔地所領は、もう一つ新たな形態の移動の受け皿になった。

遠隔地所領の経営のために一族や従者を派遣するとともに、分割相続により一族の者に各地の所領を分け与えるという方法も鎌倉時代にはよくとられたが、それをきっかけに現地に移住する者も現われるようになった。さらには本領を離れて、遠隔地所領に移住する武士も現われたのである。千葉氏の場合、肥前国小城郡には当初は一族の者を派遣して経営にあたらせていたが、一三世紀後半にモンゴル襲来に備えて惣領《そうりょう》自身が現地に下向すると、それをきっかけに惣領家は小城郡を本拠とするようになり、室町時代には肥前有数の武士に成長し、戦国期に至っている。

これは千葉氏のみの特殊事例ではない。実は少なからぬ東国武士が、遠隔地所領を得たことをきっかけとして、鎌倉時代から南北朝期にかけて本領以外の場所へ移住し、武士団として新たに発展をとげているのである。戦国大名まで成長した武士を数え上げただけでも、葛西《かさい》氏（下総→陸奥）、蘆名《あしな》氏（相模→陸奥）、毛利《もうり》氏（相模→安芸）、小早川《こばやかわ》氏（相模→安芸）、大友《おおとも》氏（相模→豊後）など、数多くの氏族の名前を挙げることができる。

その移住先はもっぱら東北や西国（九州を含む）であったことから、これらの武士は北遷《ほくせん》（東遷《とうせん》とも）御家人《ごけにん》もしくは西遷《せいせん》御家人と呼ばれている（河合　一九七三）。すなわち鎌倉幕府の成立により出現した遠隔地所領は、北遷・西遷という東国武士の新たな移動を生み出したのである。

北遷御家人や西遷御家人は、「名字の地」を離れたわけであるが、移住後もそれまでの家名を名乗りつづけることが多かった。中には移住先にかつての「名字の地」の地名を持ち込むものもあった。上総国伊南《いなん》荘深堀《ふかぼり》郷を名字の地としていた深堀氏は、鎌倉時代後半には肥前国彼杵《そのき》荘に移住していたと考えられるが、移住先の彼杵荘戸《と》八《はち》浦はのちに深堀と呼ばれるようになっている。もちろん、深堀氏はその後も一貫して「深堀」を家名とし続けている。このことから逆に、「名字の地」と武士との密接な関係をうかがうことができよう。

やはり「名字の地」を離れることは、武士にとっては相当な決断を強いられる出来事だったに違いない。遠隔地所領を得たことは、移住のための必要条件ではあっても、実際に移住するには他の要因が存在したはずである。それを追及することは、当時の東国武士が置かれていた一般的な状況とともに、武士・武士団ごとの特性を考える手がかりを与えてくれるであろう。もちろん、その一方には本領を離れなかった武士がいたことも事実であるから、その両者に目を向けることが必要である。

以下の各章では、武蔵武士のうち北遷御家人および西遷御家人が取り上げられるので、本章では武蔵国にとどまった武士に光をあてることにしたい。

「鎌倉中」御家人と武蔵国

国立歴史民俗博物館が所蔵する建治元年（一二七五）五月の六条八幡宮《ろくじょうはちまんぐう》造営注文は、当時の御家人の概要を知るうえで、たいへん貴重な史料である。前年の文永一一年（一二七四）に焼失した京都の六条八幡宮の再建経費を国別に御家人に割り当てた帳簿で、たとえば武蔵国では八四名の御家人が列挙されている（鈴木　一九九八）。

この帳簿で一つ注目されるのは、国ごとに列挙されている御家人とは別に、「鎌倉中《かまくらちゅう》」「在京《ざいきょう》」に配列されている御家人もいることである。このうち、「在京」は京都に常駐することを義務づけられた在京人のことと思われるので、「鎌倉中」とは同じく鎌倉に常駐することを命じられた御家人たちを意味すると考えられる。近年の研究では、鎌倉にあって幕政に参与したり、幕府の諸行事に参列したりする御家人は特定の家柄に限定されていく傾向にあることが指摘されており（秋山　二〇〇六）、「鎌倉中」とはそのような御家人のことをさすと考えられている。そして武蔵武士の中にも、「鎌倉中」に配列されている武士が七氏（一〇家）いるのである（左図・表）。

このうち中条《ちょうじょう》氏・足立《あだち》氏は、源頼朝の挙兵当時の功臣中条家長《いえなが》・足立遠元《とおもと》の末裔で、中条家長が長く評定《ひょうじょう》衆《しゅう》を勤め、足立遠元が公文所寄人《くもんじょよりうど》や将軍源頼家のもとで合議にあたるメンバーに選ばれるなど、幕政の中枢に参画していた。その末裔はいずれも将軍に近侍する小侍所に属していたことも知られている。同じく都筑《つづき》氏や

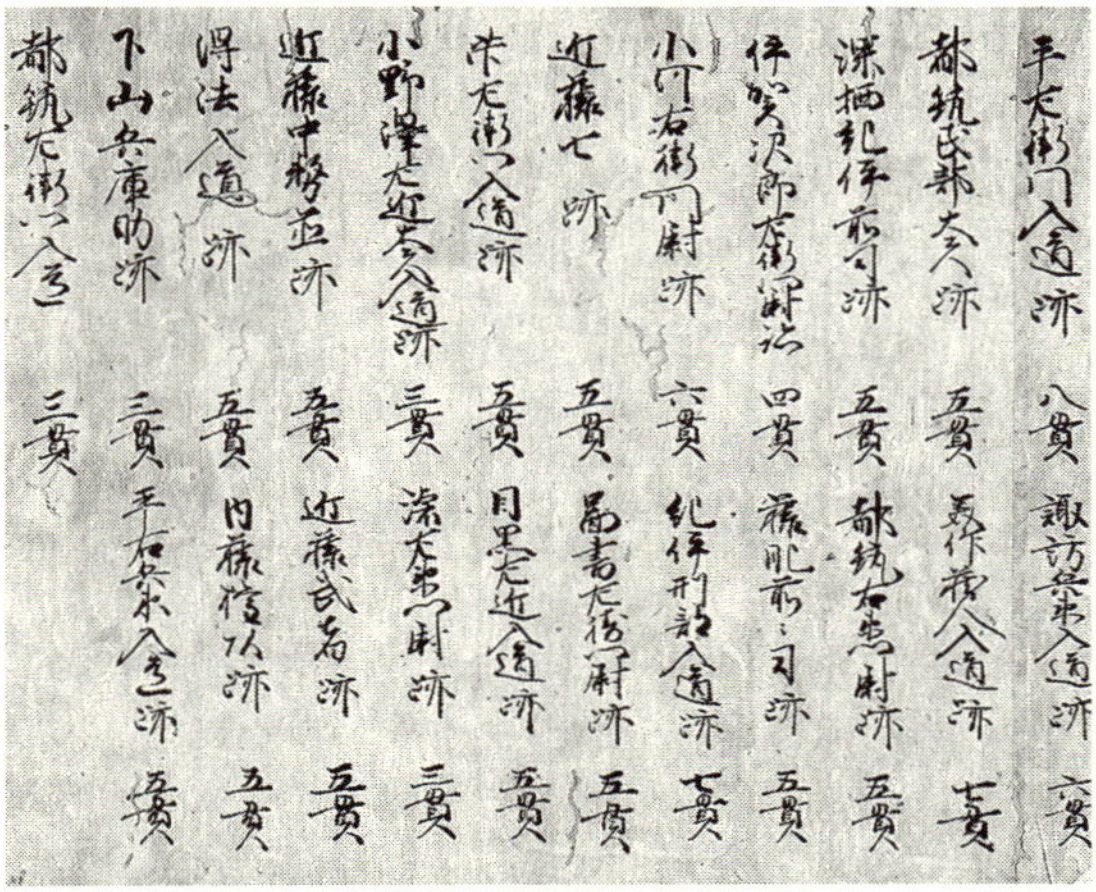

「六条八幡宮造営注文」鎌倉中部分
（国立歴史民俗博物館所蔵）

表　「鎌倉中」の武蔵武士

名前	出身氏族
中条出羽前司	横山党小野氏
畠山上野入道	秩父平氏→源姓足利氏
綱島左衛門入道	
足立八郎左衛門尉	
足立九郎左衛門	
都筑民部大夫	
都筑右衛門尉	
都筑左衛門入道	
小河右衛門尉	西党日奉氏
目黒左衛門入道	横山党

綱島《つなしま》氏、小河《おがわ》（小川）氏も小侍所《こさむらいどころ》の一員として将軍の側近くに仕えていた。

畠山《はたけやま》氏は秩父平氏《ちちぶへいし》の家柄であったが、元久二年（一二〇五）に畠山重忠《しげただ》が滅亡した後、その妻（北条時政の娘）が再婚した足利義純《あしかがよしずみ》との間に生まれた泰国《やすくに》がその名跡を継承していた（渡　一九九〇・一九九一）。以後、畠山氏は源姓畠山氏として足利一門と行動をともにする一方、泰国をはじめ、その末裔は将軍の近習《きんじゅう》としても仕えている。

以上、「鎌倉中」に分類された武蔵武士はいずれも日常的に鎌倉を拠点に活動していたことが知られるが、ここで気になるのは、「鎌倉中」御家人として幕府に仕えることが、彼らと「名字の地」たる武蔵国との関係にどのような影響を及ぼしたかということである。鎌倉と武蔵国の地理的な近さ、また近年指摘されている武蔵国の鎌倉幕府直轄地的性格を考えると、「鎌倉中」御家人と武蔵国の密接な関係が予想されるのであるが、必ずしもそのようには言えないようなのである。

足立氏・綱島氏は弘安八年（一二八五）の霜月騒動《しもつきそうどう》に敗れてその勢力を失墜してしまい、その他の氏族についても関連史料が乏しいので、その動向を概括することは難しいのであるが、総じていえば、「鎌倉中」御家人はむしろ武蔵との関係を失っていくように思われる。中条氏は南北朝期以降、三河や陸奥での活躍は知られるが、武蔵国での活動の痕跡をほとんどとどめない。畠山氏については、秩父平氏系から源姓足利氏系へと家そのものが変わったことを考慮に入れる必要があるが、これまた武蔵国との関係を跡付けることは難しい。

先に遠隔地所領の問題にふれたが、「鎌倉中」というあり方が、武蔵をはじめとする東国武士の移動や移住に影響を与えた可能性も指摘しておきたい。

鎌倉幕府滅亡時の武蔵武士

六条八幡造営注文の「武蔵国」には、大河戸《おおかわど》氏（→陸奥）・大井氏（→薩摩）・品河《しながわ》氏（→安芸）・平子《たいらこ》氏（→周防）・片山氏（→丹波）・庄《しょう》氏（→備中）・小代《しょうだい》氏（→肥後）・中村氏（→播磨）・久下《くげ》氏（→丹波）・熊谷《くまがや》氏（→安芸）など、のちに北遷・西遷したことが明らかな武士も名前を連ねている。彼らが建治元年（一二七五）段階ではまだ武蔵国にとどまっていたのか、それとも名義のみが武蔵国に残されていて、すでに移住は始まっていたのか、この注文の記述のみからそこまで判別するのは難しい。

鎌倉時代後半の武蔵武士の動向（他国に移住していたか、それとも武蔵国内にとどまっていたか）を明らかにすることには史料的な制約が大きいが、なお数多くの武士が武蔵国に存在していたことでろう。そこで鎌倉幕府滅亡時の軍事状況を手がかりに、武蔵国での武士の動きをたどってみよう。

元弘元年（一三三一）八月、後醍醐天皇の討幕計画が発覚すると、鎌倉幕府は承久の乱の例にのっとって東国から大軍を上洛させるが、その中に河越《かわごえ》参河入道（貞重《さだしげ》）と安保左衛門入道（道潭）がいたことが知られている（「光明寺残篇」）。また、後醍醐天皇の隠岐島《おきのしま》配流後も河内周辺では楠木正成らの抵抗活動が続いたため、六波羅《ろくはら》は軍勢を三手に分け、河内・大和・紀伊の三方面から正成の千早《ちはや》城を包囲する作戦を立てるが、当時京都大番役で上洛していた江戸氏・豊島氏・藤田氏も動員されている（「楠木合戦注文」）。彼らはいずれも、先の六条八幡宮造営注文では「武蔵国」に列挙されている。おそらく武蔵国にとどまっていて、武蔵国御家人として幕府の命令に応じて京都大番役を勤めたり、遠征軍に動員されたりしたのであろう。なお安保道潭は得宗被官であったから、得宗被官としての動員だったかもしれない。

六波羅軍が千早城を攻めあぐねている間に各地で反幕勢力が蜂起、さらに後醍醐天皇も隠岐島を脱出して騒

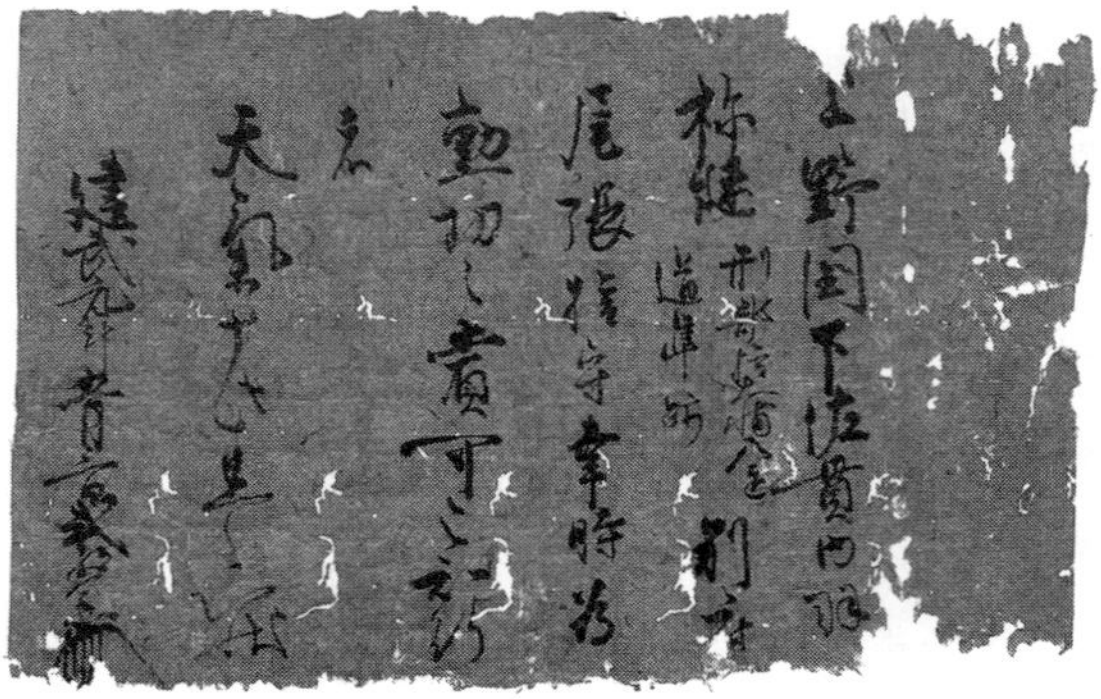

後醍醐天皇綸旨（西敬寺所蔵）

然となる中、元弘三年（一三三三）五月、上野国で新田義貞が挙兵、一気に鎌倉街道を南下して鎌倉を攻略する。南下する新田軍には周辺の武士が続々と加わっていったことが知られているが、その中には武蔵の武士もいた。『太平記』によれば、分倍《ぶばいが》河原《わら》の合戦では「江戸、豊島、葛西、河越、坂東ノ八平氏、武蔵ノ七党」の活躍により、幕府軍は鎌倉への退却を余儀なくされたという。「坂東の八平氏」とは桓《かん》武《む》平氏《へいし》良文流《よしふみりゅう》の武士団の総称で、ここでは文脈から、秩父平氏のことをさしていると考えられる。さらに鎌倉の攻防戦では武蔵国住人横山太郎重真および庄太郎為久が新田方として討死したとされている。ちなみに得宗被官安保道潭父子は分倍河原合戦で幕府軍の一人として討死している。

また、別府幸時は建武元年（一三三四）五月三日後醍醐天皇綸旨《りんじ》（「西敬寺文書」、上図）によって「勲功之賞」として上野国下佐貫《さぬき》荘羽《は》祢《ね》継《つぐ》を与えられていることから、彼もまた鎌倉攻撃に加わっていたと考えられる。

右の面々のいずれも六条八幡宮造営注文では「武蔵国」に列挙されている。彼らも鎌倉時代を通じて武蔵国を離れることのなかった武士であり、幕末の動乱の中で去就を迫られたのであった。その顔ぶれをみると、秩父平氏（江戸・豊島・河越。葛西氏は厳密に言えば下総国の武士だが、豊島氏の一族）が目立つことに気がつく。鎌倉幕府の成立過程で秩父平氏は圧力を加えられ、その勢力は大幅に削がれたと考えられるが、なお武蔵国内で隠然たる力を有していたことがうかがわれる。中でも注目されるのは河越氏である。先にみた河越貞重はその後も六波羅方として畿内を転戦し、最期は近江《おうみ》国番場宿《ばんばしゅく》で六波羅探題北条仲時《ほうじょうなかとき》一行とともに自害しているが、その子高重《たかしげ》・直重《なおしげ》は室町幕府に仕え、平一揆《へいいっき》の中心人物として、室町幕府による東国支配の一翼を担っていくことになる。

秩父平氏以外でも、別府氏・安保氏はその後も長く名字の地にとどまり続けた。それぞれいわゆる武蔵七党の横山党・児玉党に属する武士で、幡羅《はら》郡別府《べっぷ》郷（埼玉県熊谷市）・賀美《かみ》郡安保《あぼ》郷（同児玉郡上里町）を名字の地とした。安保氏惣領家の道潭は得宗被官《とくそうひかん》として鎌倉幕府とともに滅亡したが、その跡は庶子家の光泰《みつやす》によって継承されたのである。

北遷御家人・西遷御家人と武蔵国

武蔵七党児玉党の庄氏は西遷御家人として知られているが、武蔵に残った一族が本庄《ほんじょう》氏を名乗ることになる。『太平記』にみえる庄為久の系譜上の位置づけは明らかではないが、おそらくは武蔵に残った本庄氏につながる人間であろう。一口に北遷・西遷御家人と言っても、一族内の動きは単純ではなく、なお名字の地にとどまり続ける者もあり、家が分立することもあったのである。

北遷・西遷した武蔵武士と武蔵国の関わりという点で興味深い事例を、最後に二つ紹介しておきたい。

武蔵国大河戸御厨《おおかわどのみくりや》（埼玉県越谷市・三郷市）を名字の地とする大河戸氏は、奥州合戦の勲功賞として得た陸奥国宮城郡山村に北遷し、南北朝期以降は朴沢《ほうざわ》氏を名乗るようになる。元弘の乱に際して、大河戸隆行《たかゆき》自身は一族とともに上洛し、護良親王の催促に応じて京都で戦っているが、武蔵の所領崛須《くす》郷（埼玉県鴻巣市）の代官岩瀬妙泉を新田義貞の鎌倉攻めに従軍させている（「朴沢文書」）。大河戸氏の北遷の時期は明確ではないが、なお武蔵国内の所領には代官を配置して、その維持をはかっていたことがうかがわれる。

武蔵国熊谷郷《くまがや》（埼玉県熊谷市）を名字の地とする熊谷氏は、承久の乱の勲功賞として安芸国三入《みり》荘を与えられると、一三世紀後半には三入荘に西遷していたと考えられている。元弘の乱に際して、当主熊谷直経《なおつね》は千早城合戦に従軍しているが、その一方で直経の子直春は新田義貞軍の武将岩松経政に属して、鎌倉攻めに参加し、討死していることが知られる（「熊谷家文書」）。おそらく直春は一族が西遷した後もなお武蔵国内にとどまっており、政情の急変を受けて、新田義貞軍への合流を決断したのであろう。先の大河戸氏の事例を踏まえれば、熊谷直春は偶然武蔵国内にいたというよりも、熊谷氏当主でもある父直経の指示により武蔵国内にとどまっていたと考えるべきであろう。

これらの事例を考えれば、北遷・西遷といった形で移住した武士の中にも「移住しなかった」人々がいたわけで、武士・武士団の移動・移住がけっして単純な形態をとったわけではないことがうかがえる。やはり「名字の地」については、家名といった象徴的意味ばかりでなく、なるべく具体的な手がかりを残しておこうとしていたと考えられる。

参考文献

秋山哲雄『北条氏権力と都市鎌倉』（吉川弘文館、二〇〇六年）

井上　聡「御家人と荘園公領制」（五味文彦編『日本の時代史8　京・鎌倉の王権』吉川弘文館、二〇〇三年）

河合正治『中世武家社会の研究』（吉川弘文館、一九七三年）

川合　康『鎌倉幕府成立史の研究』（校倉書房、二〇〇四年）
川合　康「中世武士の移動の諸相」（メトロポリタン史学会編『歴史のなかの移動とネットワーク』桜井書店、二〇〇七年）
鈴木宏美「『六条八幡宮造営注文』にみる武蔵国御家人」（『埼玉地方史』四〇、一九九八年／岡田清一編『河越氏の研究』〈名著出版、二〇〇三年〉に再録）
髙橋昌明『武士の成立　武士像の創出』（東京大学出版会、一九九九年）
豊田　武『苗字の歴史』（中央公論社、一九七一年／吉川弘文館、二〇一二年）
湯浅治久『蒙古合戦と鎌倉幕府の滅亡』（吉川弘文館、二〇一二年）
渡　政和「鎌倉時代の畠山氏について」（『埼玉県立歴史資料館研究紀要』一二・一三、一九九〇・一九九一年／清水亮編『畠山重忠』〈戎光祥出版、二〇一二〉に再録）

コラム　武蔵武士の群像❽

新田《にった》義興《よしおき》

元弘元年（一三三一）～延文三年（一三五八）

久保田　和彦

新田義興は、南北朝時代の南朝方を代表する武将新《にっ》田《た》義貞《よしさだ》の次男である。母は、上野国一宮貫前《ぬきさき》神社神主天野《あまの》時宣《ときのぶ》の娘である。生年は没年から逆算した。幼名は徳寿丸《とくじゅまる》、官位は従五《じゅご》位下《いのげ》・左兵衛佐《さひょうえのすけ》である。新田義貞の長男は、安藤《あんどう》左衛門五郎重保《しげやす》の娘を母とする義顕《よしあき》で、嫡子として父義貞とともに行動し、建武政権では越後守・従五位上に任じられ、武者所一番頭人《むしゃどころいちばんとうにん》などの要職に就いた。後《ご》醍醐《だいご》天皇が京都を去ると、父とともに尊良《たかよし》・恒良《つねよし》両親王を奉じて越前に下向し、要害金《かねが》崎城《さきじょう》を拠点として足利方に抵抗するが、建武四年（一三三七）三月六日に金崎城は落城し、義顕は尊良親王とともに自害した。三男の弟は常陸小田氏の娘を母とする義宗《よしむね》で、父義貞と兄義顕が亡くなると新田氏の家督を継ぎ、兄義興とともに東国における南朝方の中心として活躍した。

義興は兄義顕、弟の義宗とともに南朝方として戦うが、新田一族の中では庶流に位置付けられ、父義貞にも疎略にされた。『太平記』によると、延元二年（一三三七）十二月、奥州の北畠顕家の軍勢が鎌倉を攻撃した際に、新田徳寿丸は上野国より二万騎を率いてこれに応じ、武蔵入間河の陣に到着したと記されている。しかし、先述の生年が正しければ義興は五歳であり、『太平記』に見えるような義興の活躍は難しい。

義興の主な活動の舞台は東国であった。貞和年間（一三四五～五〇）に足利直義《あしかがただよし》と足利家執事で侍所《さむらいどころ》の高師直《こうのもろなお》が対立すると、この対立がやがて尊氏・直義兄弟の対立におよび、室町幕府を二分する観応の擾乱に発展する。鎌倉に拠った弟直義を追討するため、尊氏は観応二年（一三五一）一時的に南朝と和議を結び、自ら軍勢を率いて東国に下向した。尊氏は南朝の要求に従い北朝の崇光《すこう》天皇と直仁《なおひと》皇太子を廃し、年号も南朝の正平六年を使用した。この事件を正平《しょうへい》の一統《いっとう》と呼ぶ。直義との戦いに勝利した尊氏は鎌倉に入り、直義は浄妙寺に幽閉され二月に急死した。

和議は約五ヵ月で破れるが、観応の擾乱によって南朝方は勢力を回復させ、新田義興は、正平七年（一三五二）閏二月、弟の新田《にった》義宗《よしむね》および従父兄弟の脇屋《わきや》義治《よしはる》とともに後村上《ごむらかみ》天皇の勅旨《ちょくし》を奉じて、武蔵・上野・信濃・越後などで本拠地を定めず挙兵した。同月八日、八〇〇騎の軍勢を整えた義興は西上野から武蔵へと兵を進め、武蔵国小手指原《こてさしがはら》（現在の埼玉県所沢市）や金井原《かないはら》（現在の小金井市）で足利尊氏軍と激突し、激戦の末に敗れた（武蔵野合戦）。しかし、義興・義治は

新田神社　東京都大田区所在

直義派の石塔義房の協力を得て再び鎌倉を攻撃し、二月十三日ついに鎌倉を占領した（鎌倉合戦）。また、信濃に逃れていた義宗も直義派の上杉憲顕と結び、宗良《むねよし》親王を奉じて笛吹峠《ふえふきとうげ》に陣を布いた。

尊氏は武蔵国石浜《いしはま》（現在の東京都台東区）で体勢を立て直し、大軍を集め武蔵国府に兵を進めた。その後も激戦を繰り返すが、この戦いに最終的に勝利したのは尊氏で、上杉憲顕は信濃国へ、新田義宗は越後国に逃れ、新田義興・脇屋義治も占領していた鎌倉を退去し、国府津《こうづ》山にいったん立て籠もるが、やがて姿を消した。

文和二年（一三五三）六月、尊氏は南朝方に対抗するため上洛するが、鎌倉に残された関東公方足利基氏を補佐する関東執事に畠山国清を補任した。国清は伊豆守護・武蔵守護を兼ね、秩父氏など平一揆を組織し、延文三年（一三五八）十月、東国における南朝方の中心である新田義興を武蔵国多摩川の矢口渡《やぐちのわた》しで謀殺した。新田氏系図によると、二十八歳と記されている。義興の死によって、南朝方の東国の勢力は壊滅したといえる。東京都大田区矢口には、義興の怨霊の祟りを鎮めるために新田神社が創建されている。

第2章　東遷した武士団

岡田清一

文治の奥羽合戦と東国武士団

奥羽両国に、東国出身の武士は多い。彼らは、ある段階で奥羽に所領を獲得し、ある段階で移住したのである。当時の地理的感覚は、北陸道は北国であって、奥羽こそまさに「東北」であったから、東遷《とうせん》のことばは相応しい。では、東国の彼らはいつ、どのような状況で奥羽との関係を持つようになったのだろうか。言い換えれば、奥羽に所領を得たのはいつごろなのであろうか。

その時期については、あるいは前九年《ぜんくねん》合戦や後三年《ごさんねん》合戦が想起される。しかし、この戦争を通じて、あるいはこの時期に所領を得たと考えられる武士は、石川《いしかわ》庄（福島県石川町）を支配した石川氏や好間《よしま》庄（いわき市）を支配した岩城氏など極めて少ない。

こうしたなかで、東国武士団と奥羽との関係は、源頼朝による平泉《ひらいずみ》攻略、いわゆる「奥羽合戦」がその嚆矢といえよう。なお、頼朝の平泉攻めは、一般に奥州征伐と称されたが、現在では「奥州合戦」と呼ぶことが多い。しかし、この戦さは陸奥国内だけでなく出羽国内も戦場としており、文治五年末から翌年三月にかけて発生した泰衡の郎従であった大河兼任の蜂起までも視野に入れて「奥羽合戦」とすべきとの指摘に基づき、さらに戦いの行われた年号を加えて、「文治の奥羽合戦」（本章では「奥羽合戦」と略記）と称すべきであろう。

ところで、『吾妻鏡』文治五年（一一八九）七月十九日条には、頼朝が藤原泰衡《ふじわらのやすひら》を攻撃するために鎌倉を出発したこと、そして従軍する家人一四四名の名を記載している。そのなかには、安達盛長《あだちもりなが》や大河戸《おおかわと》広行《ひろゆき》、中条《なかじょう》家長《いえなが》ら武蔵国ばかりか、阿曽沼広綱《あそぬまひろつな》・小野寺道綱《おのでらみちつな》・葛西清重《かさいきよしげ》・常陸為重・同資綱ら東国の家人が従い、さらに橘次《きちじ》公業《きんなり》・伊沢家景《いさわいえかげ》・大見家秀ら、後に奥羽に所領を得ることになるものも従軍していた。

これを迎え撃とうとした藤原泰衡は、厚樫山《あつかしやま》（福島県国見町）に異母兄の国衡《くにひら》を配置、刈田《かった》郡（宮城県白石市・蔵王町）に城郭を構えるとともに、名取《なとり》・広瀬《ひろせ》両川に大縄を引いて防備を強化して国分原鞭楯《こくぶがはらむちだて》（仙台市）に陣を構えたのである。さらに宮城県北部の三迫《さんはざま》・黒岩口・一野辺にも若（和賀？　岩手県和賀郡）九郎大夫らを、出羽国には田河行文《たがわゆきふみ》・秋田致文《あきたむねふみ》をそれぞれ配置した。

これに対し頼朝は、自ら大手軍を率いるとともに、千葉介常胤《ちばのすけつねたね》・八田知家《はったともいえ》が率いる東海道軍に太平洋岸を、比企能員《ひきよしかず》・宇佐美実政《うさみさねまさ》が率いる北陸道軍に日本海岸をそれぞれ北上させた。その緒戦でもあり、激戦ともなった厚樫山の戦いでは、畠山重忠《はたけやましげただ》や小山朝政《おやまともまさ》・結城朝光《ゆうきともみつ》・和田義盛《わだよしもり》・三浦義澄《みうらよしずみ》・葛西清重らが奮戦。さらに泰衡の郎従《ろうじゅう》が城郭を築いた刈田郡根無藤《ねなしふじ》（蔵王町）を三沢安藤四郎《みさわあんどうしろう》・飯富源太《おぶげんた》らが攻撃、主立った三十人ほどが捕らわれた。「この合戦が無事に勝ち戦さになったのは、ひとえに三沢安藤四郎の兵略による」（『吾妻鏡』）と賞賛された三沢安藤四郎は、その苗字から刈田郡三沢（白石市三沢）に関連した者と思われるが、南奥には、石川氏や岩城氏だけでなく、平泉の藤原氏に違背する武士も少なくなかったことがわかる。

厚樫山の近く、石那坂《いしなざか》（福島市）の戦いでは、常陸入道念西《ひたちにゅうどうねんせい》が子息常陸冠者為宗《ためむね》・次郎為重《ためしげ》・三郎資綱《すけつな》・四郎為家《ためいえ》とともに死守する信夫佐藤庄司（佐藤継信・忠信兄弟の父）を破っている。この念西こそ、後に南奥に巨大勢力圏を築くことになる伊達氏の祖と考えられている。

ところで、日本海側を進んだ北陸道軍は、鼠ヶ《ねずが》関《せき》を越えて出羽に打ち入り、ここで田河行文・秋田致文を打ち破って梟首《きゅうしゅ》し、陣岡《じんがおか》・蜂社《はちしゃ》（岩手県紫波町）で頼朝軍に合流した。田河氏は出羽国南端の田川郡（山形県）、秋田氏は出羽国北部に位置する秋田郡をそれぞれ支配する武士であったが、その所領もまた頼朝配下の家人に与えられたことであろう。

その後、泰衡を追って厨河《くりやがわ》（盛岡市）まで北上した頼朝は、平泉にもどり、軍功を挙げた御家人たちに恩賞を与えたのである。この時、最前に拝領した千葉介常胤の恩賞地を『吾妻鏡』は具体的に記載しているわけではない。しかし、のちに常胤の三人の子、すなわち二男相馬《そうま》師常《もろつね》が行方《なめかた》郡（福島県南相馬市）の、三男武石胤《たけいしたね》盛《もり》が亘理《わたり》郡（宮城県）のそれぞれ地頭職《じとうしき》を、さらに四男大須《おおす》賀《が》胤信《たねのぶ》が好間庄（福島県いわき市）の預所職《あずかりどころしき》を得て移住しているが、そのきっかけはまさに平泉で行われた常胤への恩賞の給与にあったことは間違いない。この時、畠山重忠は葛岡郡（宮城県大崎市）を与えられたが、極めて狭小の地であったため、その不満を吐露している。

以後、泰衡の残党に対する掃討は繰り広げられた。奥羽合戦で泰衡に与した多くの奥羽武士団は滅ぼされ、わずかに南奥の石川氏や岩城一族、そして出羽の由利《ゆり》維平《これひら》などが旧領を安堵されたらしい。由利氏もまた由利郡（秋田県南域）を支配した豪族であったが、同年末に蜂起した大河兼任《おおかわかねとう》を迎撃したとき、討ち死にした。この兼任の蜂起に対して頼朝は、「奥州に所領在るの輩」に対して早急に下向すべきを命じている。平泉における恩賞の給与が大規模に行われたことを示している。こうして、奥羽武士団の旧領は、頼朝によって東国の家人に恩賞として給与されることになったのである。

奥州惣奉行か鎌倉御家人か——葛西氏の場合

新たに所領を得た東国武士団が、いつごろ奥羽に移住したか明らかにできる例は少なく、その可能性を指摘するにとどまる場合が多い。例えば、奥羽合戦による勲功賞が行われた直後、葛西清重は「陸奥国御家人事」および「奥州所務」を命じられた。その立場は、陸奥の御家人が頼朝のもとに参仕を求めるとき、仲介するものであったが、さらに「平泉郡内検非違使所」として郡内の濫行停止と罪科糺断を命じられ、胆沢《いさわ》郡・磐井《いわい》郡など平泉周辺地域と牡鹿《おしか》郡（宮城県石巻市周辺）を与えられている。しかも清重は、頼朝が鎌倉に帰る時も同行を許されず、陸奥国に留まって疲弊した奥州の「窮民」への救援を命じられている。しかし、その後は鎌倉に在住することも多く、清重が奥州に移住したわけではない。

その子孫も、鎌倉あるいは本貫地葛西御厨《かさいのみくりや》（東京都葛飾区・江戸川区等）に在住していたらしく、建治元年（一二七五）五月の「六条八幡宮造営注文」には、葛西伊豆前司（清重の子朝清か）が「鎌倉中」の御家人として記載されている（福田豊彦「『六条八幡宮造営注文』について」『国立歴史民俗博物館研究報告』第四五集、一九九二年）。さらに弘安八年（一二八五）頃に発生した中尊寺《ちゅうそんじ》・毛越寺《もうつうじ》との相論では、磐井・胆沢郡の山野における草木伐採などの違乱について、葛西氏の代官青戸《あおと》重茂《しげもち》（葛西御厨内の青戸に関連するか）や「宗清の代官光念」が陳述しており、葛西氏が現地で対応している状況を読み取ることはできない。

しかし、北畠親房が結城親朝に宛てた延元三年（一三三八）と推定される書状には、義良《のりよし》親王・北畠顕家《きたばたけあきいえ》が奥州に下向した時、「奥の輩を動員して参陣して欲しい旨」を述べるとともに、「葛西」（清貞）にも同じ申し入れを行うことを記している。葛西氏が奥州で行動していることは、親房の他の書状にも見られ、明らかである。恐らく、鎌倉時代後末期から南北朝期にかけて下向・移住したものであろう。

奥州惣奉行として――伊沢氏の場合

ところで大河兼任の蜂起には、陸奥国府の新留守所《るすどころ》・本留守所が荷担していたが、本留守所は高齢を理由に、葛西清重から過料として甲《よろい》二百領の負課が申し渡され、その職務も没収された。翌月、伊沢家景が「陸奥国留《る》守《す》職《しき》」に任ぜられ、国内の「民庶の愁訴」を聞いて報告するように申し渡された。家景は、もと九条大納言光頼に仕えた文士ともいうべき異色の御家人であったが、優れた官吏でもあった。この家景の職務と葛西清重の職務は、後に「奥州惣奉行」と称された。建久六年（一一九五）九月、頼朝は平泉の寺塔を修理すべきことを清重・家景に命じているが、二人が陸奥に留まり、その職務を遂行していたことがわかる。

しかし、奥州惣奉行の実態については不明な点が多く、後に形骸化したとか、そもそも臨時の職制であったと理解されることが多く、一方で鎌倉時代後期まで葛西・伊沢両氏によってそれぞれの職権が行使されていたとの指摘もある（入間田宣夫「奥州惣奉行ノート」『福島地方史の展開』一九八五年）。

すなわち、建長二年（一二五〇）十一月、幕府は博奕停止の命令を常陸の宍戸《ししど》壱岐《いき》前司《ぜんじ》（家周か）、下総の千葉介頼胤《よりたね》とともに「陸奥国留守所兵衛尉」に下しているが、頼胤は同国守護であり、宍戸壱岐前司も常陸守護の可能性が指摘されているから（佐藤進一『増訂鎌倉幕府守護制度の研究』一九七一年）、「陸奥国留守所兵衛尉」も奥州惣奉行の可能性はある。しかし、建長八年（一二五六）六月、奥大道《おくたいどう》に発生した夜討強盗への警固を命じられた「陸奥留守兵衛尉」は「路次の地頭」二四人のうちの一人に過ぎない。あるいは、博奕停止の命令は留守所に対する下命であったろうか。いずれにしても、当時、伊沢氏は陸奥国府に留守職として在勤し、家景ないしその子孫が陸奥国府近在に移り住み、後に「留守」氏を称することになる。また、家景《いえかげ》の弟家業は、正治二年（一二〇〇）八月、柴田《しばた》郡（宮城県）の芝田次郎《しばたじろう》を尋問するため、使節として下向《げこう》したが、その時、家業は「宮城」を冠して記載されていた。家景が「留守」を名のるのも同じころであった可能性もあり、京から下向し、本貫の地も判然としない家景にとって、陸奥留守職に付帯する所領は貴重であったろうから、その移住時期が早かったことを推測させる。

秩序回復を求めて——伊達氏の場合

これに前後して、東遷した武士団に伊達氏が考えられる。伊達氏は、もと常陸国伊佐《いさ》庄（茨城県筑西市）を本貫として伊佐を称したが、奥羽合戦・石那坂《いしなざか》の戦いに奮戦した常陸入道念西は、その軍功によって伊達《だて》郡を与えられたと思われ、早くも『吾妻鏡』建久二年（一一九一）正月二十三日条に「伊達常陸入道念西」と「伊達」を冠して現れ、伊達氏の祖と理解されている。しかし、この記述は十三世紀末ないし十四世紀初に成立したと考えられる『吾妻鏡』の地の文であることから、直ちに伊達郡に移住したとはいえない。これに対して、同年二月四日条は、頼朝が二所（箱根神社と伊豆山神社）参詣に進発した際の供奉人《ぐぶにん》を列記したものであるが、ここに「伊佐三郎・伊達四郎」が記載される。念西の子、三郎資綱＝伊佐三郎、四郎為家＝伊達四郎に比定されるが、「随兵交名の直接の引載であるから、より確実な所見」（羽下徳彦「奥州伊達氏の系譜に関する一考察」『歴史』第九十六輯、二〇〇一年）との指摘もある。

以後、『吾妻鏡』には「伊達」を名のる御家人が散見されるが、『寛永諸家系図伝』の「伊達」朝宗に「文治年中はじめて奥州に下向し、伊達の郡に居住す」とあることからすれば、年代的には念西＝朝宗が伊達郡に移住したことになる。しかし、朝宗の名は同時代の資料からは確認されず、念西＝朝宗も疑わしいが、羽下徳彦は奥羽合戦でほとんど唯一の激戦地となった伊達郡に対する戦後の秩序回復が「伊達」氏に期待され、移住を早めたと指摘する。

北条氏に翻弄されて――中条氏の場合

ところで、全ての東国の家人が奥羽合戦に従軍したわけではなく、三善善信《みよしぜんしん》や藤原邦通《ふじわらのくにみち》ら吏僚のほか、佐々《ささ》木《き》経高《つねたか》や大庭《おおば》景能《かげよし》、義勝房成尋《ぎしょうぼうじょうじん》らは鎌倉の留守を命じられた。ところが、泰衡の梟首後に発生した大河兼任《おおかわかねとう》の蜂起に対して、頼朝は「奥州に所領を有する輩」ばかりか、足利義兼《あしかがよしかね》や結城《ゆうき》朝光《ともみつ》、そして義勝房成尋や子息家長にも出陣を命令した。

成尋・家長父子は、武蔵国中条保（埼玉県熊谷市）を本貫《ほんがん》とするが、おそらくこの奥羽合戦によって新恩を給与されたものと思われる。すなわち、成尋の次子義季は、元久二年（一二〇五）六月、畠山重忠を迎撃する北条義時率いる軍勢のなかに「中条藤右衛門尉家長、同苅田平右衛門尉義季」という名のりとともに『吾妻鏡』に記載されている。その後も義季は貞応二年（一二二三）十月まで「苅田」姓で記載され、元仁元年（一二二四）正月には、北条義時が次期将軍に予定されている藤原頼経に献上した垸飯《おうはん》の儀に、その子「苅田右衛門尉三郎義行」が貢馬を牽いている。この「苅田」姓は、陸奥国刈田郡（宮城県白石市・蔵王町）に由来することは確実であり、おそらく、奥羽合戦の軍功により、彼らの祖に当たる成尋が得た可能性は大きい。

この成尋とその子孫については、『吾妻鏡』とともに「鬼柳《おにやなぎ》系図」（鬼柳文書〈東北大学日本史研究室蔵〉）や「小野氏系図」（続群書類従）に詳しい。

すなわち、これら系図には義季が苅田を名のるとともに、和田義盛の養子となり、「平」姓に改めたこと、『吾妻鏡』に「苅田右衛門尉三郎義行」と記載された義季の子義行が「和賀《わが》」を名のったことのほか、義行の弟義春が「小田嶋五郎左衛門尉」を名のったことなどが載っている。義春については、『吾妻鏡』建長三年（一二五一）八月一五日条に「小田嶋五郎左衛門尉義春」とある。「和賀」は和賀郡（岩手県北上市・和賀郡）、「小田嶋」は小田島《おだじま》庄（山形県東根市）のことであるが、刈田郡と同じように義勝房成尋が頼朝から与えられた所領であろう。ちなみに「鬼柳」は和賀郡内の地名で、義行の子孫が名のることになる。もっとも、いずれの『吾妻鏡』の記述も、鎌倉で行われた儀式に供奉した記録であり、彼らが奥羽に移り住んだことを即座に意味するものではない。

しかし、「苅田」姓で記載された義行は、系図上では「和賀」姓に変わっており、支配する所領に変化が生じたことを推測させる。「鬼柳系図」によれば、義行は仁治四年（寛元元年、一二四三）二月に没したというから、『吾妻鏡』や系図を信用すれば、少なくとも元仁元年（一二二四）までは「苅田」姓を、その後、「和賀」姓に転じたことになる。しかも、この系図には義行の子「和賀次郎左衛門尉泰義」に「今訴人」、その弟「同（和賀）五郎右衛門入道行仏」に「論人」とあるから、少なくとも十三世紀後半に発生した一族間の相論に関連して作成されたものに違いない。こうした内紛は、当事者を現地に移住させる役割を果たしたことが推測さ

- 成尋（中条と号す、義勝法橋）
  - 家長
  - 義季（苅田平右衛門尉と号す　和田義盛の子と為る。氏を平と改む。）
    - 義行　和賀三郎左衛門尉
    - 義春　小田嶋五郎左衛門尉
    - 時季　和田七郎左衛門尉
    - 女子　荏柄尼西妙、苅田式部殿母

れる。

ところで、「野津本北条氏系図」（福富家文書／皇學館大学史料編纂所所蔵）には、

重時（陸奥守　出家四十一　従四位上法名観覚）――為時（式部大夫物狂苅田時継改　母苅田平衛門入道女　義法々祐孫）――長重（苅田八郎）

とあり、北条重時の子為時の母は「苅田平衛門入道」の女子で、かの女は「義法々祐」の孫でもあった。「義法々祐」は「義勝法橋」の誤りであろうが、この「義勝法橋」こそ義勝房成尋であり、とすれば「苅田平衛門入道」は苅田平右衛門尉義季を示すものであろう。すなわち、義季の女子は北条重時と婚姻関係を結び、そのあいだに誕生したのが「苅田時継」であった。もっとも時継は「物狂《ものぐるい》」のために為時と改めたようである。時継（為時）はその官途式部大夫《しきぶだゆう》からすれば、既述の「小野氏系図」に見られる義季の女子「荏柄尼西妙《えがらのあまさいみょう》、苅田式部殿母」とある「苅田式部殿」に比定できる。しかも為時の子長重もまた苅田八郎を名のり、元弘三年（一三三三）、六波羅探題《ろくはらたんだい》が足利尊氏《あしかがたかうじ》に攻撃された際、逃れた北条一族が近江国番場宿蓮華寺《れんげじ》で自害した人びとのなかに「同刈田彦三郎師時」がいたこと（「蓮華寺過去帳」）、さらに鎌倉東勝寺で自害した北条一族に「苅田式部大夫篤時」がいたこと（『太平記』）から、苅田郡は鎌倉時代末期まで北条氏の所領であったのである。また、義季の娘西妙《さいみょう》は「荏柄尼」と名のったというが、それはおそらく、鎌倉の「荏柄天神」の近辺に住んでいたことによるものであろう。

　したがって、始め「苅田」姓を名のった義行が、後に「和賀」姓を名のるのは、詳細を明らかにはできないが、北条氏による苅田郡簒奪という事情を想定することは可能であろう。その時期は、義行が没したという仁

治四年（一二四三）頃ということになる。それは、北条氏が陸奥国にその経済的基盤を着実に扶植し続けていた時期でもあり、宝治合戦《ほうじかっせん》（一二四七）で三浦宗家が滅ぼされると、その所領の一つ名取《なとり》郡（宮城県名取市・岩沼市）は北条氏の支配に組み込まれ、近接する苅田郡とともに北条氏の重要な所領として継承されていく（拙稿「北条系刈田氏と刈田郡」『蔵王町史通史編』一九九四年）。こうした北条氏の攻勢と一族間の内紛が所領支配の危機となり、現地への移住を余儀なくさせるのである。

一方、義行の弟義春が名のった「小田嶋」は、十一世紀中葉には成立した摂関家領の庄園名である。開発領主など不明であるが、十二世紀後半には平泉の藤原氏が関与していたともいわれる（『山形県史』第一巻、一九八二年）。奥羽合戦の軍功で義勝房成尋が得て後、義季を経て義春が支配したものと思われる。義春もまた鎌倉鶴岡八幡宮の放生会に供奉しており、移住したとの確証はないが、その子孫と思われる東根《ひがしね》孫五郎が支配した小田嶋庄の一部は、幕府滅亡とともに建武政権に没収され、足利尊氏に与えられた。東根孫五郎が、北条氏の被官に組み込まれたことが没収の一因と思われるが、小田嶋氏の一族が移住し、庄内の東根地区を支配して「東根」姓を称したものであろう。

政争の果てに——寒河江氏・長井氏の場合

鎌倉幕府草創期、政所別当にも就任した大江広元《おおえのひろもと》は、下級貴族の出身でありながら、有力御家人と同様に多くの所領を与えられた幕府の重鎮でもあった。その時期を明らかにはできないものの、『尊卑分脈《そんぴぶんみゃく》』からは寒河江《さがえ》庄を、さらに置賜《おきたま》郡・成島《なるしま》庄・屋代《やしろ》庄・北条庄も与えられ、寒河江庄は広元の嫡子親広《ちかひろ》が、置賜《おきたま》郡以下は次男時広《ときひろ》の系統長井氏が伝領することになる（『山形県史』第一巻、一九八二年）。

ところで親広は、承久元年（一二一九）、京都守護に任じられて上洛。承久合戦に、後鳥羽上皇に応じたが敗れて帰洛。『吾妻鏡』同年六月十四日条は、「相州（北条泰時）、勢多橋において官兵と合戦す。夜陰に及び、親広・秀康・盛綱・胤義、軍陣を棄てて帰洛、三条河原に宿す。親広は、関寺辺りに於いて零落すと云々」と伝える。

京方の御家人に対する処分は厳しく、その大半は斬罪に処せられるとともに所領も没収された。しかし、寒《さ》河江《がえ》庄については、親広の父広元はもとより、その子佐房・時広も鎌倉方に留まったため、親広の子孫が引き続き知行することが許されたという。しかも、敗戦後、海路を経て寒河江庄に逃れた親広は、その後に赦免されて仁治二年（一二四一）十二月に没したと伝えられる（『大江町史』一九八四年）。

ところで、『天文本大江系図』（『山形県史資料編15下』一九七九年）によれば、広元の玄孫「元顕」の左注にある「羽州寒河江持初也」の文言は、寒河江庄が広元以来の所領であったことを考えれば、単に寒河江を支配するようになった初めとは理解し難い。『尊卑分脈』『天文本大江系図』ともに、その弟公広が「西目《にしめ》」を、さらに元顕の子懐広が「柴橋《しばはし》」を、孫の元時が「左沢《あてらさわ》」を名のったとある。これらはいずれも寒河江庄域の地名であり、確証はないものの、世代的に十三世紀末〜十四世紀初頭における元顕の移住・東遷の可能性は否定しきれない（『寒河江市史上巻』一九九四年）。

弘安八年（一二八五）に勃発した霜月《しもつき》騒動は、幕府権力の動揺を如実に示すものであり、寒河江庄に隣接する大曽《おおそ》禰《ね》庄を支配する大曽禰氏も多くが滅亡し、大曽禰庄も北条氏の所領に組み込まれることになった（『山形県史』第一巻、一九八二年）。大江一族内でも、泰広が安達泰盛方として討ち死にしており、これに直接関連するか不明ではあるが、寒河江庄の北端（寒河江川以北・現河北町）が得宗領《とくそうりょう》に組み込まれた。大江氏・寒河江庄に対する北条氏の攻勢に、大江元顕も対応を迫られたことは想像に難くない。

以後、幕府滅亡、南北朝期の争乱を乗り切った大江氏は、惣領家が「寒河江」姓を名のり、一族を寒河江庄内外に分出して村山郡域に大きな影響を与えたが、天正十二年（一五八四）、最上義光《もがみよしあき》によって滅ぼされた。

ところで、『尊卑分脈』によれば、広元の次男時広が長井入道と号したといい、『吾妻鏡』仁治二年五月二十八日条にも「長井散位従五位上大江朝臣時広法師卒す」とあるから間違いない。また、時広の曾孫にあたる宗秀が正安二年（一三〇〇）六月、成島《なるしま》庄の成島八幡神社（山形県米沢市）の修造を担当した際の棟札《むなふだ》に「当地頭長井掃部守（ママ）大江朝臣宗秀」（『山形県史・古代中世史料2』一九七九年）とあるから、成島庄や長井庄（山形県長井市）が時広の系統によって支配されていたことは確実であろう。しかし、時広以下、泰秀、時秀と幕府の評定《ひょうじょう》衆《しゅう》に就いており、長井庄や成島庄に下向したとは考えられない。この棟札には「奉行宮庵備前右ェ門入道持規」「当政所蓮華院右ェ門次郎入道□□」などとあり、あるいは彼らが現地の支配を行ったのであろうか。

なお、貞和四年（一三四八）八月銘の成島八幡神社の棟札には、宗秀の次男時千の子時春が修造したことが記されており、成島庄は次男の系統によって支配されたようである。ところが、永徳三年（一三八三）六月、成島八幡神社を「造立」した際の棟札には「大檀越弾正少弼藤原朝臣宗遠」、さらに明徳元年（一三九〇）十月の棟札にも「大檀越大膳大夫藤原政宗」とある。宗遠・政宗とも伊達氏の当主であり、十四世紀の八十年代、伊達氏は長井氏を滅ぼし、置賜郡の支配を進めたのである。近世の編纂史料ではあるが、『伊達正統世次考』には宗遠に関連して「長井掃部頭入道道広を攻めて、その地出羽の国置民の郡長井の荘を取りて、ここに入る」とあるのも、これに関連するものであろう。恐らく、長井氏の成島庄下向は、幕府滅亡後の短期間に限定されたものであった可能性が高い。

得宗家による専制化のなかで――相馬氏の場合

下総国相馬御厨《そうまのみくりや》（茨城県取手市・千葉県我孫子市）を本貫《ほんがん》とする相馬氏もまた、鎌倉時代末期、陸奥国行方郡《なめかた》（南相馬市）に移住した武士団であり、しかもその間の事情が少なからず明らかにできる事例である。

もっとも、相馬氏の移住も、その発端は一族内の所領争いにあった。永仁二年（一二九四）八月、相馬胤門《そうまたねかど》は亡父胤村《たねむら》の遺領である陸奥国高村（南相馬市原町区）の支配を安堵された。その後、養子重胤《しげたね》に譲与したが、胤門の死後、伯父胤氏《たねうじ》によって押領されたため、重胤が提訴、同五年六月、重胤勝訴の裁決が下った。ところが、敗訴した伯父胤氏ないし子息五郎左衛門尉師胤《もろたね》は、その後、越訴《おっそ》したらしい。しかし、この越訴は幕府から濫訴《らんそ》と認定され、師胤は所領三分の一を没収されたのである。

この没収された五郎左衛門尉師胤の所領三分一は、長崎思元《ながさきしげん》に与えられた。この没収された所領とは、「相馬一族闕所地置文案」（相馬家文書）の師胤に関連した箇所に、

一分跡、行方郡内大田村土貢六十貫文、また、同郡内吉名村土貢四十貫文、
先代、闕所せられ、長崎三郎左衛門入道、これを拝領す、

とあるから、大田村や吉名村（南相馬市原町区・小高区）が該当すると思われる。

元亨元年（一三二一）十月、没収された五郎左衛門尉師胤の所領三分の一は長崎思元に与えられ、その執行のため、使者として結城宗広《ゆうきむねひろ》・岩城二郎《いわきじろう》が派遣された。ところが、宗広らは重胤の所領である高村の田在家《たざいけ》三分の一をも思元側に渡そうとしたのである。高村は重胤の所領であって、没収された五郎左衛門尉師胤の所領ではない。あるいは、五郎左衛門尉師胤と重胤の父彦二郎師胤を混同したのかも知れない。

その直後、重胤は高村の田在家三分の一を押領したとして長崎思元を訴えたのである。ところが思元側は、

没収対象地として給与された北田村（高村との位置関係も含めて不明）を支配しようとしたところ、重胤が狼藉《ろうぜき》をはたらいたとして、逆に重胤を提訴した。幕府が重胤に出頭を命じたのはいうまでもない。北田村が五郎左衛門尉師胤の所領であった確証はない。あるいは、思元が北田村を支配する際、高村の田在家三分の一をも手に入れようとしたのかもしれない。

思元は得宗家の被官で、元弘三年（一三三三）五月、新田義貞が鎌倉を攻撃した時、極楽寺《ごくらくじ》の切通《きりどお》しを守護し、子息為基《ためもと》とともに戦死した御内人の筆頭であった（『太平記』）。得宗家が専制的政治を展開しようとする時、その被官もまた、強引な手段によって御家人の所領を押領することもあったが、相馬重胤の場合もその一例であろう。

重胤が奥州に移住した時期を明らかにすることはむずかしい。その時期は、一般に元亨三年（一三二三）と考えられているが、元亨二年七月の関東御教書《かんとうみぎょうしょ》（相馬家文書）では、重胤を「小高孫五郎」と記している。小高は重胤の中心的な所領であったから、その所領名を重胤が冠して記載されていることは、彼が小高に居住していたことを思わせる。また、元亨元年の相馬重胤申状案（相馬家文書）には、「今年元亨元十月、打ち渡すの刻、重胤、下総国相馬郡をもって居住」とあって、当時、重胤は下総国相馬郡に居住していたと主張している。

胤村
├ 胤氏（次郎左衛門尉）── **師胤**（五郎左衛門尉）
├ **師胤**（彦二郎）── 重胤（孫五郎）
└ 胤門（彦五郎）

しかし、この申状は、重胤が思元を訴えた時のものであり、打渡しに際して重胤が狼藉をはたらいたという、思元側の主張を否定するための文言であった。かえって、元亨元年十月には奥州に下向していたと考えられる。重胤が、当初より奥州に移住しようと考えていたかはわからない。もともとは、奥州の所領支配が得宗被官によって阻害されようとする事態に対処するための奥州下向であったろう。しかし、本貫の地である相馬御厨（郡）の所領が分割相続によって減少しており、さらに婚姻を通じて島津氏や摂津（中原）氏などに分割・流出している現実を考えると、奥州の所領経営に本腰を入れる必要があったためではないだろうか（岡田清一『中世相馬氏の基礎的研究』一九七八年）。

所領支配の強化を求めて――結城氏の場合

ところで、長崎思元への没収地打ち渡しのために派遣された二人の使者――結城宗広・岩城二郎――は、ともに南奥の御家人であった。いうまでもなく岩城二郎は、福島県浜通り南域を支配した岩城一族であり、結城宗広は小山氏の庶流で下総国結城郡を支配した結城朝光の子孫である。

結城朝光が奥羽合戦の軍功により、奥州に所領を得たことは、大河兼任の蜂起に関連する『吾妻鏡』建久元年正月八日条に「近国御家人結城七郎朝光以下、奥州に所領在るの輩」とあることから確実であり、その所領に白河庄《しらかわ》が含まれていたことも確実であろう（『福島県史1』一九六九年）。ただし、白河庄は藤原信頼が支配していたが、平治の乱後、平重盛が支配したため、平家滅亡後は関東御領として幕府の支配下に組み込まれたものと考えられ、必ずしも平泉藤原氏関連の所領であったわけではない。

朝光はその母が頼朝の乳母であったこともあり、上野介《こうずけのすけ》に補任されるとともに嘉禎元年（一二三五）には評定衆にも就いた幕府重鎮の一人でもあった。その子朝広もまた上野介に補任、承久合戦にも軍功を揚げたが、康元元年（一二五六）執権北条時頼が出家した時、弟の時光・朝村とともに出家して信仏と号したのである。その後、朝広の嫡子広綱が結城惣領家を継ぎ、その弟祐広が白河庄を支配したが、それは白河庄南方に限られ、北方は下総結城氏が支配していた。『白河古伝記』は、祐広は正応二年（一二八九）に白河に下向したと伝え、『福島県史1』は朝広が出家した康元元年前後とする。

ところで、文保二年（一三一八）二月、南方を支配した広綱の子盛広は、幕府から白河庄内十二か郷村の支配を安堵されたが、それは前年十一月、富沢郷の宿所が罹災して譲状などの証文を紛失したため、「白河上野前司宗広」の請文を副えて、再安堵を求めたためであった。富沢郷の宿所には「調度《ちょうど》」ばかりか「譲状《ゆずりじょう》・証文《しょうもん》」が備えられていたことがわかるが、こうした重要な文書が、盛広の日常的な場以外で保管されていたとは考えられず、当時、盛広は白河庄富沢郷に居住していたことが考えられる。しかも、南方を支配する宗広が宿所炎上と証文等紛失を証明する請文を提出していたことは、宗広もまた南方を拠点としていた可能性を示唆する。詳細は不明であるが、十三世紀末〜十四世紀初頭、白河結城氏の宗広だけでなく、下総結城氏の盛広も下向・移住していたと推論できるのである。

ところで、結城氏は朝広ら三兄弟が北条時頼の出家と同時に出家したことからわかるように、北条氏との関係を意識していた。その後も、元亨三年（一三二三）に行われた北条貞時の十三年忌に宗広が銭百貫文・馬一疋を嫡子親朝とともに献上するなど、その結びつきを重視・継続していた。その背景に、一族内での庶子家という劣勢、それは白河庄の一円的支配が不可能であることにもなるが、それぼかりでなく、北条氏の攻勢が下向・移住を促進させ、さらには北条氏そのものとの関係も維持しつづけなければならない事情があったのである。

得宗被官の移住と変貌――曾我氏の場合

北条氏が、幕政のなかで確固たる地位を確立するとともに、各地にその経済基盤としての所領を増加していったが（豊田武・遠藤巌・入間田宣夫「東北地方における北条氏の所領」『東北大学日本文化研究所研究報告別巻第七集』一九七〇年）、同時に家政機関としての公文所を立ち上げ、吏僚としての被官を任用していった。被官には、幕政上で大きな役割を果たすことになる尾藤《びとう》氏や長崎《ながさき》氏、平《たいら》氏のほか、各地の所領支配を担当するために派遣された曾我《そが》氏や工藤《くどう》氏、安藤《あんどう》氏などに大別されるが、その本貫地《ほんがんち》さえ不明瞭な者から、分割相続によって困窮した元御家人、そして政治的判断から御家人身分を保持したまま北条氏に奉仕する者まで多様であった。

例えば、建保七年（一二一九）四月、北条義時は平（曾我）広忠を平賀郡岩楯村（青森県平川市）の地頭代職に任命した。以後、義時は陸奥守に就任するばかりか、「蝦夷管領」として安藤氏を津軽方面に派遣するなど、北奥の支配を強化していった。青森県弘前市の長勝寺に残る嘉元四年（一三〇六）八月十五日銘の梵鐘《ぼんしょう》には、得宗北条貞時の長寿を寿ぐ十四人の名が刻まれているが、彼らは津軽に派遣された被官たちであったろう。

曾我氏が北条の被官に組み込まれるきっかけは、曽我祐成《そがすけなり》・時致《ときむね》の兄弟が北条時政のもとで元服し、名乗りの一字を与えられたことなどが考えられるが、建保元年（一二一三）の和田合戦に、北条・和田いずれの軍勢に合流するか逡巡するなかで、北条氏に与したことなども指摘される（岡田清一『鎌倉幕府と東国』二〇〇六年、初出は一九九〇年）。以後、既出の岩楯村を含む平賀郡ばかりか、名取郡土師塚郷・四郎丸郷（仙台市太白区）などの地頭代職を北条氏から与えられ、その支配に腐心することになる。

貞応元年（一二二二）三月、曽我惟重は「親父曽我小五郎の時の例」を踏襲して、平賀郡内平賀村を「別納請所」とし、年貢を懈怠なく勤済すべきと義時の下文を受けた。さらに、翌年八月には検非違所・政所の下級役人の入部停止を義時から認められている。年貢の納入を確約するとともに、検非違所・政所の干渉を少しでも減らそうとしたのである。

さらに延応元年（一二三九）三月には、惟重の子光弘が、岩楯村の定田九町九段六十歩分の年貢として布四九端余、紫（染料）四升九合余に布二十端余を加えて納入することを確約し、その代償として「諸方の使いの入部」停止を申請した。多めに年貢を納入するかわりに、北条氏側の干渉を減らそうとしたのである。この申請は、その後、泰時から認められた。

この時期、曽我氏が平賀郡内に支配した所領としては平賀村と岩楯村が確認されるのみであるが、曽我氏はこの両村に対して、「諸方の使」＝検非違所・政所の下級役人の入部停止と請所化を図り、「近辺郷内」の請作を認可されるなど、支配の強化を意図している。明らかに、代官としての立場を逸脱し、自立した領主としての立場を確立しようとしているのである。

この志向性は鎌倉幕府・北条氏が滅亡しても変わらず、建武元年（一三三四）二月には曾我光高が岩楯・大平賀・沼楯および若四郎名の安堵を陸奥国府に要請した。しかし、翌年一月、「岩楯郷給主」光貞（光高か）は「岩楯郷内熊野当（堂）」に対する支配を北畠顕家から安堵されたものの、それ以外については確認できず、安堵されなかった可能性もある。もっとも、延文二年（一三五七）六月、曾我時助は出羽国小鹿嶋（秋田県男鹿市）に対する安藤孫五郎の押領に対して訴状を提出した。これに対し、国大将石橋棟義の父和義は安藤太・曽我周防守に時助への下地打渡しを命じている。当時、曾我氏が小鹿嶋を支配していたことを示すが、北条氏の庇護が消滅した後も足利氏のもとで新たな所領確保に奔走していたことを窺わせる。

建武政権への去就――三浦葦名氏の場合

元弘三年（一三三三）五月、鎌倉幕府は倒壊した。後醍醐天皇のもとで新しい政治が始まったが、すべての武士が新政府に集結したわけではない。さらに、北条氏や幕府旧臣の残党による武力峰起が、関東地方や津軽方面で発生した。元弘三年後半に発生した津軽方面の蜂起は、翌年には鎮圧されたらしいが、新政府方の南部師行は投降した武士の交名を提出した。この「津軽降人交名注進状」（遠野南部家文書）には、既述の曾我氏のみならず、工藤・永尾・気多・秦・吉良・金平・相馬・小河・村上など約五十名が書き上げられているが、北条氏の被官として、津軽方面の所領支配のために下向・移住したと思われる者も含まれている。

幕府崩壊後、一時的に疎まれたものの、足利尊氏に与して巨大勢力を築いた一族に、会津葦名氏がいる。周知のように、葦名氏は三浦一族にして、宝治合戦（一二四七）で一族の多くが滅ぼされたが、三浦盛連の子、盛時・光盛・時連の兄弟は北条時頼に与し、三浦氏の惣領職ともいう「三浦介」を継承することになる。建武二年（一三三五）九月、三浦介高継は足利尊氏から「会津河沼郡議塚」を「陸奥国糠部内五戸」とともに安堵されたが、それらは父時継の本領でもあった。「五戸」は、古く寛元四年（一二四六）十二月、三浦盛時が北条時頼から与えられた「地頭代職」に由来する所領であった。しかも、元弘三年（一三三三）七月、岩松経家が後醍醐天皇から与えられた北条氏旧領十ヵ所中に「出羽国会津」があることから、「会津河沼郡議塚」も北条氏から与えられた可能性が強い。もちろん、盛時の子孫は代々「三浦介」として相模や鎌倉を本拠としたであろうから、会津に下向するのは、幕府倒壊後のことと思われる（『福島県史』1、一九六九年）。なお、下向を直接に証明するものではないものの、喜多方市の新宮熊野神社に残る貞和五年（一三四九）七月に鋳造された鐘には、「大旦那従満大姉」のほかに「同地頭平朝臣明継」とあった（『福島県史』7、一九六六年）。平明継は、建武二年に所領を安堵された高継やその父時継と「継」の字を共有しており、葦名一族の可能性があることを指摘しておきたい。

奥州管領の下向——大崎氏や最上氏の場合

貞和二年（一三四六）年正月、畠山国氏・吉良貞家の二人が奥州管領として多賀国府に派遣された。当時、北奥では北畠顕信を中心として南部氏が、さらに南奥では、南朝方の拠点である霊山・宇津峯の両城（伊達市・郡山市）を中心に伊達・田村の一族が勢力を残存させていた。そのため、畠山・吉良両管領は、北朝勢力を糾合して霊山・宇津峯の両城を攻撃したため、後醍醐天皇の孫にあたる守永王と北畠顕信は出羽に逃れざるをえず、南朝方の勢力は弱体化していった。

ところが、貞和五年閏六月、京都では足利直義が兄尊氏に執事高師直の罷免を要求するという事件が発生、以後、尊氏・直義兄弟にそれぞれに従う勢力が対立、混乱を極めることになる。いわゆる観応の擾乱である。この抗争は、南朝勢力を奮い立たせ、守永王と北畠顕信の次子守親は国府を奪還し、北奥から顕信を迎え入れることに成功した。その後、再び国府を奪い返された顕信ら南朝勢力は、さらに宇津峯城も攻略され、奥州の南朝勢力は確実に衰退していった。しかし、南北両朝方の対立、足利一族の内紛が地域の不安定性をもたらし、支配を任された「奥州管領」は下向、現地に基盤を扶植せざるをえなくなるのである。

すなわち、北朝方は吉良満家に奥州管領を継承させたが、畠山国氏の子国詮、石塔義元（後の義憲）らは奥州管領を自称して対立した（小川信『足利一門守護発展史の研究』一九八〇年）。この混乱に尊氏は、文和三年（正平九、一三五四）、斯波家兼を奥州管領として派遣して対処させようとした。その後、死去した家兼に代わって子息直持が吉良満家とともに管領に就任したが、石塔・畠山両氏との対立は解消されず、将軍職を継承した義詮が下向させた石橋棟義もこうした混乱を収束することはできなかった。

この複数の管領のなかで、大崎地方（宮城県大崎市）に下向・移住したのが斯波氏である。『奥州余目記録』（『仙台市史資料編』1、一九九五年）によれば、家兼は「貞和二年、京都七条から伊達郡大石霊山という山寺に下り、三年後には志田郡師山（大崎市）にお着きに」なったと伝えている。確証はないものの、それ以前から当該地域を支配していた渋谷・大掾・泉田・四方田諸氏に葛西氏（一族中目氏）が加わって一揆を結び、斯波氏の下向を受け容れたという（『中新田の歴史』一九九五年）。

また、一方の管領吉良満家は安達郡四本松（福島県二本松市）に本拠を構えたと伝えられるが、康応二年（一三九〇）、鎌倉府に召還され、この地に留まることはなかった。それに対して、管領を自称した畠山氏は、安達郡二本松を本拠とし、時に二本松氏とも称されたが（『満斎准后日記』）、天正十三年（一五八五）、畠山義継は伊達輝宗を謀殺後、政宗に討たれ、翌年には二本松城を攻略されて事実上滅亡する。

同じころ、延文元年（正平十一、一三五六）八月、斯波家兼の次男兼頼が山形盆地に下向したと伝えられ（『奥州余目記録』）、奥州管領の斯波氏と同様の職権を行使したようで、羽州探題最上氏の祖でもある。なお、現在の山形市近辺は近世初頭までは最上郡と称したため、兼頼の子孫はこの郡名を名のり、また、「山形殿」と称されることも多かった。以後、戦国期までこの地域を支配し、天正十二年、最上義光は寒河江氏を滅ぼして最上郡全域を支配、豊臣秀吉のもとに出仕するも徐々に徳川家康に傾倒、関ヶ原の戦い後は居城の山形城と城下町を整備、さらに領内の治水事業を推進した。嫡子義康の暗殺後、次男家親が家督を相続したが、その子義俊は改易されると、その没後は幕府の高家として存続した。

コラム　武蔵武士の群像❾

安保道潭　あぼ　どうたん

生年未詳〜元弘三年（一三三三）

久保田和彦

安保氏は、武蔵国加美《かみ》郡安保《あぼ》郷（現在の埼玉県神川《かみかわ》町）を本拠とした武蔵七党の一つ丹《たん》党の系譜を引く一族である。阿保とも記される。道潭は『太平記』では道堪と記される。丹党は武蔵国秩父《ちちぶ》・児玉《こだま》・入間《いるま》・大《おお》里《さと》の各郡に分立した党的武士団で、子孫は多く鎌倉御家人として活躍した。

安保氏の祖は諸系図に一致する安保実光《あぼさねみつ》である。安保実光は平家との西海合戦《さいかいかっせん》に登場し、元暦元年（一一八四）二月の一の谷合戦で、大手大将軍　源範頼《みなもとののりより》に従い活躍する。それから約四〇年後、承久元年（一二二一）五月に承久の乱がおこる。『吾妻鏡』によると、北条政子は「軍を上洛させなければ官軍には勝てない。安保実光以下の武蔵の軍勢の到着を待って速やかに上洛すべし」と述べたという。政子にとって、武蔵武士の代表は安保実光だったのである。しかし、実光は六月十三日の宇治橋《うじばし》合戦において、子息三人とともに討死してしまう。また、谷津殿と呼ばれた実光の娘は、北条泰時《ほうじようやすとき》後室となり次男時実《ときざね》を生んでいる。

実光以後の安保氏嫡流は、実員《さねかず》・泰実《やすざね》・頼泰《よりやす》・経泰と続き、鎌倉時代の安保氏は、武蔵武士の中でも最も有力な御家人の一人であったといえる。さて、安保道《どう》潭《たん》であるが、安保氏の諸系図には該当する人物が見えず、実名も不詳である。『太平記』には、「安保左衛門入道」「安保入道道堪」が数度登場する。巻六「関東大勢上洛事」では、畿内西国の反乱に対処するため、元弘二年九月二十日に鎌倉を出発して上洛した関東大勢の外様《とざま》の人々の一人として「安保左衛門入道」が見える。また巻十「新田義貞謀叛事」では、同三年五月八日に上野国生品《いくしな》明神で鎌倉幕府打倒の兵を挙げた新田義貞は鎌倉街道を南下し、桜田貞国《さくらださだくに》が率いる幕府軍を同月十一日に武蔵国小手指原《こてさしがはら》で、翌十二日には久米《くめ》川で撃破した。貞国は分倍河原《ぶばいがわら》（東京都府中市）まで撤退し、幕府軍の敗報を聞いた北条高時は、弟泰家を総大将とする大軍を派遣し同十五日の分倍河原合戦では新田軍に勝利した。この大軍の中に「安保左衛門入道」が見える。

巻十「三浦大多和合戦意見事」では、分倍河原合戦に敗れた新田軍は堀金《ほりかね》（埼玉県狭山市）まで撤退したが、相模武士を率いて援軍に駆けつけた三浦大多和《おおたわ》義《よし》勝《かつ》の意見を採用した義貞は、翌十六日午前四時、勝利に油断した幕府軍を急襲し、武蔵国関戸《せきど》（東京都多摩市）で幕府軍は壊滅的な敗北を喫した。この合戦で「安保入道道堪」父子三人が討死したと見える。『太平記』に見える「安保左衛門入道」「安保入道道堪」は同一人物としてよいと思うが、ここに武蔵武士の中でも最も有力な御家人安保一族は大きな打撃を被り、まもなく鎌倉幕府も滅亡する。

安保神社　埼玉県神川町所在

建武二年（一三三五）七月、信濃国諏訪で北条高時の遺児時行《ときゆき》が挙兵し鎌倉にせまると、足利直義は幽閉されていた護良《もりよし》親王を殺害して鎌倉を放棄し、三河国矢作《やはぎ》（愛知県岡崎市）まで撤退する。この中先代《なかせんだい》の乱を平定するため、足利尊氏は八月二日京都を出発して東国に下向し、同月十九日に時行を擁立した諏訪頼重《すわよりしげ》が勝長寿院《しょうちょうじゅいん》で自害し、時行は占拠すること二十日で鎌倉を追われた。『梅松論《ばいしょうろん》』によると、安保次郎左衛門入道道潭の子が勝長寿院で頼重とともに自害したと記されている。

また、東国に下向《げこう》する尊氏軍の先陣となった安保丹後守光泰は、遠江国橋本で入海を渡って敵を追い、自身が負傷する活躍をした。尊氏はこの功績を賞して、鎌倉方として没落した安保氏の家督道潭の旧領と惣領《そうりよう》職《しき》を光泰に与えたと『梅松論』に見える。安保道潭に関する史料は以上であり、安保氏家督を継承した光泰との関係も不明である。

第3章　西遷した武士団　中国方面

長村祥知

治承・寿永内乱期の京・西国

鎌倉時代、西国に所領を得た東国御家人が、西国に主たる活動の場を遷《うつ》すということがしばしば見られた。氏族によって小異はあるものの、勲功賞などとして西国に所領を獲得した御家人も、当初は主に東国で活動して、遠隔地には代官や庶子を派遣して経営を任せていた。社会情勢が平穏であれば、全国に散在している所領の全てを有機的に経営することが可能だったのであるが、やがて東国での勢力伸長の行き詰まりや蒙古襲来への対応、内乱などの様々な要因によって、東国所領よりも西国所領の方に重きを置くようになり、当主や嫡子自身が西国を主たる活動地とするという流れが確認できる。

東国武士と西国との関わりは、治承・寿永内乱期から源頼朝・頼家・実朝の三代将軍期にも見出せるが、当該期には西国といえば京が重要であった。

すでに治承・寿永内乱が勃発する以前から、平家主導の内裏《だいり》大番役《おおばんやく》などによって、熊谷直実《くまがいなおざね》や久下《くげ》直光《なおみつ》らの多くの武蔵武士が在京を経験していた。治承四年（一一八〇）五月の以仁王《もちひとおう》挙兵以後、京の軍事的緊張が各地に波及すると、下向を希望する武士が増えるが、在京武力の中枢が変転する中で、あえて在京し続けた東国武士がいる。

例えば児玉党有道氏の庄四郎高家《こだまありみちしょうしろうたかいえ》は、当初は木曾義仲に属していたが、その都落ち後は源義経へと主をかえ、さらに義経の没落時には北条時政に属している。戦時に在地所領の防衛が重要となる中で、あえて在京し続ける武士がいたのは、京が列島の首都として政治・経済・文化の中心地であり、特に官位の上昇を希求する者に強い求心力を有したからにほかならない（長村祥知「在京を継続した東国武士」高橋修編『実像の中世武士団』高志書院、二〇一〇年）。

元暦二年（一一八五）三月に源義経率いる鎌倉軍が平家追討に成功すると、四月十五日、源頼朝は、当時在京中の東国武士で任官した輩に充てて、墨俣《すのまた》以東の本国への下向停止と在京して陣役の勤仕を命ずる下文を発した。頼朝は「東国住人任官輩」の一々の名を挙げて非難しているが、その中には複数の武蔵武士が含まれている。この下文では本国への下向停止が一種の制裁を意味しており、在京中の東国武士であっても、なお東国の在地所領で活動することが基本的なあり方であったことが窺える。

鎌倉前期、西国の守護（に相当する国別指揮官）となった武蔵武士もいた。但馬では文治年間から建久年間に横山党の小野（横山）時広、ついで建久八年（一一九七）七月以前に藤原氏魚名流の安達親長《あだちちかなが》が在職している。元暦元年（一一八四）から紀伊守護には桓武平氏の豊島有経《としまありつね》が在職しており、彼が紀伊国三上《みかみ》庄地頭であったように（『吾妻鏡』建久元年五月二十九日条）、守護となれば当該国に所領も有していた可能性が高い。ただし、豊島有経が文治二年（一一八六）三月に丹波国篠村《しのむら》庄を延朗上人に宛行《あてが》う使者となったことや、安達親長が元久二年（一二〇四）に京で平賀朝雅《ひらがともまさ》の追討に加わったことなどが示す通り、西国守護も基本的に在京していた。

鎌倉前期に東国武士が得た西国所領は、平家没官《もっかん》領や謀反人跡として獲得したものだった可能性が高い。例えば児玉党の小代《しょうだい》行平が、建仁三年（一二〇三）十一月に安芸国見布乃《みぶの》（壬生）庄の地頭に補任されているが（鎌遺三―一四〇一。『吾妻鏡』元久元年七月二十六日条）、壬生庄は嘉応三年（一一七一）正月に高倉天皇とその母建春門院《けんしゅんもんいん》滋子（平清盛の義妹）の御祈料に厳島《いつくしま》社領として立券され（平遺一一―補三五九）、治承三年（一一七九）頃には平清盛が地頭の任免権を有していた（平遺八―三八九一）。ただし小代氏は鎌倉後期まで主に東国で活動しており、建仁三年に壬生庄を得ても、しばらくは庶子か代官を派遣して当地を経営していたと考えられる。

鎌倉前期において東国武士が得た西国所領の数は後代に比して少なく、西遷は低調であった。

承久の乱と武蔵武士

大量の東国武士が西国所領を得る契機となったのが、承久三年（一二二一）に起こった承久の乱である。承久三年五月十五日、後鳥羽《ごとば》院が鎌倉の執権北条義時《ほうじようよしとき》の追討を東国武士に命じたが、東国武士は、義時を討つどころか、逆に北条政子の命に従って、京を攻めるべく、東海道・東山道・北陸道の三道から上洛した。北条時《とき》房《ふさ》・泰時《やすとき》ら率いる鎌倉方東海道軍と武田信光《たけだのぶみつ》・小笠原長清《おがさわらながきよ》ら率いる鎌倉方東山道軍は、六月五日・六日に美濃・尾張諸所の合戦で京方を破り、六月十三日に近江国野路《のじ》で軍勢を再編した。

六月十三日から十四日にかけて、京近郊の諸所で鎌倉方軍勢と京方軍勢が戦闘を展開した。その際の主戦場の一つが、北条泰時率いる鎌倉方が京方に勝利した宇治・宇治川である。この宇治川での激戦を伝える史料として、鎌倉方軍勢の勲功を記す『吾妻鏡』承久三年六月十八日条所引交名《きょうみょう》が挙げられる。この交名記載の鎌倉方武士の名字地《みょうじち》・本貫地《ほんがんち》を比定すると、武蔵の人名が飛び抜けて多い（野口実・長村祥知「承久宇治川合戦の

表　『吾妻鏡』承久三年六月十八日条所引交名の武蔵武士

国	氏・家・党・流	名字
武蔵	紀氏大井	大井
武蔵	紀氏大井	潮田
武蔵	紀氏大井	品河
武蔵	平氏将常流秩父	秩父
武蔵	平氏将常流秩父	豊島
武蔵	平氏将常流秩父	河越
武蔵	平氏将常流秩父ヵ 藤氏ヵ	小澤
武蔵	平氏将常流秩父	江戸
武蔵	藤氏経通流毛呂	泉
武蔵ヵ	藤氏経通流毛呂ヵ	於呂(毛呂ヵ)
武蔵	藤氏秀郷流	清久
武蔵	藤氏利仁流斎藤	押垂
武蔵	小野姓猪俣党	人見
武蔵	猪俣党	甘糟
武蔵	猪俣党	猪俣
武蔵	猪俣党	藤田
武蔵	猪俣党	河匂
武蔵	猪俣党	荏原
武蔵	猪俣党	内島
武蔵	猪俣党	今泉
武蔵ヵ	猪俣党ヵ	須賀
武蔵	児玉党	児玉
武蔵	児玉党	小代
武蔵	児玉党	小越
武蔵	児玉党	庄
武蔵	児玉党	富田
武蔵	児玉党	蛭河
武蔵	児玉党	塩谷
武蔵	村山党金子	金子
武蔵	村山党金子	大倉
武蔵	村山党山口	山口
武蔵	村山党山口	須黒
武蔵	村山党山口	仙波
武蔵	横山党成田	成田
武蔵	横山党成田	別府
武蔵	横山党成田	奈良
武蔵	横山党成田	玉井
武蔵	横山党	宇津幾
武蔵	横山党	目黒
武蔵	横山党	大貫
武蔵	丹党	古郡
武蔵	丹党	山田
武蔵	丹党	勅使河原
武蔵	丹党	岩田
武蔵	丹党	小島
武蔵	丹党	安保
武蔵ヵ	丹党ヵ	志水
相模ヵ	丹党ヵ	中村
武蔵ヵ	平氏頼尊流中村	
武蔵	私市党	河原
武蔵	私市党	西条
武蔵	野与党	道智
武蔵	藤氏秀郷流ヵ 猪俣党ヵ 私市党ヵ	太田
武蔵	菅原氏	鴛(忍)
武蔵	平氏ヵ	志村
相模ヵ 武蔵ヵ		荻窪
武蔵		女影
武蔵		熊井
武蔵		行田
武蔵		新開
武蔵		綱島
武蔵		古谷
武蔵		麻弥屋
武蔵		匜尻
武蔵ヵ		大山
武蔵ヵ		岡村
武蔵ヵ		荻原
武蔵ヵ		河田
武蔵ヵ		世山

再評価」『京都女子大学宗教・文化研究所　研究紀要』二三、二〇一〇年）。

また、武蔵武士は宇治の泰時軍のみに属していたわけではない。宇治と並ぶ要地であった勢多《せた》でも、北条時房が、武蔵の熊谷直国《くまがいなおくに》、小河左衛門尉・同右衛門尉、箕匂《みのわ》政高らを率いていた（鎌遺五—二七五五。『吾妻鏡』嘉禄二年七月一日条、同仁治二年十一月十七日条）。

以上のように承久の乱では武蔵武士が活躍した。宇治川合戦の交名に武蔵武士が最も多いのは、「党的武士団」と称される小規模林立の存在形態ゆえに多様な名字が挙がったという事情もあるが、やはり承久の乱頃には北条氏主流が武蔵国に強い影響力を有しており、その軍事動員に従う者が多かったからと考えるべきであろう。勿論、武蔵武士にも、合戦に勝利して新恩地を獲得したいという意識があったに違いない。

合戦の勝敗が決すると、鎌倉方は京方の所領三千ヵ所を没収し、勲功賞として鎌倉方武士に与えた。安保実員《あぼさねかず》の播磨国須富《すとみ》庄や、金子家忠の播磨国鵤《いかるが》庄、江戸重持の出雲国安田庄などは、承久の乱の勲功賞として獲得した所領である。ただし、こうした恩賞地配分は一挙に可能だったわけではなく、没収地の旧主が京方に与同したか否かの調査や、東国武士の勲功調査に手間がかかり、その後十数年をかけて行われることとなった。それゆえ、後世の史料に承久勲功賞としてある所領を拝領したなどと記されていても、承久三年の出来事とは限らない点、注意を要する。

以下、個別の武士団に即して、西国との具体的な関わりを見ていきたい。

平子氏の系譜と本貫地

鎌倉前期から中国地方に所領を得た武蔵武士の一例が、相模の桓武平氏三浦系の庶流で、武蔵国久良岐《くらき》郡の平子《たいらこ》郷を本領とする平子氏である。『桓武平氏系図』（「群書系図部集」第四―二頁）には、長元元年（一〇二八）に房総で反乱を起こした平忠常《たいらのただつね》の甥景道《かげみち》に「平子民部大夫」との注記があり、これが事実であれば桓武平氏の平子郷進出は十一世紀頃となる。

なお平子を名字とする武士の系図は、桓武平氏の一流とする他に、横山党小野氏の一流とする『小野氏系図　横山』（「群書系図部集」七―六九頁）もある。

【小野姓平子氏系図】（『小野氏系図　横山』）

時重―時広┬広長┬有長―有員
　　　　　│　　└経長―経季―経久
　　　　　└時兼

元暦二年（一一八五）四月に、京での無断任官により頼朝から叱責されたうちの一人、「馬允有長」は、小野姓の平子有長である。建久元年（一一九〇）・建久六年（一一九五）の二度の頼朝上洛に随行した「野平右馬允」「平子右馬允」も小野姓平子有長であろう。

小野姓平子氏と平姓平子氏が如何なる関係にあったのか分明ではないが、注目されるのは貞永二年（一二三三）四月十五日「将軍家（藤原頼経）政所下文写」（諸州古文書二十五。鎌遺七―四四七三）である。この下文により、「平経久」が、父経季から譲られた武蔵国久良（ママ）郡平子郷内石河村と越後国山田郷地頭職を安堵されたのであるが、この経久は、系図で小野姓平子有長の弟経長の孫と見える人物に違いない。彼が平姓で記されていることから、小野姓平子氏と平姓平子氏との間には婚姻などによる擬制的な親族関係が結ばれていた可能性がある。あるいは単純な誤記としても、鎌倉幕府政所に、平子郷といえば平姓平子氏の所領という認識があったと考えられよう。しかし、平姓平子氏と武蔵との関係を示す史料はきわめて少ない。

一方、建長二年（一二五〇）の閑院殿《かんいんどの》造営の際には「平子左衛門跡」「平子次郎入道跡」に御家人役が賦課されており、建治元年（一二七五）の六条八幡宮造営の際には武蔵国の「平子馬允跡」に御家人役が賦課されており、小野姓平子氏は武蔵を本拠とする武士であり続けたことが窺える。

推測を交えれば、先行して平子郷に土着した平姓平子氏と、後発の小野姓平子氏とは、平安末・鎌倉初期には並存していたが、やがて平姓平子氏が西遷するにともない、小野姓平子氏が「武蔵の平子氏」としての立ち位置を確立していったのであろう。とはいえ、平姓平子氏は周防に西遷した後も室町時代まで「平子」氏を名乗っており（応永四年〈一三九七〉四月日「平子重房申状案」）、武蔵との何らかの関わりがあった可能性は否めない。

周防平子氏の展開

周防国仁保《にほ》庄（山口市仁保）を本拠とした平子氏（のち仁保氏・三浦氏）伝来の「三浦家文書」は、建久八年（一一九七）〜慶安三年（一六五〇）の文書からなる。同文書群は山口県文書館に寄託されており、刊本としては『大日本古文書　家わけ第十四』に熊谷家文書・平賀家文書と合わせて収録されている。

建久八年（一一九七）二月二十四日、平子重経は、周防国吉敷《よしき》郡の仁保《にほ》庄・恒富《つねとみ》保の地頭に補任された（「前右大将家政所下文案」）。近世成立の「三浦氏系図」では、地頭職補任の契機を治承四年（一一八〇）の石橋山合戦の恩賞とするが、同時代史料では確認できない。平子重経は、承元四年（一二一〇）二月九日に源実朝の政所下文によって仁保庄地頭職を安堵されている。入部当初の平子氏の権限や所領は限定的なものであったと考えられており、在地支配を拡大・深化していくことが平子氏の課題であった。

平子氏の館に隣接していた源久寺は、寺伝によれば、正治元年（一一九九）に源頼朝が死去したので地頭の平子重経が同寺を創建して頼朝位牌を安置し、元仁元年（一二二四）に重経が没して以後は平子氏（仁保氏・三浦氏）の菩提寺となったという。現在も木造平子重経（沙弥《しゃみ》西仁《さいにん》）坐像（重要文化財）が伝わっている。

貞応三年（一二二四）五月二十九日、平子重経は、三郎重資に仁保庄地頭職を、太郎重直の男重綱に仁保庄深野村を譲り、四郎重継に恒富保地頭職を譲った。重継の系統は恒富保に居住し、恒富と吉田を分割領有して恒富氏・吉田氏を名乗ることとなる。

仁保庄の平子重資は、承久の乱では鎌倉方として行動したか静観していたらしく、多くの西国武士が所領を没収される中でも、貞応三年（一二二四）十一月三十日および安貞三年（一二二九）三月二十二日に地頭職を

【平姓平子氏系図】（「三浦氏系図」『大日本古文書』一八二号）

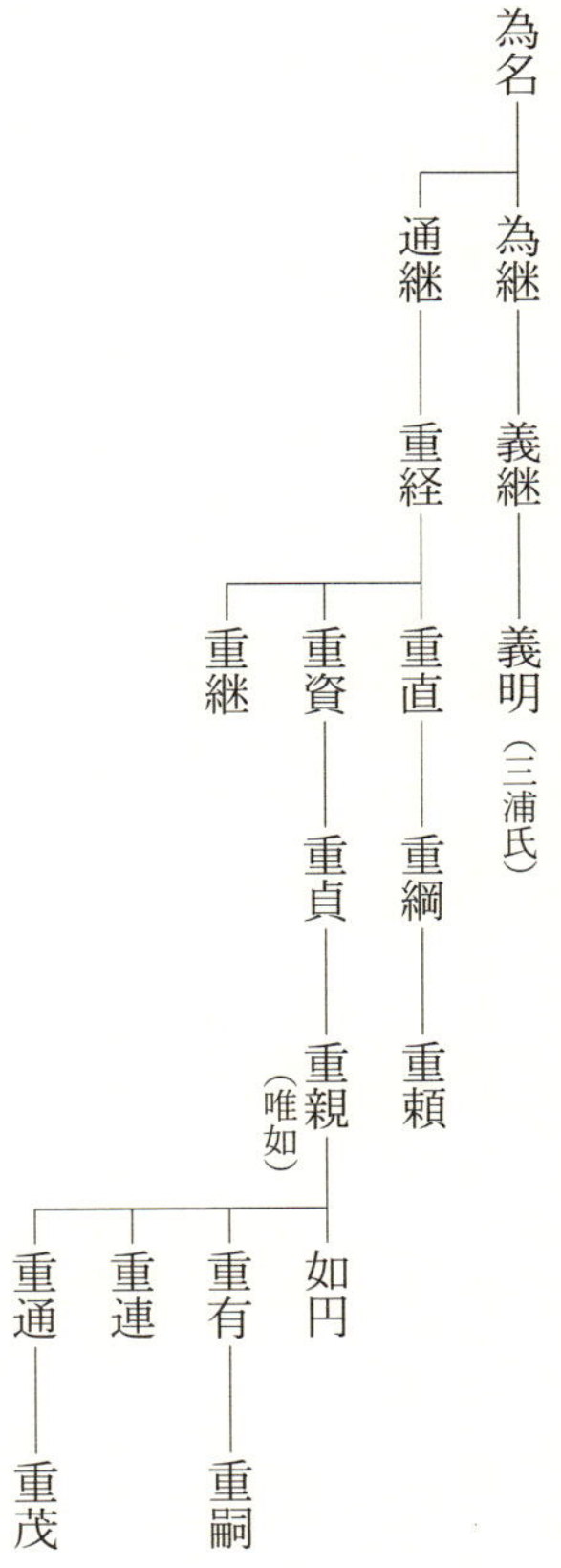

安堵されている。

平子重資は孫の重親に仁保庄内五箇郷の地頭・公文両職を譲ろうとした。弘長二年（一二六二）十一月十七日の重資の譲状に任せて重親の知行を安堵する文永七年（一二七〇）八月二十八日「関東下知状案」が残されている。ここでは、地頭職に加えて公文職という在地性の強い所職が譲与の対象となっており、在地支配の深化が窺える（田中　二〇〇三）。

正応六年（一二九三）七月二十五日「平子重親譲状案」には、重親が仁保庄内五箇郷地頭・公文両職を重有に譲与したとあるが、同譲状の「将軍家御成敗之状如件」とする書止は南北朝期に特有の文言であり、問題がある。重資―重貞―重親―重有―重嗣は、当時においては庶流であり、南北朝期に優勢となった子孫が父祖を嫡流に見せるために偽作した可能性が高いのである（服部　二〇〇三）。

この重有の時代には多くの相論が起こった。

まず重有と舎兄如円との間で、亡父唯如（重親）の違領をめぐって相論が起こり、乾元二年（一三〇三）四月、如円による仁保庄多々良法興寺・仁保分極楽院免田の領掌を認める和与状を交わして終結している。その和与状から、重有がこれ以前に多々良庄地頭職も得ていたことがわかる。

次に重有と重頼との間で板山路をめぐる相論が起こった。重頼は重有父重親の又従兄弟にあたる。徳治三年（一三〇八）四月、重有の領掌を認める和与状を交わした。重有は仁保庄上領地頭、重頼は同下領内深野郷地頭と見え、仁保庄の分割が進んでいることが窺える。

さらに文保元年（一三一七）までに、重有と弟重連との間でも重親の遺領をめぐる争いが起こった。重連は、今後獲得した所領の半分を譲渡するとの契約を結んで兄如円の援助を受け、亡父唯如の違領を押妨したとして重有を上訴した。文保元年十月十六日「平子重有譲状案」には、重有が男重嗣に仁保庄と多々良庄の地頭・公文両職を譲ったとあり、重有が惣領として認められたかと思われるが、この文書も実態を反映していない可能性がある（服部　二〇〇三）。弟の重通は重有を支持していたらしく、元亨元年（一三二一）十二月、重有の遺言により、重嗣は叔父重通に波山河内を譲渡している。この重通は関東御公事・異国警固・海賊警固などの所役を重有や重嗣とともに勤仕している。

元弘三年（一三三三）の鎌倉幕府滅亡時、重嗣と重通は仁保庄地頭職を没収され、吉良貞経（「上総宮内大輔」）が同職を得ている。ただし同年七月には重通が後醍醐天皇方に参じて足利高氏から証判を得ており、建武元年（一三三四）五月には雑訴決断所牒によって仁保庄西方一分地頭職などが安堵された。重頼流の平子弥太郎法師が有していた深野村地頭職は、足利尊氏から重通の男重茂に勲功賞として与えられている。

しかし仁保庄では吉良貞経代官の妨害も続き、それへの対抗の過程で、やがて平子氏は守護大内氏に属すこととなるのである。

安芸熊谷氏の系譜と本貫地

承久の乱の勲功で西国所領を獲得し、のちに西遷した武士の代表的存在が、武蔵国熊谷郷《くまがや》（埼玉県熊谷市）を本領とする桓武平氏熊谷氏である。安芸国三《み》入《いり》庄（広島市安佐北区可部町）を本拠とした熊谷氏に伝来した「熊谷家文書」は、建久二年（一一九一）〜元禄三年（一六九〇）の文書からなる。同文書群は山口県文書館に寄託されている。刊本としては既述の『大日本古文書』があり、最近、詳細な注を付した『熊谷市史　資料編二　古代・中世』本編・写真集（熊谷市、二〇一三年）が刊行された。

【熊谷氏系図】（「熊谷氏系図」『大日本古文書』二五六号その他）

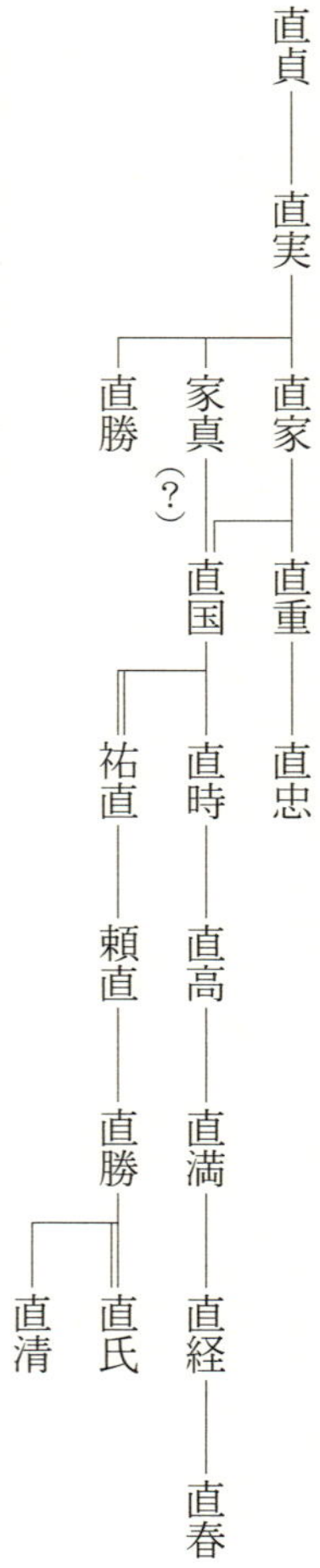

熊谷氏では、治承・寿永内乱期に元暦元年（一一八四）の一ノ谷合戦で平敦盛《たいらのあつもり》を討った熊谷直実《なおざね》が著名であろう。直実は、久下《くげ》直光《なおみつ》との熊谷郷・久下郷の境をめぐる相論で頼朝から度々尋問されたことに不満を爆発させて逐電した（『吾妻鏡』建久三年十一月二十五日条）。その後、直実は上洛して法然房源空《ほうねんぼうげんくう》に帰依し、法然の没後も京で活動して、自身も承元二年（一二〇八）京で没している。

なお熊谷氏と久下氏の武蔵における対立は、すでに治承・寿永内乱期以前から起こっており（『吾妻鏡』寿永元年六月五日条）、直実世代以後も続き、正安二年（一三〇〇）八月十三日に熊谷直光と久下光綱が和与状《わよじょう》を交わしている。のちに安芸国三入庄に遷った熊谷氏と同様、久下氏も丹波国栗作《くりつくり》郷に西遷することとなる。

熊谷直実の孫直国は、承久三年（一二二一）の承久の乱で、北条時房に属して近江の勢多で討死した。承久三年九月、遺児の直時が、直国の功によって安芸国三入庄地頭職に補任され、直国の譲状に任せて武蔵国熊谷郷の屋敷田地を安堵された。

このとき安堵された熊谷郷の直国屋敷田地は、文暦二年（一二三五）七月六日「関東下知状」等では西熊谷郷と称されている。後年、直国の曾孫直満が熊谷郷西方の惣領と見えるのに対して、直国の甥にあたる直忠が直実跡の惣領と見えることから〈正安二年〈一三〇〇〉閏七月二十七日「関東下知状」〉、嫡流は直重流で、直国流は庶流であったことがわかる。

安芸国三入庄と南北朝内乱

直国の功によって武蔵国西熊谷郷（恒正名）と安芸国三入庄を領することとなった直時であるが、やがて弟祐直《すけなお》（資直）との間で所領相論が起こった。幕府は文暦二年（一二三五）七月六日、直時を武蔵国熊谷郷と安芸国三入庄のそれぞれ三分の二地頭とし、祐直を同じく三分の一地頭とする裁許を下した。これに基づき三入庄では、安芸国守護藤原親実《ふじわらのちかざね》が「三入庄地頭得分田畠等配分注文」を作成した。このときは所領約八十町を名《みょう》ごとに二対一に分けていたが、なおも訴訟は連々と起こった。

そこで文永元年（一二六四）五月二十七日、幕府は、二つの所領を空間的に二対一に分割することとし、三入庄については翌二年五月十日、関東から六波羅に命じて、使者を派遣して境界を確定させている。この頃から、直時流の知行地を本庄、祐直流の知行地を新庄と呼ぶようになった。

正安元年（一二九九）十月十二日には、「六波羅下知状」によって、三入庄の領家新熊野《いまぐまの》社と三入本庄の熊谷直満との間に下地中分《したじちゅうぶん》が行われ、領家分の八町の田以外の田畠山野は熊谷氏が進止することとなった。

鎌倉後期になると、祐直流は、三入新庄に重心を置くようになっていた。元徳三年（一三三一）三月五日、熊谷直勝から直氏への譲状において、熊谷郷についての記述は簡略であることに対して、三入新庄については詳細に記されている。

元弘元年（一三三一）八月に後醍醐の討幕計画が発覚して以降、全国で反幕府勢力が挙兵するなか、祐直流の熊谷直氏は、同年九月と正慶二年（一三三三）正月、鎌倉幕府軍として、河内の楠木正成攻撃に参陣している。その後、熊谷直氏がどこにいたのかははっきりしないが、やがて鎌倉幕府から離反し、建武二年（一三三五）十二月には後醍醐から安芸の凶徒鎮圧を命ぜられている。

また元弘三年（一三三三）五月頃には、後醍醐の綸旨《りんじ》を受けた祐直流の熊谷直清が「四ヶ国之大将」として丹後の鎌倉幕府勢力追討に当たり、配下に直時流の熊谷直経代官直久を従えていた。この時点では直清が安芸熊谷氏の中で優位にあったことがわかる。さらに暦応元年（一三三八）には、熊谷直清が軍忠によって安芸国三入本庄地頭職を宛行われたことに対して、熊谷直経が同庄の相伝知行と軍功を主張し、九月十一日「足利直義下知状」によって、かろうじて三入本庄半分が直経に返されている。所領の支配においても、直時流は祐直流の圧迫を受けていたのである。

直時流の熊谷直経自身は、正慶二年（一三三三）閏二月に鎌倉幕府軍として河内の楠木正成攻撃に参陣した際、深傷を負い、その後しばらく京に滞在していたらしい。建武三年（一三三六）九月と翌四年四月に、美濃国金光寺地頭代の道山経行が同国で軍忠を挙げた旨を上申しているが、それは正員地頭の直経が在京しているためであった。これに先立つ元弘三年（一三三三）五月二十二日、上野で挙兵した新田義貞軍の進撃によって鎌倉が陥落し、北条氏は滅亡した。熊谷直経の男直春は、この新田軍に属して五月二十日の合戦で討死している。

以上から、直時流でも鎌倉後期には西国に重心を移していたこと、そして家長の熊谷直経が京もしくは三入庄におり、その他の西国所領に庶子や代官を置き、直経の男直春が武蔵に在国するという分業によって、各地の散在所領を経営していたことが窺える。

この直経は、安芸熊谷氏の実質的な祖と位置づけられる。直経は、兄直継の没後、その遺領をめぐって継母真継と相論に及び、勝訴した。直経の実母は安芸に勢力を有した「こはや川息女」であり、直経によって直時流熊谷氏の安芸への西遷が加速したのである（大井　二〇一一）。また、熊谷氏の嫡流たる直重流では、惣領となる嫡子が、祖直実と同様に「二郎」の仮名を名乗るという慣例が窺えるが、直国流においても、直満までは「二郎」を名乗っていた。それは直国流の直重流からの独立と武蔵国熊谷郷西方の知行を主張する意図からとも考えられる。しかし、直経の子孫は、直経の「四郎」を名乗るように変化するのである。直経が三入庄に本拠を遷した「中興の祖」と認識されていたことが窺えよう（柴﨑　二〇〇七）。

やがて既述の分業も内乱のなかで困難となっていき、応永十年（一四〇三）二月二十八日「熊谷宗直譲状」で、男在直に武蔵国西熊谷郷の田畠在家などを譲与したのを最後に、熊谷家文書に熊谷郷のことが見えなくなる。鎌倉末〜南北朝初期には劣勢にあった直時流であるが、のちには訴訟などで所領を回復し、安芸の国人としての歴史を歩むのである。

播磨安保氏

次に、西遷武士の特徴を明らかにするためにも、西国所領を得ながら西遷しなかった武士を見ておこう。

承久の乱では西国守護の多くが京方に属したこともあり、乱直後の混乱期から諸国で新たな守護への改替が行われた。武蔵武士では、丹《たん》党の安保実員が播磨の守護（もしくは守護北条泰時の代行）となって、六波羅の北条泰時から播磨国這田《ほうだ》庄と石作《いしつくり》庄への守護所使の入部停止を命ぜられている（鎌遺四―二八六八）。

貞応二年（一二二三）三月までに小山朝政が播磨守護となるが、安保実員は娘が北条泰時室となって建暦二年（一二二一）に時実を生んでおり、混乱期の畿内近国を任される程に信頼が厚かったのであろう。

【安保氏系図】（伊藤一美　一九八一）

実光――実員――信員――?――行員――基員

また安保実員は、承久宇治川合戦で自身が傷を負い、父実光ら四人が討死したこともあって、勲功賞として播磨国須富《すとみ》庄地頭職を得ている（建武元年四月「安保信阿代成田基員申状案」八坂神社文書一八八四）。寛喜三年（一二三一）八月には、安保実員の死去により、その男信員が播磨国須富庄と武蔵国安保郷内別所村・近江国箕浦《みのうら》庄内一所の地頭職を安堵されている（八坂神社文書一八八五、鎌遺六―四一八一）。

その後、安保行員（信阿）の頃に播磨国須富庄を南北に分割し（八坂神社文書一八八四）、正中二年（一三二五）十二月、行員から基員に、安保郷内中原屋敷半分や須富庄北方半分と則末《のりすえ》・友安《ともやす》名などを譲っている（八坂神社文書一八八七、鎌遺三八―二九二七八）。この頃には、播磨国志方《しかた》郷の出身と思われる「志方入道」が、武蔵の安保郷内中原屋敷に給分田一町を有していた。安保氏が西国所領の被官に東国所領の給分田を与えたと考えられ、東西の散在所領を有効に経営できていたことが窺える。

安保信員は武蔵の成田家資女を室に迎えており、やがて信員の曽孫基員は成田氏を名乗ることになる。行員は、成田家資女から陸奥国鹿角《かづの》郡内柴田村を相伝し（信濃安保文書、鎌遺三五―二六九〇六）、のち基員の頃には成田四郎太郎秀綱跡や同五郎左衛門入道跡を有していた（八坂神社文書一八八八）。

鎌倉時代において、安保氏の嫡流は信員の兄泰実の系統であったが、信員の系統も成田氏の所領を吸収して武蔵に比較的安定した基盤が築けていた。それゆえ、本領の武蔵から西国に本拠地を遷す必要がなかったのである。

しかし南北朝内乱期には、遠隔地所領の維持が困難となっていく。暦応二年（一三三九）、播磨守護の赤松円心が、成田基員が播磨に在国していないことなどを理由に、須富庄北方を闕所地《けっしょち》として大内八郎入道に宛行った。基員が室町幕府に訴えると、八月に足利直義は基員の地頭職を安堵しているが（八坂神社文書一八八二）、その後も須富庄に対して周辺諸氏の押領が続いた。応永二年（一三九五）二月、成田道成らは須富庄北方地頭職を祇園社に寄進することで（八坂神社文書一八九二）、外圧に対処しようとしたが、その甲斐なく、康正二年（一四五六）の「造内裏段銭并国役引付」には河原修理助が須富庄北方段銭を納めると見える。かくして、安保・成田氏は須富庄から姿を消したのである。

参考文献

伊藤一美『武蔵武士団の一様態　安保氏の研究』（文献出版、一九八一年）
伊藤邦彦『鎌倉幕府守護の基礎的研究　国別考証編』（岩田書院、二〇一〇年）
大井教寛「熊谷氏の系譜と西遷について」（『熊谷市史研究』三、二〇一一年）
河合正治「東国武士団の西遷とその成長」（『史学研究記念論叢』柳原書店、一九五〇年）
埼玉県立博物館『武蔵武士』一九八三年
佐藤和彦『南北朝内乱史論』（東京大学出版会、一九七九年）
柴﨑啓太「鎌倉御家人熊谷氏の系譜と仮名」（『中央史学』三〇、二〇〇七年）
田中倫子「周防の平子氏」（『鎌倉御家人平子氏の西遷・北遷』横浜市歴史博物館、二〇〇三年）
錦織　勤「安芸熊谷氏に関する基礎的研究」（『日本歴史』四三七、一九八四年）

服部英雄『歴史を読み解く』（青史出版、二〇〇三年）
吉田賢司「武家編制の転換と南北朝内乱」（『日本史研究』六〇六、二〇一三年）

＊『平安遺文』○巻△号は　平遺○―△　の如く略した。『鎌倉遺文』も同様。

コラム　武蔵武士の群像⑩

長尾景春

ながお　かげはる

嘉吉三年（一四四三）〜永正十一年（一五一四）

久保田　和彦

長尾景春は白井《しろい》長尾《ながお》景信《かげのぶ》を父に、越後府中長尾頼景《よりかげ》の娘を母として嘉吉三年（一四四三）に生まれた。通称は孫四郎、伊玄斎と号す。長尾氏は桓武平氏の出身で、平高望《たいらのたかもち》の子良文《よしふみ》を祖とする坂東八平氏《ばんどうはちへいし》の一つとされる。坂東八平氏は、一般的には千葉《ちば》氏（下総国）、上総《かずさ》氏（上総国）、秩父《ちちぶ》氏（武蔵国）、三浦《みうら》氏・中村《なかむら》氏・大庭《おおば》氏・梶原《かじわら》氏・長尾《ながお》氏（相模国）の八氏をいうが、数え方には諸説がある。

長尾氏は相模国鎌倉郡長尾郷（現在の横浜市栄区長尾台）を苗字の地とする武士団で、鎌倉時代は同族の三浦氏に従い、宝治元年（一二四七）の三浦《みうら》泰村《やすむら》の乱によって嫡流である鎌倉長尾氏は滅亡した。しかし、室町・戦国時代には関東管領山内上杉《やまのうちうえすぎ》氏の家宰《かさい》として、上杉氏の領国である越後・上野・武蔵・伊豆などの守護代をつとめ、越後長尾・足利長尾・白井長尾・総社《そうじゃ》長尾などに分かれ、関東長尾氏として勢力をふるった。景春の出身である白井長尾氏は、上野国白井（現在の群馬県渋川市）を本拠とした一族である。

長尾景春の父景信《かげのぶ》・祖父景仲《かげなか》は、ともに関東管領山内上杉氏の家宰をつとめたが、文明五年（一四七三）に景信が死去すると、山内上杉顕定は白井長尾氏の勢力を抑えるため、総社長尾忠景（景信の弟）を家宰に任命した。総社長尾氏は、上野国国府のあった総社（現在の前橋市）を本拠とする一族である。長尾景春はこの決定に不満を持ち、鎌倉から本拠地である上野国白井城に退去して、主君の上杉顕定に叛いた。

この頃の東国は、関東公方《かんとうくぼう》足利成氏《あしかがしげうじ》と関東管領《かんとうかんれい》山内・扇谷《おうぎがやつ》両上杉氏が激しく抗争を続けていた。永享《えいきょう》の乱で滅亡した関東公方足利持氏《もちうじ》の遺児成氏は新しい公方に就任したが、父を滅ぼした原因をつくった関東管領上杉憲実《うえすぎのりざね》を恨み、享徳三年（一四五四）に憲実の子で現関東管領の上杉憲忠を鎌倉の公方邸西御門で暗殺した。この享徳の乱以来、鎌倉を逃れ下総国古河《こが》を本拠とした足利成氏と両上杉氏は全面戦争に突入した。古河公方と両上杉氏は互いに武蔵国五十子《いかっこ》（現在の埼玉県本庄市）に陣を布き、すでに二十年におよび対陣を続けていた。

　長尾景春は文明八年に武蔵国鉢形城《はちがたじょう》を拠点とし、古河公方足利成氏と結んで、翌年正月、両上杉方の五十子陣を攻撃し、上杉顕定《うえすぎあきさだ》と扇谷上杉定正《さだまさ》を上野国那波《なわ》へと敗走させた。山内・扇谷の両上杉氏は協力して景春と戦い、特に扇谷上杉氏の家宰であった太田《おおた》資長《すけなが》（道灌《どうかん》）は、武蔵国江戸城を本拠として景春の軍勢と戦い、同十年七月に景春の拠る鉢形城を落城させた。太田道灌の活躍で長尾景春の乱はほぼ平定され、足利成氏と山内・扇谷両上杉氏との戦争も、同十四年十一月の「都《と》鄙《ひ》合体《がったい》」と呼ばれた和議が成立し、東国における三十年間におよぶ戦乱は終息するかに見えた。

　しかし文明十八年七月、太田道灌が主君の扇谷上杉定正に相模国糟屋《かすや》館（現在の神奈川県伊勢原市）で暗殺されると、翌長享元年（一四八七）年に長享の乱と呼ばれる山内・扇谷両上杉氏の抗争がはじまった。没落していた長尾景春は、この争乱が始まると扇谷上杉定正と結んで、さらに山内上杉顕定と戦いを続けた。長享の乱は二十年間におよび、永正二年（一五〇五）にようやく和議が成立した。

　同四年、越後国で守護代長尾《ながお》為景《ためかげ》が守護上杉房能《うえすぎふさよし》を廃す事件が起こると、房能の実兄である関東管領山内上杉顕定は、長尾為景追討のため越後国に出陣した。景春は同族である為景と結び、同七年には山内上杉氏に奪われていた本拠地白井城を回復した。景春は反山内上杉氏の立場を一貫して貫き、同十一年八月、七十二歳で死去した。死去の場所や理由は不明である。

第4章　西遷した武士団　鎮西方面

長村祥知

野本氏と肥前国高来郷

鎌倉前期の鎮西では、越前の藤原氏利仁《としひと》流斎藤氏に出自し、武蔵国比企《ひき》郡野本《のもと》を名字地とする野本氏の所領が確認できる。

【野本氏系図】（『尊卑分脈』二—三二四頁）

基親——基員——時員——時秀——行員

野本時員は、平家没官領《もっかんりょう》である仁和寺《にんなじ》領肥前国高来《たかく》西郷《さいごう》地頭職《じとうしき》を、後白河《ごしらかわ》院の時代に頼朝から賜った。しかし承久の乱直後の承久三年八月卅日、野本時員が有していた高来西郷は武蔵国稲毛《いなげ》本庄と交換して前大僧正慈円の所領となり、不輸の地となったため、その年貢を同東郷地頭の野本行員が納めることとなった（鎌遺五—二八一九）。

その後、寛元二年（一二四四）に有間朝澄が「高木」東郷地頭職について訴訟を起こしたが、幕府評定は棄却している（『吾妻鏡』六月二十七日条）。その訴訟相手は『吾妻鏡』に記されていないが、寛元四年（一二四六）に有間朝澄と串山《くしやま》郷を争った越中政員（『吾妻鏡』三月十三日条）であろう。文永二年（一二六五）には、肥前国高来東郷の惣地頭越中長員が、打擲《ちょうちゃく》刃傷を犯したとして、同郷内の深江村小地頭安富民部三郎入道心空から大宰府に訴えられており（鎌遺一三―九三三二）、その後も深江村の所務等をめぐって惣地頭越中氏と小地頭の間で相論が続く。

この高来東郷惣地頭である越中政員・長員の系譜等は未詳だが、「員」の通字や、一般に東国御家人が鎮西の惣地頭であったことを勘案すれば、野本時員・行員の親族の可能性もある。

野本氏は、鎌倉前期から鎮西に所領を得ていた数少ない武蔵武士であるが、その祖は越前斎藤氏であり、野本基員が建永元年（一二〇六）六月十六日まで越前国河口《かわぐち》庄地頭であるなど（鎌遺補一―四九五）、早くから畿内近国との関わりを有していた。鎌倉中期にも、野本時員は六波羅奉行人として京周辺で活動しており（森幸夫『六波羅探題の研究』続群書類従完成会、二〇〇五年）、畿内近国に一定以上の規模の所領があったと考えられる。

鎌倉前期に鎮西に所領を得た武蔵武士は少なく、野本氏のように早くから畿内近国との関わりを有していた一族に限られていたのであろう。

宝治合戦の影響

鎌倉中後期には、鎌倉幕府の内紛後に西国所領を得た武蔵武士が多い。周知の通り、幕府の中枢では、執権北条氏が勢力を伸ばす過程で様々な内紛が起こった。当然、滅亡・敗北した勢力に属した者の所領は、勝利した勢力の中で分配されることとなるが、幕府関係者の西国所領は時代が降るほど増えている。一方、武蔵武士の多くは小規模武士団であり、北条氏が勢力を伸長するのに応じて従属する武蔵武士も多くなっていた。こうした事情もあり、時代が降るにつれて内紛後に西国所領へ進出する武蔵武士も目立つようになるのである。

とりわけ武蔵武士と鎮西の関わりが史料的に目立つのは、宝治元年（一二四七）六月に鎌倉で起こった宝治合戦である。この合戦は、執権北条氏と三浦氏という当時最大級の御家人同士の対立を基本軸とする。合戦には北条時頼方が勝利し、三浦泰村の一族とその姻族の千葉秀胤・毛利季光等が敗死した。

後述するように、毛利季光領であった肥後国野原庄では、小代重俊が地頭に補任されている。

薩摩国では、鎌倉初期に千葉常胤が高城《たかき(たき)》郡・東郷《とうごう》別符・入来院《いりきいん》・祁答院《けどういん》・甑島《こしきじま》の五ヵ所の没官領の地頭となり、島津庄寄郡《よせごおり》の郡司職を得ていたが、常胤の曾孫千葉秀胤が宝治合戦で自刃したため、高城郡・東郷別符・入来院・祁答院は相模の渋谷光重に与えられた。やがて光重の子が薩摩に西遷することとなる。

延慶三年（一三一〇）四月三日「平行重譲状」（大井文書。鎌遺三一―二三九五六）に、大井小四郎頼郷が祁答院柏原内平河を有していたと見える。これは武蔵国荏原《えばら》郡の大井郷を名字地とする紀姓大井氏が、渋谷氏と縁族であったために、当地に所領を獲得したものと考えられている（五味　一九六八）。

薩摩小河氏

薩摩国甑島《こしきじま》も千葉氏の所領であったが、宝治合戦で闕所地になり、武蔵国多摩郡西部（多西郡）の小河郷を名字地とする西党《にしとう》の日奉《ひまつり》姓小河氏（小川氏）に与えられた。江戸時代後期に得能通昭が編纂した『西藩野史』には、小河季能が地頭職に補任され、その子季直が下向したとある。

すでに平家追討直後の元暦二年（一一八五）四月十五日に、小河馬允（弘季か）が、当時在京中の東国武士で任官した輩の一人として、源頼朝から本国への下向停止と在京陣役勤仕を命ぜられており、小河氏と西国との関係は早くから確認できる。承久三年（一二二一）の乱では、宇治川合戦の鎌倉方勲功交名に、三浦

【小河氏系図】（峰岸　二〇〇七）

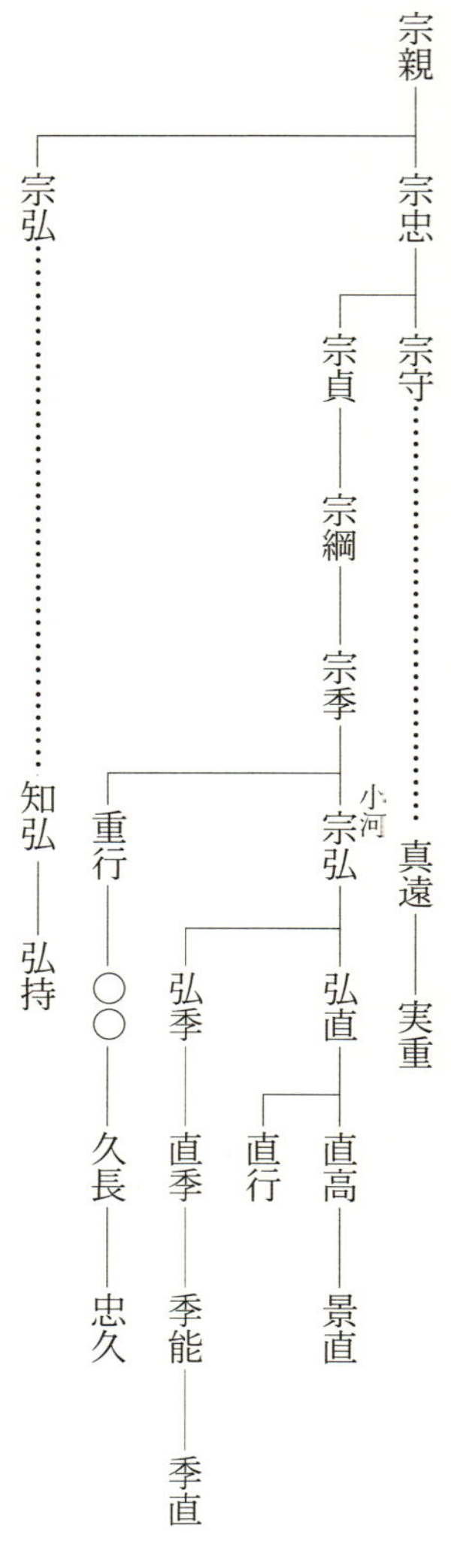

泰村の手勢として小河兵衛尉（直行）が敵一人を討ったと見える。

さて、薩摩国甑島に所領を得た小河氏であるが、在来の武士である高城太郎信久と小河宮内左衛門太郎季張の間で、薩摩国高城郡甑下島（下甑島）郡司職をめぐって相論が起こった。建長六年（一二五四）正月二十日、幕府は、千葉常胤以来、地頭が郡司職を進止しているとして、小河季張の権限を認める下知状を発している（鎌遺一一―七六九七）。

また嘉元三年（一三〇五）八月二十六日「鎮西御教書写」（『薩藩旧記雑録』。鎌遺二九―二二三一三）には、島津庄甑島雑掌の兼種が、小河太郎入道が幕府の下知状に背いて新儀非法を続けていると訴えた旨が見える。

かくして周囲との競合を経ながらも、小河氏は甑島に勢力を築いていった。文保元年（一三一七）七月晦日の「薩摩国御家人交名注文」（鎌遺三六―二六二八九）にも「甑島〈小川小太郎入道跡　同太郎三郎〉」と見える。

南北朝内乱期には、建武四年（一三三七）八月十四日の薩摩国市来院内赤崎合戦で、甑島地頭小河小太郎季久・同小三郎らが南朝方に属して軍功を挙げている（南北九州一―一〇二八）。小河季久・小三郎は同年九月十七日の市来城の合戦にも参戦している（南北九州一―一〇六九）。

一方、小河氏の武蔵の所領はどうであったか。鎌倉前期には、武蔵国多西郡に所在する二宮神社の地主職（あるいは地頭職）をめぐって、小河直高と同族の忠久の間に相論が起こっていた。建暦三年（一二一三）九月、武蔵の国務を執っていた源親広は、直高を地主に補任する国司庁宣（鎌遺四―二〇二七）を発し、それを施行する武蔵国留守所下文が発せられた。その留守所下文には、散位日奉宿禰・散位日奉宿禰・散位橘朝臣・目代藤原の四名が署判をすえており（鎌遺四―二〇二八）、日奉姓で在庁として一定の勢力を保持した者のいたことがわかる。

なお、寛喜三年（一二三一）四月、河越重員が武蔵国留守所惣検校職の職務回復を訴えた際、その当否を幕府が留守所に尋ねると、「在庁散位日奉実直、同弘持、物部宗光等」が勘状を提出したという（『吾妻鏡』四月二十日条）。この日奉実直（実重か）・日奉弘持は、小河氏の遠祖から分かれた西党の同族であり、「日奉氏小川系図」にはそれぞれ一庁官・二庁官の注記がある。建暦三年の留守所下文に見える二名の散位日奉宿禰も、彼等の父世代であろう（峰岸　二〇〇七）。

日奉姓で西党の同族である立川家に伝わった年未詳（鎌倉後期）の関東下知状の写には、彦四郎重清の妻藤原氏が、小河彦五郎宗頼から多西郡小河郷内田四段を買得したと見える（鎌遺四〇―三一三九五）。

小河氏について知りうる史料は断片的だが、武蔵では西党の他家が在庁として活躍し、あるいは所領を買得しているのに対して、小河氏が武蔵から離れて薩摩国甑島に土着していった様子が窺えよう。

蒙古襲来と鎮西下向

承久の乱後に大量の東国武士が西遷する契機となったのが、一二七〇年代以降の対蒙古戦争である。文永八年（一二七一）九月、鎌倉幕府は、九州に所領をもつ御家人に対して、九州に下向して異国警固に当たるよう命令した。この異国警固番役は、京都・鎌倉の大番役と並ぶ重要な軍役となったが、京都・鎌倉は番役勤仕後の在地への下向が基本であり続けたのに対して、九州に下向した東国御家人には土着する者が多かった。

建治元年（一二七五）頃にはモンゴルの再度の来襲に備えて諸国の守護が交替する。肥後守護は、武藤資能から安達泰盛に替わったが、泰盛自身は鎌倉で幕府首脳としての活動を続け、泰盛の男盛宗が肥後に下向した。やがて盛宗自身が肥後守護正員になったらしく、『竹崎季長絵詞』の弘安の役（一二八一）の段には、朱筆で「肥後国、時之守護人城次郎盛宗」と記されている。

しかし安達泰盛は内管領平頼綱との対立により、弘安八年（一二八五）十一月十七日の霜月騒動で、頼綱の讒言をいれた執権北条貞時に鎌倉で討たれた。この影響は筑前の岩門合戦を始めとして諸国に及び、安達盛宗も鎮西で追討されている（鎌遺二一―一五七六四）。

肥後小代氏

蒙古襲来を契機に西遷したことが明らかな武士一族として、小代《しょうだい》氏が挙げられる。小代氏に関係する史料は、『荒尾市史　前近代資史料集』（荒尾市、二〇〇九年）に編年で整理されている。

児玉党の小代氏は、比企郡小代郷（勝代郷とも。埼玉県東松山市）を本領とする。鎌倉前期の小代行平は、一ノ谷の戦いや奥州合戦に従軍し、建仁三年（一二〇三）には越後国青木庄・同国中河保・安芸国見布乃（壬生）

庄の地頭に補任された（鎌遺三一一三七九・一三八八・一四〇一。『吾妻鏡』元久元年七月二十六日条）。

【小代氏系図】

小代遠弘——行平＝＝俊平——重俊——重泰——伊重

行平の孫重俊は、宝治元年（一二四七）六月二十三日、鎌倉殿藤原頼嗣の袖判下文によって肥後国野原《のばら》庄（現熊本県荒尾市など）の地頭職に補任された（小代文書。鎌遺九一六八四五）。嘉禄三年（一二二七）頃には毛利季光が野原庄地頭職を有していたが、宝治元年（一二四七）の宝治合戦で毛利季光が討死し、小代重康（泰）の勲功によって父重俊が当庄地頭職に補任されたのである。その後も、肥後国野原庄の支配は代官に任せていたらしく、重俊自身は弘安四年（一二八一）に武蔵国小代郷で没している（同年七月一日銘青蓮寺板碑）。

野原庄では弘長二年（一二六二）に地頭と領家との間で下地中分が行われ、地頭は西郷、領家は東郷を領することになった（『野原八幡宮祭事簿』）。ただし、野原八幡宮の祭礼が旧来の領主達によって運営されており、小代氏の地頭代もこれを認知していたと想定されることから、当該期には、なお小代氏の勢力が当地に深くは滲透していなかったと考えられている（柳田快明「一三〜一五世紀の肥後国野原八幡宮祭礼と小代氏」『熊本史学』九三・九四、二〇一一年）。

一二六〇年代後半以降、蒙古の脅威が迫る中で、文永八年（一二七一）九月十三日、幕府は重俊の子息に対して、蒙古襲来に備えるため肥後国の所領へ下向し、守護の指揮に従って異国防禦と領内悪党の鎮圧に当たるよう命じた（小代文書。鎌遺一四一一〇八七三）。ただし『野原八幡宮祭事簿』によれば、実際に重俊の男重泰が野原庄に下向したのは建治元年（一二七五）であった。

こうした軍役も一因となって経済的に窮乏したためか、小代氏は武蔵の所領を売却するようになった。元応二年（一三二〇）四月二日には、小代伊行が有していた武蔵国小代郷内の田九反を粟生直村妻藤原氏が買っている（武蔵報国寺文書。鎌遺三五―二七四二九）。また元徳三年（一三三一）六月二十三日「関東下知状案」（矢名之書。鎌遺四〇―三一四五〇）によれば、小代伊行は、加治時直妻藤原氏に、小代郷国延名内田畠のうち、「正中二年三月十日田八段、嘉暦三年七月十七日田壱町壱段、穂町小畠壱町、同十二月廿二日田壱町壱段、穂町壱所、同四年二月二日弐段、沼壱所」を売り与えたという。

やがて元弘三年（一三三三）に後醍醐天皇が鎌倉幕府を滅亡させ、さらに建武二年（一三三五）には足利尊氏が建武政権に叛旗をひるがえすも、翌建武三年（一三三六）正月には京を追われて九州に下向する。同年三月、肥後国野原一分地頭である小代長鶴丸の代官重宗が尊氏方に馳せ参じ、一色範氏から着到状に証判を得ている。この長鶴丸は小代重峯の子息で、まだ幼少であったためか、代官重宗のほかにも、代官丹六義宗が博多警固にあたるなど、鎮西の方々で代官が活動している。

小代氏は、当該期にあっても、なお武蔵の所領は維持できていたようで、建武三年六月〜七月には、「武蔵国小代」重峯が、高師直の軍勢に属して比叡山の麓の西坂本で軍忠を挙げたと主張している。ただしこの小代重峯も、筑後などの鎮西で活動するときは「肥後国野原西郷一方地頭小代」を名乗って軍忠を申請している。

やがて小代氏は、肥後の国人として成長することとなる。

南北朝内乱と日向野辺氏

鎌倉幕府滅亡後の建武政権期に西国所領を獲得し、西遷した武士もあった。日向の野辺氏がそれであり、野辺氏の歴史を伝える「野辺文書」は、刊本では『宮崎県史　史料編　中世一』（宮崎県、一九九〇年）に収録されている。

建武元年（一三三四）三月二十一日、武蔵国榛沢《はんざわ》郡野辺《のべ》郷（埼玉県深谷市）を本貫地とする横山党の小野姓野辺久盛が、勲功賞として日向国櫛間院《くしまいん》（宮崎県串間市）地頭職を与えられた（野辺文書一五）。詳細は未詳ながら、元弘の乱で北条方追討に功があったものであろう。

日向国櫛間院は、建久八年（一一九七）六月の日向国図田帳《ずでんちょう》によれば島津庄寄郡の宮崎郡にあり、島津忠久が地頭であったが（鎌遺二―九二三）、建仁三年（一二〇三）の比企氏の乱に関わって島津庄日向方は没収された（『吾妻鏡』九月四日条）。その後の知行者は未詳だが、北条氏周辺の有力者だったと考えられる。安貞三年（一二二九）二月日「櫛間院田畠注進目録」によれば、櫛間院は水田三八七町六段二丈で見作田《げんさくでん》は三三五町六段二丈とあり（野辺文書一）、文永五年（一二六八）三月二十五日「櫛間院年貢注文」には定田《じょうでん》三二七町一段四丈とある（野辺文書二）。やはり東国の党的武士団の本拠に比して広大な所領である。

早速、この櫛間院に、野辺久盛の息男盛忠が下向したらしい。野辺盛忠は、櫛間院の下地支配について度々綸旨を下されたが、従わなかった。そのため、建武二年（一三三五）五月十一日、建武政権は、櫛間院雑掌弘成の訴えをうけて、城郭を構えて狼藉する野辺盛忠の鎮圧を、薩摩・大隅国守護島津貞久に命じている（南北九州一―二五四）。

建武三年五月以降、中央では足利尊氏の独立によって、後醍醐が吉野に南朝を創始するが、鎮西南部では、野辺盛忠・肝付《きもつき》兼重らが南朝方勢力として活動していた。建武五年（一三三八）五月、北朝方の日向国大将畠山直顕は、凶徒退治のため日向国飫肥《おび》南郷・北郷や櫛間院に攻め入り、七月七日までに盛忠は降参した（南北九州一―一一九八）。

以後、野辺盛忠は北朝方に属すようになったらしく、貞和五年（一三四九）十一月八日、武蔵国の野辺郷行貞名地頭職と日向国櫛間院地頭職を息男の愛寿丸（泰盛）に譲り、足利尊氏の承認を得ている（野辺文書二）。しかし、この後、野辺文書に武蔵国野辺郷のことは見えなくなる。内乱の中で武蔵の所領は手放さざるをえなかったのであろう。

一方、愛寿丸（泰盛）の弟、野辺政式（政範）は、観応三年（一三五二）四月二十九日、足利直冬から、勲功賞として島津貞久跡の大隅国曽於河《そおがわ（そのこがわ）》村十一町地頭職と惣検校入道跡の郡田《こおりだ》村小地頭職二十町を宛行われている（野辺文書四）。政式は同年十月にも直冬から感状を受けるなど、直冬の配下で奮戦していた（野辺文書五）。

この数年前から足利直義と高師直の対立を引き金として列島各地は戦乱状態になっており（観応の擾乱）、鎮西では足利直義派の足利直冬が、足利尊氏の命を受けた一色氏らと合戦を繰り広げていた。同年（一三五二）二月の直義の急死により、足利直冬は鎮西で孤立し、やがて山陰地方に拠点を移す。野辺政式の子孫は長禄三年（一四五九）頃まで日向国櫛間院を中心に鎮西所領を維持することとなる。

参考文献

石井　進『日本の歴史　一二　中世武士団』（小学館、一九七四年）
伊藤邦彦『鎌倉幕府守護の基礎的研究　国別考証編』（岩田書院、二〇一〇年）
五味克夫「東国武士西遷の契機」（『歴史教育』一六―一二、一九六八年）
埼玉県立博物館『武蔵武士』一九八三年
瀬野精一郎『鎮西御家人の研究』（吉川弘文館、一九七五年）

外山幹夫「肥前国高来東郷・高来西郷と高来一揆」（『県立長崎シーボルト大学国際情報学部紀要』一、二〇〇〇年）
峰岸純夫「日奉氏小河系図」（峰岸純夫・入間田宣夫・白根靖大編『中世武家系図の史料論　上』高志書院、二〇〇七年）
吉田賢司「武家編制の転換と南北朝内乱」（『日本史研究』六〇六、二〇一三年）

＊『鎌倉遺文』○巻△号は　鎌遺○―△　の如く略した。『南北朝遺文　九州編』○巻△号は　南北九州○―△　の如く略した。

コラム　武蔵武士の群像⓫

太田道灌

おおた どうかん

永享四年（一四三二）〜文明十八年（一四八六）

久保田　和彦

太田道灌は、扇谷上杉《おうぎがやつうえすぎ》氏の家宰《かさい》であった太田資清《おおたすけきよ》（道真）を父に、永享四年（一四三二）に生まれた。幼名は鶴千代、実名は資長《すけなが》である。享徳二年（一四五三）正月、従五位下《じゅごいのげ》・左衛門大夫《さえもんのたいふ》に任じられ、康正元年（一四五五）十二月に正五位下・備中守に昇叙し、太田家の家督を継承した。太田氏は清和源氏の出身で、丹波国太田《おおた》郷（現在の京都府亀岡市）を苗字の地とする一族である。太田氏の祖である資国は、丹波国上杉《うえすぎ》荘（現在の綾部市）地頭であった上杉重房《うえすぎしげふさ》に仕え、建長四年（一二五二）に六代将軍宗尊《むねたか》親王に従って重房が鎌倉に下向《げこう》した際、ともに鎌倉に下り、代々扇谷上杉氏の家宰をつとめ、相模国愛甲《あいこう》郡、武蔵国小机《こづくえ》・稲毛《いなげ》などを所領とした。道灌の死後は、道灌の子である資康の江戸太田氏と資家の岩付《いわつき》太田氏に分かれる。

享徳三年（一四五四）、永享《えいきょう》の乱で滅亡した関東公方足利持氏《あしかがもちうじ》の遺児成氏《しげうじ》は、新公方に就任すると、父が滅亡した原因をつくった関東管領上杉憲実を恨み、憲実の子で現関東管領の上杉憲忠を鎌倉の公方邸西御門で暗殺した。この享徳の乱以来、鎌倉を逃れ下総国古《こ》河《が》を本拠とした足利成氏と山内・扇谷両上杉氏は全面戦争に突入した。以来、古河公方と両上杉氏は互いに武蔵国五十子《いかっこ》（現在の埼玉県本庄市）に陣を布き、すでに二十年におよび対陣を続けていた。

文明五年（一四七三）に白井《しろい》長尾景春《ながおかげはる》は、主君である関東管領山内上杉顕定《やまのうちうえすぎあきさだ》が家宰職を総社長尾忠景《そうじゃながおただかげ》に任命したことに不満を持ち、鎌倉から本拠地である上野国白井城に退去して、主君の上杉顕定に叛いた。さらに同八年、景春は武蔵国鉢形城《はちがたじょう》を拠点とし、古河公方足利成氏と結んで、翌年正月、両上杉方の五十子陣を攻撃し、上杉顕定と扇谷上杉定正を上野国那波へと敗走させた。

扇谷上杉氏の家宰であった太田道灌は、武蔵国江戸城を本拠として景春の軍勢と戦い、同九年三月、景春方の溝呂木城《みぞろぎじょう》（神奈川県厚木市）や小磯城《こいそじょう》（同県大磯町）を攻略し、江戸城に近い豊島氏の居城石神井城《しやくじいじよう》も落城させるなど、景春方の拠点を次々に攻略した。「太田道灌状」によると、東国における道灌の合戦は三〇回におよんだという。同十年七月、道灌は景春の拠る鉢形城を落城させ、道灌の活躍で長尾景春の乱はほぼ平定され、足利成氏と山内・扇谷両上杉氏との戦争も、同十四年十一月の「都鄙《とひ》合体《がったい》」と呼ばれた和議が成立し、東国における三十年間におよぶ戦乱は終息するかに見えた。

太田道灌像　東京都北区　静勝寺所蔵

　道灌の活躍によって、主君扇谷上杉定正《うえすぎさだまさ》の勢力は大きく拡大し、また太田道灌の名声も絶大なものとなった。文明十八年七月二十六日、太田道灌は主君扇谷上杉定正の相模国糟屋《かすや》館（神奈川県伊勢原市）に招かれ、この地で暗殺された。五十五歳であった。この日、道灌は入浴後に風呂場の入口で待ち構えていた定正の家臣曾我兵庫に殺害された。斬られた直後、道灌は「当方滅亡」と言い残したといわれている。道灌暗殺の原因は、扇谷上杉定正が道灌の権威をおそれたためとも、扇谷上杉氏の勢力を削減するための山内上杉顕定の策略とも、俗説としては北条早雲《ほうじようそううん》の陰謀であるともいわれている。道灌の予言通り、道灌亡き後の扇谷上杉氏の滅亡は急速であった。道灌の墓は上糟屋の洞昌院《とうしよういん》にあり、また下糟屋の大慈寺《だいじじ》には道灌の首塚と呼ばれる石塔が残されている。毎年秋には、道灌を偲んで、神奈川県伊勢原市で道灌祭りが行われている。

Ⅳ 武蔵武士を歩く

第1章　古戦場

角田朋彦

古戦場

中世において武蔵国では、政治情勢に大きな変革をもたらす合戦から、隣接する領主同士の争いに至るまで、多くの戦場となった地であった。特に、歴史に名を残すような合戦は、鎌倉街道《かまくらかいどう》に沿って行われている。そして現在でも、それらの合戦場であったことを示す石碑や伝承などが、各地に残されている。ここでそれらすべての古戦場を紹介することはできないので、政治的に重要となる合戦を中心に、時代順に合戦の概要、現在地域などを述べていくことにしたい。

大蔵合戦

久寿二年（一一五五）八月十六日、秩父《ちちぶ》重隆《しげたか》・源《みなもとの》義賢《よしかた》が拠る比企《ひき》郡大蔵館《おおくらやかた》を、畠山重能《はたけやましげよし》・源《みなもとの》義平《よしひら》らが急襲した事件で、京都で起きた保元《ほうげん》の乱の前哨戦に位置づけられている。源義賢は仁平三年（一一五三）頃から上野国多胡《たこ》郡を本拠として活動を開始し、すぐに秩父重隆に婿として迎えられ、大蔵館を伝領したとされている。義賢と義平は叔父・甥の関係にあり、この事件の背景には、南関東を勢力下におく源義朝（義平の父）と、北関東に進出してきた義賢（義朝の弟）との関東における主導権争いに、秩父一族内の対立が相俟ったものとみられる。結果、重隆・義賢らは討ち死にしている。

舞台となった大蔵館は、東武東上線武蔵嵐山《らんざん》駅の南約二㌔のところ、都幾《とき》川左岸の微高台地上に位置している。耕地の開発や道路の開通などにより、館跡のほとんどが消滅しているが、一部の空堀《からぼり》や土塁《どるい》などが痕跡を残している。もっともこれらの遺構は、その後の利用によって改変されたものとみられている。現在、館跡の一角には大蔵神社が建つ。周辺には、館跡の東側には源義賢墓とされる五輪塔《ごりんとう》があり、西側に所在する鎌形八《かまがたはち》幡《まん》神社には義賢の子義仲の産湯の井戸とされる井戸跡などが残されている。都幾川の対岸には、畠山重忠の館跡とされる菅谷《すがや》館跡がある。

二俣川合戦

元久二年（一二〇五）六月二十二日、鎌倉に向かう途中の畠山重忠の軍勢が、北条義時《ほうじょうよしとき》を大将軍とする幕府軍によって討たれた事件である。背景には、武蔵国の支配権を廻る畠山氏と北条氏の政治的対立があり、重忠は謀叛の嫌疑がかけられ、誘引される形で謀殺された。この時は、葛西清重《かさいきよしげ》・河越重時《かわごえしげとき》を始め、多くの武蔵武士が幕府軍に従っている。翌日には、重忠らの無実が判明し、重忠を討った稲毛《いなげ》一族が誅殺されている。

舞台となった場所は、相模鉄道鶴ヶ《つるが》峰《みね》駅の西約五〇〇㍍ほどのところで、旭区役所一帯に比定されている。鎌倉街道中ノ《なかの》道《みち》筋で、多摩丘陵の起伏に富む東縁部に当たるが、都市化が進んでいるため、地形などの様子はわかりにくい。旭区役所の北側向かいには、重忠没後七五〇年を機に昭和三十年六月に建立された畠山重忠公碑がある。また周辺には重忠の首塚があり、北側に所在する鶴ヶ峰神社の周辺には、畠山勢を六ヵ所に分けて葬ったとされる六ツ塚や、重忠の室菊の前が重忠を追いかけたもののその死を知り、駕籠《かご》の中で自害した場所と伝える駕籠塚などがある。古くは、旭区役所近くに首洗い井戸などもあったというが、河川の流路の変遷や開発などによって、今ではわからなくなっている。

小手指原合戦

元弘三年（一三三三）五月、鎌倉を攻める新田義貞《にったよしさだ》・足利千寿王《あしかがせんじゅおう》（義詮《よしあきら》）軍と、これを迎え撃つ鎌倉幕府軍との間に起きた合戦である。同月八日、上野国生品明神《いくしなみようじん》に挙兵した新田義貞は、いったん上野国の中央部に位置する八幡庄に進出した後、一路鎌倉を目指して南下した。その後、上野国世良田《せらだ》に挙兵した足利千寿王の軍勢と合流している。これを受けて鎌倉街道上ノ道《かみのみち》を北上した幕府軍と最初に合戦となったのが、十一日に行われた小手指原合戦である。

舞台となった小手指原《こてさしがはら》は、埼玉県所沢市の北西部、狭山《さやま》丘陵の北麓に比定されている。西武池袋線小手指駅の西側約一・七㌔ほどのところに、小手指原古戦場の石碑が建てられている。付近には、義貞が白旗を建てたと伝える白旗塚や、味方した軍勢に忠誠を誓わせた場所と伝える誓詞橋《せいしがはし》などがある。

久米川合戦

小手指原合戦の翌十二日に行われた合戦が久米川合戦《くめがわかっせん》である。

舞台となった場所は、埼玉県所沢市と東京都東村山市の市境一帯で、八国山《はちこくやま》緑地の東端西宿《にしじゅく》公園内に久米川古戦場跡の石碑が建つ。また緑地内には、義貞が旗を立てたと伝える将軍塚があり、古戦場跡の北西部に所在する鳩峰八幡《はとみねはちまん》神社は義貞が参拝したといい、その時に兜《かぶと》を掛けたと伝えた兜掛けの松があったという。古戦場跡の南側に所在する徳蔵寺《とくぞうじ》に安置されている元弘《げんこう》の板碑《いたび》は、次に紹介する分倍河原《ぶばいがわら》の合戦で戦死した飽間斎藤盛貞らの供養塔で、もとは八国山に建立されていたものである。

分倍河原・関戸合戦

鎌倉を攻める新田義貞・足利千寿王軍と鎌倉幕府軍の一連の合戦の一つである。十二日の久米川合戦に勝利した義貞軍は、多摩川を挟んで幕府軍と対峙した。そして十五日から十六日にかけて、分倍河原で合戦が行われた。十五日では義貞軍が敗れているが、翌十六日には分倍河原に幕府軍を急襲し、多摩川の対岸となる関戸《せきど》でも幕府軍を撃破している。ここを突破された幕府軍は最後の砦となる鎌倉を守ったものの、二十二日には北条一族が東勝寺《とうしょうじ》に籠もって自害し、鎌倉幕府は滅亡した。

舞台となった分倍河原と関戸は、武蔵野台地の南縁部崖下、多摩川の広範な河川敷に当たる。台地上には武蔵府中が所在する地点で鎌倉街道上ノ道が通り、街道に沿って分倍河原があり、関戸は多摩川の対岸に位置する。ここは、多摩川の渡河点でもあり、付近一帯は交通の要衝であった。ＪＲ南武線・京王線の分倍河原駅前には、新田義貞像が建つ。その南約五〇〇㍍ほどのところにある新田川《しんでんがわ》分梅公園に分倍河原古戦場の石碑が建

将軍塚（久米川合戦）

てられている。対岸の関戸では、大栗橋を渡った先に関戸古戦場跡の標柱が、地蔵堂の脇に建てられている。

関戸は、建暦三年（一二一三）に霞ノ関という関所が設けられたところでもあり、南木戸の柵跡にも石碑が設けられている。

分倍河原古戦場跡

関戸古戦場跡

女影原合戦

建武二年（一三三五）七月、北条高時《ほうじょうたかとき》の遺児時行《ときゆき》を擁した諏訪氏らの軍勢と、これを迎え撃つ足利直義《あしかがただよし》方の軍勢との間に起きた合戦である。反建武政権・北条家再興をもくろんで鎌倉を目指した時行らの軍勢は、これを止めるため鎌倉から派遣された渋川義季《しぶかわよしすえ》・岩松経家《いわまつつねいえ》・小山秀朝《おやまひでとも》らの軍勢と合戦となった。しかし、時行らの勢いは止まらず、女影原《おなかげがはら》・小手指原《こてさしがはら》・府中《ふちゅう》・井出《いで》の沢の各合戦で鎌倉方を打ち破っている。渋川・岩松らは女影原の合戦で討死し、小山は府中での攻防戦で戦死している。結局、足利直義らは鎌倉を明け渡すこととなり、七月二十五日に時行らは鎌倉を奪還することに成功した。この過程で、鎌倉に幽閉されていた護良《もりよし》親王が謀殺されている。

舞台となった女影原は高麗《こま》原ともいい、JR武蔵野線武蔵高萩駅の南南西約六〇〇㍍ほどのところ、平坦な武蔵の台地上に位置している。現在、霞野《かすみの》神社（もとは諏訪神社で、現在は十二社を合祀する）の境内に、史跡女影原古戦場趾の石碑が建てられている。

羽禰蔵合戦

正平六年（一三五一）十二月十九日、高麗経澄《こまつねずみ》・助綱《すけつな》ら

霞野神社（女影原合戦）

が難波田《なんばた》九郎三郎らを討ち取った合戦である。時は観応擾乱《かんのうじょうらん》の真っ最中で、足利尊氏・直義の両軍勢は、駿河国薩埵山《さったさん》で対陣していた。そのような中で、尊氏方として武蔵国鬼窪《おにくぼ》に挙兵した経澄・助綱らは、武蔵府中に向かう途中、羽禰蔵《はねくら》で直義方の難波田九郎三郎らを討ち取ったものである。難波田氏は村山党の一族で、現在の富士見市南畑《なんばた》を拠点とした武士である。その後、経澄らは阿須垣原でも合戦をし、府中に押し寄せて直義方の軍勢を追い払い、年が明けた正月一日には伊豆国府まで出向き、尊氏方に合流している。羽禰蔵合戦は歴史の表舞台にはあまり登場しないが、武蔵国における観応擾乱の一端を示す合戦である。

舞台となった羽禰蔵は、JR埼京線南与野《みなみよの》駅の西約三・六キロのところ、現在の荒川（旧入間《いるま》川）沿いに位置している。この羽禰蔵の西に南畑が位置している。そのため、両者は接触し合戦となったのであろう。経澄らが進んだ道は、武蔵国府と武蔵一宮氷川《ひかわ》神社を結ぶ道とみられている。

武蔵野合戦

正平七年（一三五二）閏二月、足利尊氏らと新田《にった》義興《よしおき》・義宗《よしむね》らが戦った一連の合戦である。尊氏の勝利によって観応の擾乱は終結したが、二月二十六日に直義が急死した。その直後の混乱に乗じて、新田義興・義宗らが上野国に挙兵し、鎌倉に迫った。尊氏は鎌倉を出て武蔵狩野《かの》川に布陣し、義興らに鎌倉を明け渡している。そして、閏二月二十日に武蔵国金井原《かないがはら》・人見原《ひとみがはら》で合戦に及んだ。その後、尊氏はいったん武蔵国石浜《いしはま》に退き、義宗らは武蔵笛吹峠《ふえふきとうげ》に陣を布いている。この時、宗良《むねよし》親王ら信濃勢や直義党であった上杉氏らが義宗らに加勢している。そして、二十八日には小手指原・高麗原で両軍が衝突した。ここで尊氏方が勝利を収め、この後一年ほどの間鎌倉に留まり、関東の安定に力を尽くしている。

舞台となった地域は、鎌倉街道上ノ道に沿って武蔵野台地上に位置する。まず金井原は、現在の東京都小金井市前原町に比定されている。JR中央線武蔵小金井駅の南約六〇〇㍍ほどのところ、前原坂下交差点の三叉路に金井原古戦場跡の石碑がある。その西側に所在する神明宮周辺には、首塚・胴塚と称される塚があったと伝えられている。人見原は、府中市の東北部の小金井市にほど近いところ、浅間《せんげん》神社が鎮座する浅間山《せんげんやま》周辺に比定されている。現在、浅間山公園として整備され、東京都の旧跡に指定されている。小手指原や高麗原は、先に紹介した地域でもある。

岩殿山合戦

貞治二年（正平一八、一三六三）八月二十六日、下野の芳賀高貞軍と足利基氏《あしかがもとうじ》率いる鎌倉府軍との合戦である。この年、上杉憲顕《うえすぎのりあき》が関東管領《かんとうかんれい》として復帰するが、それに先だって宇都宮氏綱《うつのみやうじつな》が越後守護を解任されていた。そのため、これに反発した宇都宮氏とその家臣芳賀氏が、実力で憲顕の復帰を阻止しようとした。基氏は憲顕援護のため出陣し、岩殿山《いわどのやま》で合戦に及んでいる。この合戦で基氏軍が勝利し、その後、下野国小山まで進んで宇都宮氏を降伏させている。上杉憲顕の復帰は、足利尊氏が関東に布いた政治体制が崩壊した瞬間であった。

舞台となった岩殿山は、岩殿丘陵（比企南丘陵ともいう）にある標高一三六㍍の物見山のことで、合戦はこの丘陵で行われたものとみられる。東武東上線高坂《たかさか》駅の西側約三㌔のところ、物見山の北麓に所在する正法寺《しょうほうじ》（岩殿観音）は、この合戦で基氏が本陣を置いたところと伝え、正法寺の入口には足利基氏の塁跡と名付けられた館跡がある。

平一揆の乱

応安元年（正平二十三、一三六八）二月から閏六月にかけて、河越直重《かわごえなおしげ》ら平一揆《へいいっき》が鎌倉府に謀反《むほん》を起こし河越《かわごえ》館に立て籠もった事件である。前年の四月二十六日に関東公方足利基氏《かんとうくぼうあしかがもとうじ》が病没したため後ろ盾を失った河越氏らは、関東管領上杉憲顕《うえすぎのりあき》の在京中を狙って挙兵した。しかし、すぐに関東に戻った憲顕の指揮する鎌倉府軍によって攻められ、河越館に立て籠もった。そして、六月十一日・十七日と攻撃を受け、敗北を喫している。

舞台となった河越館は、東武東上線霞ヶ関《かすみがせき》駅の東北約八〇〇㍍ほどのところ、埼玉県川越市上戸《うわど》に所在する。入間川の左岸に位置しており、入間川水系を利用した河川交通の要衝でもあった。一九七一年から数次にわたって発掘調査が行われ、一九八一年には国指定史跡となり、現在は発掘成果をもとに一部が国指定史跡河越館跡史跡公園となっている。

五十子の戦い

長禄三年（一四五九）から文明九年（一四七七）の長期にわたって、関東管領上杉氏と古河公方《こがくぼう》足利氏が対陣した合戦である。享徳三年（一四五四）十二月に公方足利成氏《あしかがしげうじ》が関東管領上杉憲忠《うえすぎのりただ》を謀殺し、享徳の乱が始まった。成氏は翌年六月に下総国古河に拠点を移し、乱は長期化の様相を見せ始めた。これに対処するため築かれたのが、五十子《いかっこ》の陣である。その後、上杉氏と足利氏による小競り合いや睨み合いが続き、関東の政治情勢は一進一退であった。しかし、文明八年（一四七六）に山内上杉氏の家臣長尾景春《ながおかげはる》が鉢形城《はちがたじょう》に挙兵し、五十子の陣を襲った。翌九年には上杉勢が敗走し、五十子の陣は解体されて、ようやく終止符を打っている。なお、長尾景春は文明十二年に太田道灌《おおたどうかん》によって鎮圧されている。

舞台となった五十子の陣は、JR高崎線本庄《ほんじょう》駅の東南約二・五キロのところ、小山川の左岸で北側を女堀《めほり》川が流れる要害の地に築かれた。しかし、現在はほとんど遺構は残されていない。

河越城合戦

天文十四年（一五四五）九月から翌年四月にかけて、北条氏康《ほうじょううじやす》と扇谷上杉朝定《おうぎがやつうえすぎともさだ》・山内上杉憲政《やまのうちうえすぎのりまさ》・古河公方《こがくぼう》足利晴氏《あしかがはるうじ》らとの間で行われた河越《かわごえ》城の争奪戦である。長禄元年（一四五七）に太田道真《おおたどうしん》・道灌《どうかん》父子によって築かれた河越城は扇谷上杉氏の重要な拠点であったが、北条氏綱《うじつな》による度重なる攻撃を受けて天文六年（一五三七）に落城し、北条氏による武蔵支配の拠点となっていた。これを奪回するため、朝定は関東管領上杉憲政や古河公方足利晴氏と連携し、河越城を包囲して兵粮攻めを行っていた。そのような中、北条氏康が救援のため河越に出陣し、降伏を偽って急襲し勝利を収めている。

舞台となった河越城は、平一揆の乱の河越館とは違い、西武池袋線本川越駅の北東約一・四キロのところ、新河岸川の右岸に位置する城である。川越城の北西約一キロのところに所在する東明寺《とうみょうじ》は、この合戦で激戦地であったと伝えられ、境内に河越夜戦跡の石碑が建てられている。

神流川合戦

天正十年（一五八二）六月十六日、滝川一益《たきがわかずます》と北条氏直《ほうじょううじなお》・氏邦《うじくに》との間に行われた合戦である。同年二月、甲《か》斐《い》武田《たけだ》氏が滅亡すると、上野国には織田信長の家臣滝川一益が入り、領国経営に当たっていた。しかし、六月に本能寺《ほんのうじ》の変で織田信長が自害すると、北条氏が上野国侵攻を開始し、これに一益が対陣している。十六日には武蔵国金窪で合戦が行われ、一時は一益側が勝利を収めた。しかし、上野国勢は積極的に動かず、十九日の合戦で一益は惨敗を喫し、伊勢長島まで逃走している。

神流《かんな》川は、武蔵国と上野国の国境を流れる川で、現在も埼玉県と群馬県の県境に位置している。古戦場を示すものとして、埼玉県側の神流川堤防上に説明板が、群馬県側には神流川古戦場跡の石碑などが建てられてい

神流川古戦場跡

金窪城跡

る。金窪は神流川の東約二キロほどのところに位置し、金窪城跡には史蹟金窪城阯の石碑が建てられている。

第2章　館・城・街道

山野井功夫

中世の武蔵国には、秩父平氏や武蔵七党などの武士団が構えた城館を結んで、彼らが鎌倉に向かうための街道が網羅していた。これらの街道は鎌倉から関東各地（さらには信濃や越後、奥羽）に放射状に広がる主要街道と、それらを結ぶ多くの枝道からなり、後世、鎌倉街道と総称された。鎌倉時代、御家人らは有事の際に「いざ鎌倉」と鎌倉街道を通って鎌倉殿の許に馳せ参じた。こうした、鎌倉街道の軍事的な性格をよく示しているのが謡曲「鉢の木」である。「鉢の木」自体は北条時頼《ほうじょうときより》の廻国伝説に基づくフィクションだが、佐野源左衛門《さのげんざえもん》常世《つねよ》が上野国佐野（群馬県高崎市）から武蔵国を縦断する鎌倉街道上道《かみつみち》を通って鎌倉に馳せ参じたことを踏まえた筋立てである。史実でも、『吾妻鏡』建久二年（一一九一）三月五日条は、前日の鎌倉大火により、「近国の御家人等参集す。相模の渋谷庄司《しぶやのしょうじ》、武蔵の毛呂豊後守（季光）、最前に馳せ参ず」と記す。毛呂季光《もろすえみつ》は上道沿いの毛呂郷（埼玉県毛呂山町）を本領とする御家人であり、鎌倉に向けて上道を駆け上ったことは間違いない。

鎌倉街道のルート

鎌倉街道は紀行文などから地名を拾うことで、おおよその経路が復元できる。また、発掘調査によって遺構

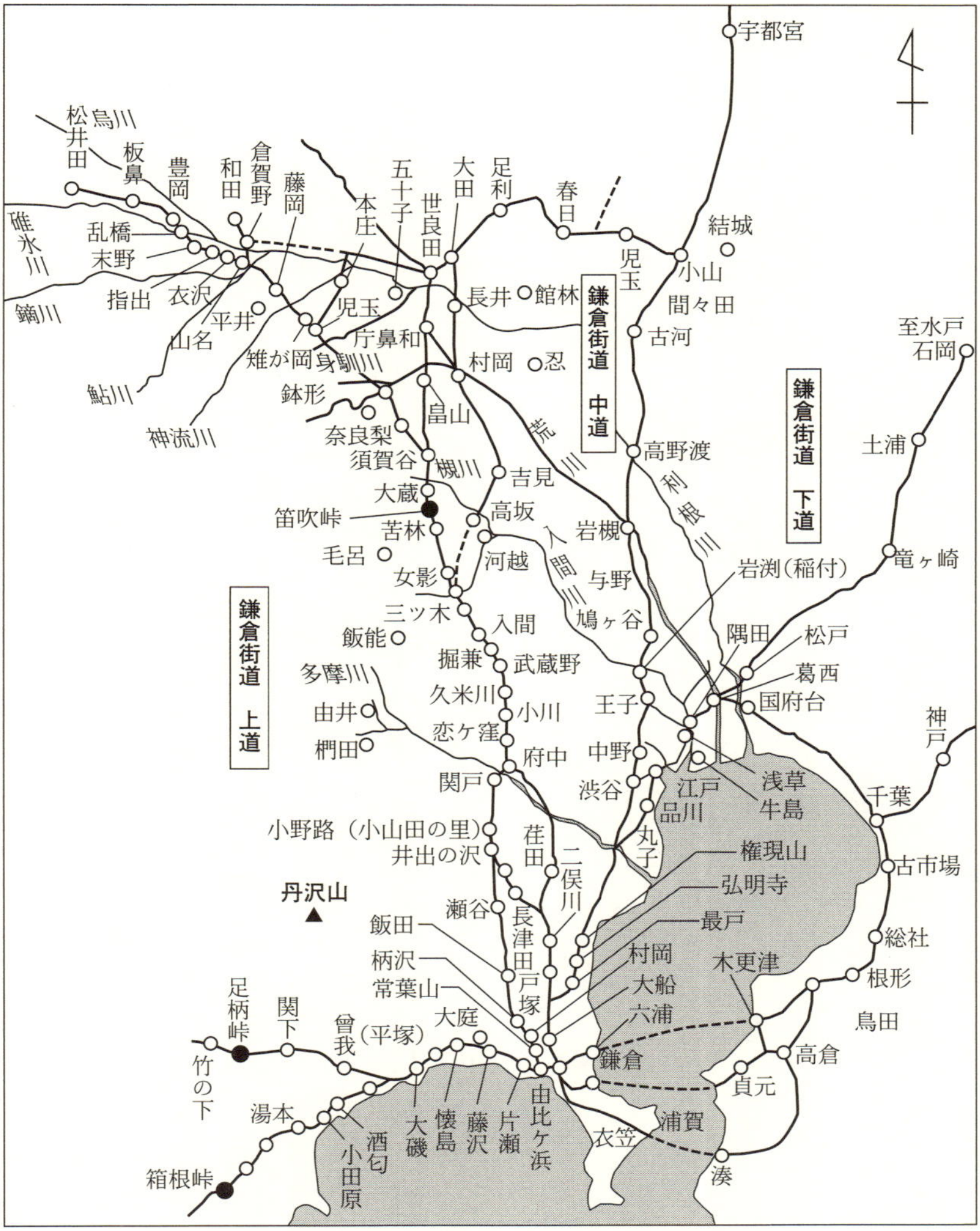

鎌倉街道要図（齋藤慎一『中世を道から読む』講談社現代新書，2010）

が確認され、経路が確定できた地点もある。『新編武蔵風土記稿』など近世の地誌や絵図類にも鎌倉街道に関する記述が多数みられ、経路を推定する上で参考となる。ただし、「鎌倉街道」は近世以降の名称であって、『吾妻鏡』など中世の文献にはこの言葉は登場しない。例えば、『吾妻鏡』文治五年（一一八九）七月十七日条は、奥州合戦に向かう源頼朝の軍勢が「東海道」「北陸道（下道《しもつみち》）」と頼朝直属の「大手（中路）」に分かれて進軍したと記す。今日、鎌倉街道の幹線を「上道《かみつみち》」「中道《なかつみち》」「下道」と呼ぶが、『吾妻鏡』のいう「下道」が今日の「上道」に、「中路」が「中道」に、「東海道」が「下道」に相当する。ここでは混乱を避けるため、今日の名称に基づいて記述する。その他にも秩父道《ちちぶみち》や堀兼道《ほりかねみち》・羽根倉道《はねくらみち》などの枝道が関東一円を網羅していた。

①上道のルート　武蔵国の府中（東京都府中市）を通過する最も重要な街道であった。上道の経路を記した最古の史料は、下野国の御家人宇都宮（塩谷《しおのや》）朝業《ともなり》の出家後の日記『信生《しんしょう》法師日記』である。嘉禄元年（一二二五）に京都から鎌倉を経て信濃国善光寺に参詣し、ここで北条政子の死を聞いて鎌倉に戻り、故郷の下野国に帰るまでの旅の中に、「武蔵野」「堀兼《ほりがね》の井」「入間川《いるまがわ》の宿」など、上道沿いの記述がある。また、鎌倉後期の謡曲集『宴曲抄《えんきょくしょう》』の中の「善光寺修行」には、上道沿いの地名が各所に織り込まれ、武蔵野の情景を「限りも知らずはてもなし」と描写している。『宴曲抄』から知られる上道のルートは以下の通りである。

由比の浜（鎌倉市）―常葉山《ときわやま》（同）―村岡（藤沢市）―柄沢《からさわ》（同）―飯田（横浜市戸塚区）―井出の沢（町田市本町田）―小山田《おやまだ》の里（同小野路町）―霞の関（多摩市関戸）―恋ヶ窪（国分寺市東・西恋ヶ窪）―久米河（東村山市久米川）―武蔵野（所沢市付近）―入間（入間市付近）―堀兼（狭山市堀兼）―三ツ木（狭山市三ツ木）―入間河（狭山市の入間川渡河点）―苦林《にがばやし》（毛呂山町の越辺川《おっぺがわ》南岸）―大蔵（嵐山町《らんざんまち》大蔵）―槻川《つきかわ》（嵐山町の都幾川《ときがわ》渡河点）―比企野《ひきの》が原（嵐山町菅谷《すがや》付近）―奈良梨《ならなし》（小川町奈良梨）―荒河（寄居町の荒川渡河点）―見馴川《みなれがわ》（現、小

山川）の渡し—朝市の里（不明）—児玉（本庄市児玉町《こだまちょう》児玉）—雉が岡（本庄市児玉町八幡山《はちまんやま》）—上野国へ

②中道のルート　鎌倉から武蔵国東部や下野国を経て奥州に向かう。「奥州道《おうしゅうみち》」「奥大道《おくたいどう》」とも呼ばれた。文治二年（一一八六）、鎌倉から奥州平泉に向かう西行は、途中で「霧ふかき古河《こが》のわたりのわたし守岸の舟つきおもひさだめよ」（『山家集《さんかしゅう》』）と詠んでいて、古河の渡し（加須《かぞ》市向古河《むかいこが》）を通って中道を奥州へと下ったことがわかる。建長八年（一二五六）六月二日、幕府は奥大道の夜盗・強盗取締りを沿道の地頭二四名に命じたが、武蔵国内の地頭と思われる者は次の八名である。

平間郷地頭（川崎市中原区）　宮城右衛門尉（東京都足立区）　伊古宇《いこう》又二郎（同伊興）　鳩井《はとがい》兵衛尉跡（川口市鳩ヶ谷）　矢古宇《やこう》右衛門次郎（草加《そうか》市）　渋江太郎兵衛尉（さいたま市岩槻区）　清久《きよく》右衛門二郎（久喜市）　出羽四郎左衛門尉（中条光宗《ちゅうじょうみつむね》・熊谷市）（『吾妻鏡』同日条による）

③下道のルート　鎌倉から江戸湾岸を北上して隅田の渡しを越え、青戸・松戸を経由して下総国や常陸国へと至った。「下総道」とも呼ばれた。これとは別に、朝比奈《あさひな》切通しを抜けて金沢《かねさわ》（横浜市金沢区《かなざわ》）に出たところで、六浦津《むつらのつ》から船で房総半島に渡るルートも有力であった。

歴史上の鎌倉幕府と鎌倉街道

①鎌倉幕府と鎌倉街道　源頼朝が狩猟や善光寺参詣などで廻国したことは、鎌倉街道の整備を促すとともに、沿道の御家人との間で主従関係を再確認する意義も持ったとされる。『曽我物語』は頼朝が建久四年（一一九三）に武蔵国入間野・信濃国三原（浅間山麓）・下野国那須野に狩猟に向かう途中、上道の宿々に宿泊し、近隣の御家人が宿所を警固したと記す。鎌倉末期の「小代伊重置文写《しょうだいこれしげおきぶみうつし》」（『肥後古記集覧』）も、祖先の小代行平《しょうだいゆきひら》

（武蔵国小代郷〈東松山市正代〉を本領とした児玉党の武士）が、建久四年に信濃国三原に狩りに向かう際に大蔵宿に宿泊した頼朝から受けた心遣いを、家の名誉として記している。下野国の有力御家人宇都宮氏が弘安六年（一二八三）に定めた家法「宇都宮家式条」は、領内の道路や橋の維持・管理は近隣の家人らの責務と定めており、鎌倉幕府が道路や橋の管理を沿道の御家人らに課していたことの傍証となる。東海道の事例だが、『吾妻鏡』建暦元年（一二一一）六月二十六日条には、幕府が守護・地頭に東海道に新宿を設けることを命じた記事がみえる。

　ただ、鎌倉街道が鎌倉時代に初めて整備されたとは考え難い。古代には武蔵国を縦断して北関東から武蔵国府（東京都府中市）に至る官道（東山道武蔵路）が整備され、上道は部分的にこの武蔵路を踏襲している。また、秩父平氏や武蔵七党の展開は、街道の整備も促したであろう。久寿二年（一一五五）八月、鎌倉を本拠とする源《みなもとの》義平《よしひら》（源義朝の長男）が、上野国多胡《たご》郡から武蔵国大蔵《おおくら》へと進出した叔父源義賢《よしかた》を討った大蔵合戦は、鎌倉街道上道沿いに両勢力が衝突した事件である。

②南北朝・室町時代の鎌倉街道　鎌倉街道のうちでも特に上道の軍事的重要性は、鎌倉幕府滅亡の際に、そして南北朝から戦国期にかけて、沿道で数々の合戦が行われたことで実証される。また、関東南部と下野国や奥州方面との間を軍勢が移動する場合、川幅が広く水量も多い利根川下流域を渡河しなければならない中道を避けて、上道が頻繁に利用されている。埼玉県寄居《よりい》町付近で上道から分岐し、橋や渡船以外に、渡渉可能な瀬も選択できる利根川中流域を渡って上野国南東部に入り、下野国の足利・小山《おやま》に至るルートである。建武四年（一三三七）に奥州を発向した北畠顕家《きたばたけあきいえ》の大軍は、下野国で北朝方の小山氏を破り鎌倉を目指した。この場合、そのまま中道をとるのが最短ルートだが、北畠軍は利根川を渡河した後に武蔵国安保《あぼ》原（埼玉県神川町・上里

町）で合戦を行っているので、前述のルートを逆行したことになる。このような軍勢の移動は、室町・戦国期の合戦でも頻繁にみられた。

中世の館と城

中世の城館には著名な合戦の舞台となったものがある一方、遺構や伝承によってのみ存在が今に伝わるものも多い。近年の調査・研究によって脚光を浴びるようになった城館も少なくなく、埼玉県内では杉山《すぎやま》城跡（嵐山町）・小倉《おぐら》城跡（ときがわ町）・松山《まつやま》城跡（吉見町）が、二〇〇八年に「比企城館跡群《ひきじょうかんあとぐん》」として菅谷《すがや》館跡（嵐山町・一九七三年指定）とともに国の史跡に指定された。鎌倉街道沿いには、御家人らの館跡や街道を監視するように築かれた山城跡などが、今も数多く残る。

「城」という文字は「土」と「成」から成り立ち、「成」は「盛」に通じる。天守閣が聳え、高く石垣が組まれた近世城郭とは異なり、中世の城館は堀切《ほりきり》で尾根を切断したり、土塁《どるい》や空堀《からぼり》で周囲を囲んだりしただけの、まさに「土を盛った」城であった。また、中世の城館は、その歴史が中世前期に遡るものでも、後世に改変を受けていることに留意したい。河越氏の河越館跡も、南北朝の動乱期に従来の館が城塞化されたことが知られている。

鎌倉街道上道遺構と城館跡

鎌倉街道は沿道に宿や市が設けられ、生産や流通・交易の道でもあった。多くの社寺が建立され、板碑が造立された宗教的側面も見落とせない。ここでは武蔵国内を縦断した上道に沿って、今も街道遺構や城館跡が良好に残る地域を紹介していきたい。なお、文化庁の「歴史の道百選」には、埼玉県毛呂山町・小川町・寄居町の上道遺構が選ばれている。

①七国山《ななくにやま》（町田市山崎町）　標高一二八㍍の七国山を越える切通しの道の傍らにある鎌倉井戸は、新田義貞が鎌倉攻めの際に軍馬に水を与えたという伝承があり、井桁《いげた》が復元されている。かつては山頂から相模・甲斐・駿河など七ヵ国が見えたことが山名の由来である。周辺は七国山緑地保全地域に指定されていて、ここから北に向けて、浅い掘割状の未舗装の道が数百メートルにわたって明瞭に残っている。

②堀兼《ほりがね》ノ井（狭山市堀兼）　所沢市内で上道から分かれ、狭山市堀兼方面へ向かった上道の枝道の堀兼道は、古代の東山道武蔵路にほぼ重なる。途中の堀兼神社に残る堀兼ノ井は、西行が「汲みてしる人もあらなむおのづからほりかねの井の底の心を」（『山家集』）と詠んだ歌枕

七国山・鎌倉街道

の名所である。巨大なすり鉢状のくぼみを掘り、そこから掘り抜く形式の井戸で、側面には石垣が積まれている。「堀兼」とは、地下水位が深い武蔵野台地では井戸を「掘りかね」たことに由来するという。また、斜面を回りながら螺旋状に下ることから「まいまいず井戸」ともいう（「まいまい」はカタツムリのこと）。

③入間《いるま》川《がわ》宿（狭山市）　西武新宿線狭山市駅の西側一帯が宿のあった地とされる。近くには鎌倉から逃れる途中にこの地で討たれた、源義仲の嫡子清水冠者義高《しみずかじゃよしたか》を祀った清水八幡神社（入間川三丁目）がある。入間川宿の初見は嘉禄元年（一二二五）で、信生《しんしょう》法師が鎌倉から善光寺に向かう途中に宿泊し、「家を出てまことの道に入間川流るる水の心ともがな」と仏道に入った境地を入間川の流れになぞらえた和歌を詠んでいる（『信生法師日記』）。この地は入間川渡河点の要衝で、元弘三年（一三三三）の新田義貞による鎌倉攻めに関わる伝承が残る。また、南北朝期には、初代鎌倉公方足利基氏《あしかがもとうじ》が、上越両国の新田氏など南朝方に備えて陣所を構え、入間川御所（入間川御陣）と呼ばれた。徳林寺（入間川二丁目）がその有力な比定地とされる。基氏の在陣は九年に及び、河越氏や高坂《たかさか》氏ら武蔵平一揆《むさしへいいっき》の武士が警固にあたった。『太平記』には、謀殺された新田義興《にったよしあき》の怨霊が入間川在陣中の足利基氏のもとに雷火を落とし、「在家三百余宇、堂舎・仏閣数十箇所、一時ニ灰塵《かいじん》ト成リニケリ」とあって宿の繁栄を物語る。入間川御所の比定地は他にもあり、入間川対岸の柏原にある城山《しろやま》砦跡なども含めて、これらを御所に結番した武士たちの陣城とする見解もある。

入間川御所から入間川の下流約九キロには、秩父平氏の河越氏が築いた河越館跡（国史跡・川越市上戸《うわど》）がある。入間川御所が置かれた理由には、この地が軍事的要衝であったことに加えて、武蔵平一揆を率いる河越氏の軍事的・経済的支援を受けやすかったこともあげられる。河越館は十二世紀中頃の居館に始まり、応安元年（一三六八）の平一揆の乱で河越氏が関東管領上杉憲顕《うえすぎのりあき》に敗れたことでその機能を終えた。その後は河越氏の持仏堂《じぶつどう》から発展した常楽寺《じょうらくじ》、山内《やまのうち》上杉氏が扇谷《おうぎがやつ》上杉氏の河越城を攻めるために築いた陣城と姿を変え、これらの時代の遺構が重層的に確認される。現在は河越館跡史跡公園として整備されている。河越（川越）城跡（川越市郭町《くるわまち》一、二丁目）は享徳の大乱（一四五四〜八二年）の最中の長禄元年（一四五七）、扇谷上杉氏の家宰である太田《おおた》道真《どうしん》・道灌《どうかん》父子によって、古河公方《こがくぼう》に対抗する拠点として築城された（『鎌倉大草紙』）。また、太田父子の他、上田・三戸《みと》・荻野谷氏ら扇谷上杉氏の宿老が、「数年秘曲を尽くして」築いたともいう（『松陰私語《しょういんしご》』）。その後、河越城は小田原北条氏に奪われ、北条氏の北武蔵支配の要の城となった。現在の川越城は近世の整備であり、跡地には本丸御殿が残る。川越市下広谷《しもひろや》の大堀山館《おおほりやまやかた》跡は一辺約一八〇㍍の方形の館跡で、三重の堀と土塁に囲まれる。近年、大堀山館をはじめとする周辺の方形囲郭群を、河越城攻防をめぐって築かれた陣城とする見解が示されている。

④毛呂山《もろやま》町の街道遺構と苦林《にがばやし》宿　毛呂山町から嵐山町・小川町にかけては、上道の街道遺構や寺社・城館跡など中世の歴史や文化、景観を今日まで色濃く残す地域である。

毛呂山町市場と西大久保の境に掘割状の道路遺構が約六〇〇㍍にわたって保存されている。発掘調査の結果、幅三〜五㍍で両側に側溝が設けられているのが確認された。現在は一部で樹木が伐採されて、遺構の保全が心配されるが、旧状を明瞭に確認することができる。さらに道筋をたどると毛呂山町歴史民俗資料館があり、大類グランド西側にかけて約三〇〇㍍にわたって掘割状の道路遺構が残る。江戸時代の絵図や『新編武蔵風土記稿』にも「鎌倉道」などと記載される。

堂山下《どうやました》遺跡は入間川の支流である越辺川《おっぺがわ》南岸に営まれた集落遺跡で、永徳二年（一三八二）の「旦那等配分目録」（『米良文書』）などに記された苦林宿の跡と推定される。現在は大類《おおるい》グランドと県立毛呂山特別支援学校となっていて、大類グランドの一角に説明板が建つ。発掘調査によって街道と宿、そしてそれに隣接する寺院跡（崇福寺跡）がセットで確認された貴重な事例である。幅約四㍍の道路状遺構と側溝によって区画された方形の屋敷地と屋敷内に立ち並ぶ建物・井戸跡が確認され、集落が存続したのは十四世紀前半から十六世紀初頭

毛呂山町（市場・西大久保境）の掘割遺構

毛呂山町（川角・大類境）の掘割遺構

であることが判明した。舶載陶磁器や瀬戸・常滑《とこなめ》の陶器なども多数出土し、井戸跡から出土した金属加工用の「けがき針」は職人の存在を物語る。また、崇徳寺跡や高さ二九五㌢の延慶三年（一三一〇）銘板碑なども、街道や宿との関連をうかがわせる。

鎌倉時代、東海道など主な街道を行き来した貴族や武士、富裕な商人らは、宿にある寺院や宿屋を利用した。一方で、一般の商人や旅の僧、遊芸者などは、雨露をしのげる程度の家屋や無住の堂を利用して一夜を過ごすことも多かったであろう。鎌倉街道の宿については、後深草院二条《ごふかくさいんのにじょう》の『とはずがたり』に記述がある。正応二年（一二八九）に河越入道の後家尼の招きで小川口（埼玉県川口市）を訪れて年を越した二条は、「まえにハいるま川（現在の荒川）とかやながれたる、むかへにはいはふちのしゅく（岩淵宿）といひて遊女とものすみかあり。山という物ハこのくにうち（国内）にハみえず（中略）。都の隔たりゆく住まひ、悲しさもあはれさも、とり重ねたる年の暮なり」と、岩淵宿や武蔵野の情景を記している。岩淵宿は中道沿いの、現在の東京都北区岩淵にあった宿である。

堂山下遺跡の付近には、児玉党の大類氏館跡や苦林野古戦場跡などの旧跡も残る。大類氏館跡は大薬寺や十社神社のあたりだが、現在は明確な遺構は確認できない。苦林野合戦は貞治二年（一三六三）の鎌倉公方足利基氏と宇都宮氏の重臣芳賀《はが》氏との戦いで、両軍は岩殿山《いわどのさん》でも戦っている。東松山市岩殿の足利基氏《あしかがもとうじ》塁跡は、その際に基氏が利用した陣城とされ、今も堀や土塁が残る。足利基氏塁跡の周辺には、東松山市正代《しょうだい》に児玉党の小代《しょうだい》館跡があり、青蓮寺《しょうれんじ》の周囲に土塁と堀をわずかに残す。また、高坂《たかさか》の高坂館跡は単郭式の城郭で、高済《こうさい》寺《じ》の西側に土塁と空堀の一部が一〇〇㍍にわたって顕著に残る。高坂氏の館跡とされるが、近年ではその南側の高坂弐番町遺跡が高坂氏の館跡である可能性が強まっている。

毛呂山町内には毛呂氏関連の城館も多い。毛呂氏館（毛呂城）跡は毛呂市街地から日高《ひだか》方面まで展望できる長栄寺《ちょうえいじ》（小田谷《こだや》）の裏山に、「コ」の字型の土塁と空堀が残存して本郭を形成している。南北朝時代、毛呂季兼《すえかね》がここに城砦を築き、平時は小田谷堀之内の屋敷に住んだという。毛呂氏の居館跡としては妙玄寺《みょうげんじ》（毛呂本郷）付近の山根《やまね》城跡（毛呂堀の内）も知られ、『新編武蔵風土記稿』には「毛呂土佐守顕季《あきすえ》陣屋跡」と記される。「太田道灌書状写」（『松平文庫所蔵文書』）から十五世紀後半に毛呂氏が「土佐守」家と「三河守」家の二派に分かれていたことが知られ、毛呂氏の館も複数存在したと推測される。龍谷山《りゅうがいさん》城跡は標高約二〇五㍍の小さく険しい山上にあり、戦国期の毛呂氏の詰の城とされる。大永四年（一五二四）に山内・扇谷両上杉氏が小田原北条方についた毛呂氏を攻め、毛呂氏は「毛呂要害」に籠城して持ちこたえた。これが龍谷山城であったとされる。今は鶴ヶ島ゴルフ倶楽部の中に孤島のように取り残されている。

⑤**大蔵《おおくら》宿**（嵐山町）　都幾《とき》川の渡河点の宿である。この地には鎌形八幡《かまがたはちまん》神社の源義仲産湯の清水や義仲の側室山吹姫が創建したと伝わる班渓寺《はんけいじ》、その裏手の伝木曽殿館跡など、源義仲に関係する史跡が多い。そのうち、義仲の父義賢の居館跡と伝えられる大蔵館跡は、土塁と空堀に囲まれた一七〇×二二〇㍍の方形館で、上道に面する東側の土塁が比較的よく残っている。出土した掘立柱建物跡や石組を持つ井戸跡などの遺構や遺物は十三〜十四世紀のもので、館は何度か改修されたようである。久寿二年（一一五五）の大蔵合戦の舞台がこの大蔵館跡であったのか、それとも別に義賢の館があったかどうかは明らかになっていない。

大蔵宿の繁栄を今に伝えるのが向徳寺《こうとくじ》である。宝治三年（一二四九）に小代氏が造立したと推定される銘を持つ善光寺式阿弥陀三尊像（国重文・非公開）が伝わり、上道が善光寺信仰と深く結びついていたことも物語る。大蔵館跡の西側の行司免《ぎょうじめん》遺跡は上道と都幾川が交わる水陸交通の要衝にあり、発掘調査の結果から市場集

菅谷館・土塁と空堀

比企郡・杉山城跡・南二の郭の屏風折

落であったとみられている。

⑥**菅谷館跡《すがややかたあと》周辺**（嵐山町）　従来は菅谷館跡の西側に残る掘割状遺構が上道跡と考えられてきたが、発掘調査によって底部が平らではなく箱薬研《はこやげん》状であることから空堀跡と判断された。今日では、地域の伝承と菅谷小

学校の東側に残る「本宿」という小字名から、館跡の東側の国立女性教育会館の敷地を通過するルートが有力視されている。

菅谷館跡（国史跡）は鎌倉時代に畠山重忠がここに館を構えたというが、その遺構は確認できない。現在残る菅谷館は、扇谷・山内両上杉氏が対立していた十五世紀末から十六世紀前半にかけて大改修された戦国期の城郭である。本郭を二の郭・南郭・三の郭・西の郭の四つの郭が同心円状に取り囲んだ輪郭式の本格的な城郭で、県内の中世城郭の中でも遺構の残存状態は最もよい。三の郭跡に埼玉県立嵐山史跡の博物館があり、菅谷館など比企を中心とした県内の中世城館に関する展示を行っている。

この付近は中世城郭の宝庫である。杉山《すぎやま》城跡（国史跡・嵐山町杉山）は北関東における戦国期城郭の最高傑作の一つと評価され、当時の姿をほとんど無傷で今に伝える。越畑《おっぱた》城跡（嵐山町越畑）や四ッ山（高見）城跡（小川町高見）も上道を監視するように連なっている。また、上道からはやや離れるが、関東では稀少な本格的な石積による小倉《おぐら》城跡（国史跡・ときがわ町田黒）や腰越《こしごえ》城跡（小川町腰越）・青山城跡（小川町下里）・中《なか》城跡（小川町大塚）など、見応えのある城郭が多い。

⑦小川町の上道遺構　奈良梨《ならなし》宿は戦国期には小田原北条氏によって伝馬《てんま》宿駅に定められていたことがわかっているが、それ以前は『宴曲抄《えんきょくしょう》』にその名が見えるのみである。奈良梨集落西方の丘陵上の諏訪神社奉祀遺跡脇の小道には上道の伝承があり、掘割状遺構（天王原《てんのうはら》遺構）が残る。標柱に沿って北に進むと、伊勢根《いせね》の普《ふ》済寺《さいじ》の東の台地の裾から頂部近くにかけての山林中に一四〇㍍にわたる掘割状遺構（伊勢根遺構）が、能増《のうます》の門跡《もんぜき》という屋号の民家の裏手に約七〇㍍の掘割状遺構（能増門跡裏遺構）が明瞭に残る。

⑧塚田《つかだ》宿と上道遺構（寄居町赤浜）　上道の荒川渡河点の南岸に位置する。三島神社の応永二年（一三九五）

鉢形城・二の郭と三の郭間の空堀と土塁

鉢形城・復元された石積土塁と門

銘の鰐口《わにぐち》に「武蔵国男衾《おぶすま》郡塚田宿」とあり、普光寺《ふこうじ》の東側には上道と伝えられる道が、北側には掘割状遺構が残る。寄居《よりい》町と深谷《ふかや》市の境、アイリスオーヤマ埼玉工場の敷地の西側の赤浜天神沢《あかはまてんじんざわ》遺跡では、発掘調査で長さ二〇〇㍍にわたる掘割状遺構が確認された。ここから斜面を下ると荒川の渡河点、山王の渡しと赤浜の渡しに至る。

この地の北東約二キロには畠山重忠《はたけやましげただ》館跡（深谷市畠山）がある。現在は畠山重忠公史跡公園になっていて、館の遺構はないが、重忠主従の墓と伝わる六基の五輪塔や重忠産湯の井戸などがある。近くには重忠の郎従で、二俣川《ふたまたがわ》合戦でともに討ち死にした本田《ほんだ》近常《ちかつね》の館跡の本田城跡（深谷市本田）があり、本田近常旧蹟の石碑と空堀・土塁の一部が残る。

一方、荒川の上流約六キロには鉢形《はちがた》城跡（国史跡・寄居町鉢形）がある。荒川と深沢川を天然の堀とする要害で、長享二年（一四八八）に鉢形城を訪れた万里《ばんり》集九《しゅうく》の『梅花無尽蔵《ばいかむじんぞう》』に「鳥も窺《うかが》い難《がた》し」と記された名城である。山内上杉氏の家宰長尾《ながお》氏の居城であったが、文明八年（一四七六）に長尾景春《かげはる》は主家に叛き、太田道灌によって城を追われた（長尾景春の乱）。その後は山内上杉氏の居城を経てその重臣藤田《ふじた》氏が支配した。藤田泰《やす》邦《くに》（康邦）が小田原北条氏の軍門に降ると、泰邦の娘婿となった北条氏邦《ほうじょううじくに》（氏康四男）のもとで城の大改修が行われた。城跡には今日も堀や土塁が良く残り、二の郭・三の郭などでは発掘調査が行われ、馬出《うまだし》や空堀・土塁などが復元された。特に、三の郭では戦国時代の築城技術を伝える石積《いしづみ》土塁や四脚門・掘立柱建物・池などが復元され、外郭の一角には鉢形城歴史館が建つ。

鎌倉街道関連の遺構や中世の城館跡で、国や自治体の文化財指定を受けているものは一部に過ぎない。芳賀善次郎氏の『旧鎌倉街道　探索の旅』（全三巻）は、鎌倉街道を丹念に精査された名著だが、刊行から三〇年以上が経ち、その間に沿道の景観は大きく変化している。芳賀氏が刊行時にすでに危惧されていた通り、開発の波によって貴重な遺構や歴史的景観が失われてしまった事実を痛感する。

参考文献

芳賀善次郎『旧鎌倉街道　探索の旅』全三巻（さきたま出版会、一九七八～八二年）
『日本城郭大系　第5巻　埼玉・東京』（新人物往来社、一九七九年）
埼玉県教育委員会『歴史の道調査報告書第一集　鎌倉街道上道』（一九八三年）
埼玉県立歴史資料館編『埼玉の中世城館跡』（埼玉県教育委員会、一九八八年）
梅沢太久夫『城郭資料集成　中世北武蔵の城』（岩田書院、二〇〇三年）
埼玉県立嵐山史跡の博物館『改訂　歩いて廻る「比企の中世・再発見」』（二〇〇九年）
府中郷土の森博物館ブックレット12『歴史の道を歩く　武蔵府中と鎌倉街道』（二〇〇九年）
＊『城郭資料集成　中世北武蔵の城』・『歴史の道を歩く　武蔵府中と鎌倉街道』には城館及び鎌倉街道上道に関する参考文献が網羅される。

第3章　信仰と板碑

下山　忍

青葉の笛

「青葉《あおば》の笛《ふえ》」（大和田建樹《おおわだたてき》作詞・田村虎蔵《たむらとらぞう》作曲）という歌がある。明治三十九年（一九〇七）に制作された尋常小学校唱歌であるから、若い読者はもとより年輩の方々でもご存じないかもしれない。私事にわたるが、筆者は大正七年生まれの大学時代の恩師から教えていただいた。恩師は既に鬼籍に入られたが、今でもそのゼミの同窓生が集まると恩師を偲んで歌うことがある。哀感に満ちた名曲である。作詞の大和田建樹は東京高等師範学校で教鞭を執った歌人・国文学者であり、歴史を素材としながら巧みに情感を取り入れているが、歌詞は次のようなものである。

㈠　一の谷の　軍《いくさ》破れ　討たれし平家の　公達《きんだち》あわれ
　暁《あかつき》寒き　須磨《すま》の嵐に　聞こえしはこれか　青葉の笛

㈡　更《ふ》くる夜半《よわ》に　門《かど》を敲《たた》き　我が師に託せし　言《こと》の葉《は》あわれ
　今わの際《きわ》まで　持ちし箙《えびら》に　残れるは「花や　今宵《こよい》」の歌

この歌は『平家物語』から採り、寿永三年（一一八四）の一ノ谷合戦を主題としている。当初「敦盛《あつもり》と忠度《ただのり》」という表題だったというように、㈠番は平敦盛《たいらのあつもり》、㈡番は平忠度《たいらのただのり》を歌っている。㈠番は、敗走する平氏軍を追う源氏方の武蔵武士熊谷直実《くまがいなおざね》は、波打際《なみうちぎわ》から助け船に乗ろうとしている平敦盛を呼び止めて組み討ちになり、組み敷いて逡巡《しゅんじゅん》しながらもその首を取った。敦盛は決して名乗らなかったが、直実は遺品の笛からその名を知った。一合戦が始まる前の明け方に聞こえた笛の音はこれか」と直実の悲しみは募り、のちに出家する原因となったと結んでいるくだりである。

(二)番は、一ノ谷合戦に先立つ寿永二年（一一八三）の「平家都落ち」の話である。源（木曽）義仲に追われた平氏一門は、安徳天皇を奉じて西国に落ちていくが、このおり平忠度は歌の師であった藤原俊成《ふじわらのしゅんぜい》を訪れ、自らの秀歌を書き留めた巻物を託したのである。平氏の命運は尽きたが、もし勅撰集を編纂することがあれば一首でも加えてほしいという願いからであった。平氏滅亡後に、藤原俊成は「千載和歌集《せんざいわかしゅう》」を編むが、朝敵として実名を憚られる忠度の一首を「読人知らず」として載せ、この願いに応えた。師弟の細やかな情愛を感じさせる逸話である。なお、『平家物語』は、忠度が一ノ谷で武蔵武士の岡部六弥太忠澄《おかべろくやただずみ》に討たれる場面も描く。忠度も敦盛同様に名乗らなかったが、辞世として箙《えびら》に結びつけられていた文に「行きくれて　木の下陰《したかげ》を　宿とせば　花や今宵の　主ならまし　忠度」とあったことから、岡部忠澄は討ち取った敵将の名を知る。「青葉の笛」の「花や今宵の歌」とは忠度の辞世を歌っている。

平忠度を弔う板碑

埼玉県深谷市の清心寺《せいしんじ》には、この平忠度を供養する五輪塔と板碑がある。岡部忠澄が所領内の最も景色の良い場所に建立したという心温まる伝承が残っている。実際に今でも清心寺境内の高台から深谷市街を遠望できる。さて、この「清心寺板碑」は、高さ八二チセン・幅五五チセンであるが、上部を欠損しており、完形であれば一五

清心寺　平忠度供養の五輪塔と板碑

〇～二〇〇㌢ほどはあったと思われる大きな板碑である。本尊は梵字のキリーク（阿弥陀如来）、その下に、「光明遍照《こうみょうへんじょう》十方世界《じっぽうせかい》、念仏衆生摂取不捨《ねんぶつしゅじょうせっしゅふしゃ》」の偈《げ》が刻まれている。この偈は『平家物語』の平忠度最期の場面に登場する。岡部忠澄の郎等《ろうとう》に右腕を切られた忠度は、覚悟を決めて「しばしのけ、十念《じゅうねん》となへん」と呼びかける。十念とは阿弥陀如来の名を十遍唱えることである。そして、西に向かい「光明遍照《こうみょうへんじょう》十方世界《じっぽうせかい》、念仏《ねんぶつ》衆生摂取不捨《しゅじょうせっしゅふしゃ》」と声を発するや首を打たれた。これは「阿弥陀如来の光明があまねく十方世界を照らし、念仏を唱える衆生を全て救い取りこれを捨てることはない」という意味で、念仏の後に唱える偈とされる。忠度は、この世の生を終える時に、阿弥陀如来の慈悲にすがって極楽浄土に往生することを願った

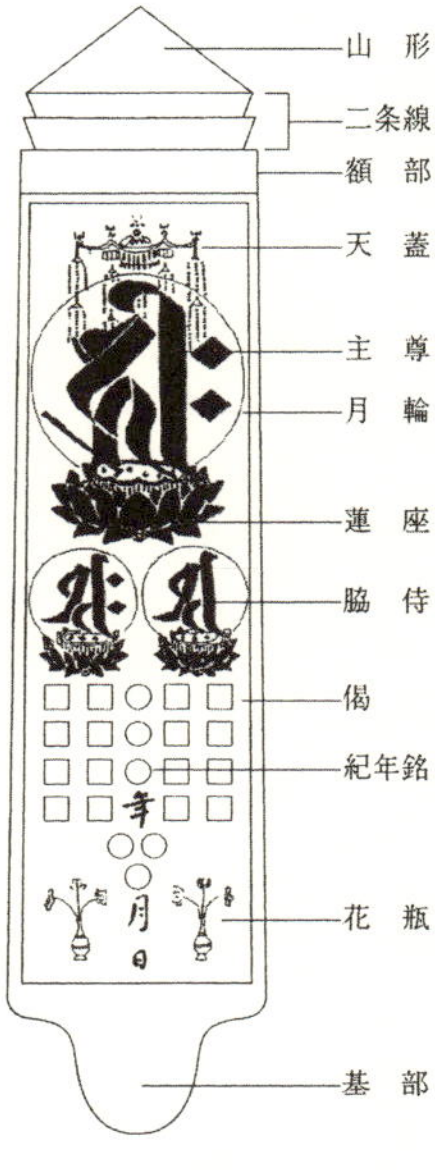

板碑の概念図
（『日本石造物辞典』吉川弘文館，2012）

のである。

板碑という石造物

板碑《いたび》とは、板状の石で造った卒塔婆《そとば》である。十三世紀前半に発生し十七世紀に入ると消滅する、まさに中世という時代と運命をともにする文化財と言える。我が国では、板碑をはじめ五輪塔《ごりんとう》・宝篋印塔《ほうきょういんとう》・無縫塔《むほうとう》など多くの種類の石塔の造立が十二世紀後半から十三世紀前半にかけて始まるが、その背景には末法思想に基づく小塔供養の信仰があったという（千々和　二〇〇七）。

総数五万二〇〇〇基以上とも言われる板碑は、北海道から九州まで全国に及んでいる。花崗岩・安山岩・凝灰岩など各地の石材を用いて造られており、それぞれ特徴をもつ（播磨　一九八九）が、埼玉県内、荒川上流の長瀞《ながとろ》や槻川《つきがわ》流域の小川町下里から産出される青石＝緑泥片岩《りょくでいへんがん》を材料とする「武蔵型板碑《むさしがたいたび》」が質量ともにその中心であると言える。緑泥片岩は鑿《のみ》で割ると板状に割れ、扁平で文字などを刻みやすい。一般的な板碑の形は、頂部を山形にし、その下に二条線（二本の溝）を彫って頭部を作り、塔身部の広いスペースに、梵字や図像であらわす仏、年月日、仏をたたえる偈、造立の趣旨、願主名などが刻まれている。

ちなみに梵字とは古代インドのサンスクリット文字のことであるが、難解なこともあって、霊的で神聖な文字とされていた。板碑では仏を図像より梵字で表現する場合が多い。なお、梵字を種子《しゅじ》とも言うが、これはその一字が無量の義を生じることを草木の種子にたとえたためという。梵字で表される本尊や脇侍は、断面がV字形になる薬研彫《やげんぼ》りという彫法が通常用いられている。

板碑に梵字や図像で仏を刻むのは、その仏を供養するための石塔だからである。墓標として用いられることもあるが、それが本質ではない。「石で造った卒塔婆」と前述したのはそういう意味である。板碑には、天蓋《てんがい》（笠状の装飾）・蓮台《れんだい》（蓮花座《れんげざ》）・月輪《がちりん》（満月）や、華瓶《けびょう》（花を供える壺）・燭台《しょくだい》（ろうそく立て）・香炉《こうろ》の三具足《みつぐそく》が刻まれることも多いが、これは主尊等の荘厳《しょうごん》のためで、仏像をまつる仏堂の装飾と同様の意図がある。さらに言えば、板碑の大きさも仏像を意識しているとも考えられる。仏像を制作する上で、立像は一丈六尺（約四・八五㍍）、坐像はその半分の八尺（約二・四三㍍）を基本とし、これを「丈六仏《じょうろくぶつ》」と呼ぶが、実際に「八尺青石卒塔婆」と刻まれた板碑もある（千々和　一九八八）。これらのことから、二㍍を越える大きな板碑は、丈六仏を意識していたことも想起されるのである。半丈六《はんじょうろく》（坐像では一・二一㍍）の仏像も多いが、こうした法量《ほうりょう》の視点からも板碑を見る必要があるのかもしれない。

板碑に刻まれる梵字で最も多いのが、「清心寺板碑」で見たキリーク（阿弥陀如来）で、全体の八割以上がこれにあたる。このほかに、梵字や図像以外にも漢字で「南無阿弥陀仏」の名号を刻んだ板碑もあり、阿弥陀如来にすがって死後極楽浄土に往生することを願う浄土信仰の広がりを感じさせる。

なお、中世を通して造立された板碑であるが、室町時代に入り、十五世紀も半ばを過ぎると、造立《ぞうりゅう》の担い手は、武士から村の結衆《けつじゅう》（村落共同体）に代わり、月待《つきまち》や庚申待《こうしんまち》という民間信仰的色彩が強いものとなる。日々の生活の安穏を願い、互いの連帯感を高める意味を持ったのであろう。造立の目的も、①父母などの死者の冥福を祈る目的（追善供養《ついぜんくよう》）より、②自分の死後の安穏を祈る目的（逆修供養《ぎゃくしゅくよう》）が増加してくる傾向がある。

光明遍照の偈

偈《げ》は偈《げ》頌《じゅ》ともいい、仏教の教理や仏徳への礼賛を述べたもので、経典に基づいた韻文《いんぶん》である。四句からなるものが多いところから単に四句《しく》ともいう。偈は全ての板碑に刻まれているわけではなく、やはり塔身部のスペースの関係から大きい板碑に多い。板碑の主尊に阿弥陀如来が多いことから、当然ながら偈も浄土教系の経典を出典とするものが多い。平忠度を供養する「清心寺板碑」で見た光明遍照《こうみようへんじよう》は、浄土三部経の一つとされる「観無量寿経《かんむりようじゆきよう》」を出典としており、法然上人も臨終に際して唱えたとされる（『古今著聞集』等）有名な偈である。

「清心寺板碑」以外にも光明遍照の偈をもつ板碑は多い。例えば、東光寺（埼玉県北本市石戸宿）の貞永二年（一二三三）銘板碑（高一七〇センチ）、国性寺《こくしようじ》（埼玉県熊谷市中奈良）の建長元年（一二四九）銘板碑（高一九〇センチ）、慈光寺（埼玉県ときがわ町西平）の弘長二年（一二六二）銘板碑（高二七〇センチ）、東圓寺《とうえんじ》（埼玉県朝霞市岡）の文永五年（一二六八）銘板碑（高一九六センチ）、応長二年（一三一二）銘浅羽橋場板碑《あさばはしばのいたび》（埼玉県坂戸市浅羽：高二三一センチ）、正中二年（一三二五）銘青鳥城跡板碑《おおどりじようあといたび》（埼玉県東松山市正代：高二四二センチ）というように初発期の板碑からほぼ鎌倉時代を通して確認でき、「平家の公達」ばかりでなく、武蔵武士の信仰にも根ざしていたことが窺える。

光明遍照の偈の出典である「観無量寿経」は、古代インドの阿闍世《あじやせ》という王子が、父王と母の韋提希夫人《いだいけぶにん》を幽閉して殺そうとし、嘆いて救いを求めた韋提希夫人に、釈迦が極楽往生について説いたという内容である（『浄土三部経（下）』）。ちなみに、仏画でよく見る「観経変相図《かんきようへんそうず》（浄土図）」はこの物語を主題としている。韋提希夫人の「どのように極楽浄土を見たらよいのでしょうか」という質問に対して、釈迦は「ひたすら沈みゆく太陽を見なさい」に始まる十六の観想《かんそう》（一心に思い浮かべること）を勧めた。これは目を閉じても浄土を思い浮かべるようにする修行であるが、その九番目が無量寿仏《むりようじゆぶつ》＝阿弥陀如来の観想である。すなわち、仏の身体は黄金色に輝き、その円光の中には無数の化仏《けぶつ》がいて、その化仏もまた無数の光明を放つ。そして、「その光明があまねく十方の世界を照らし、念仏を唱える衆生を全て救い取りこれを捨てることはない」と説明している。それが「光明遍照十方世界《こうみょうへんじょうじっぽうせかい》、念仏衆生摂取不捨《ねんぶつしゅじょうせっしゅふしゃ》」の意味である。まさに極楽往生の情景が目に浮かぶようであり、絵画の阿弥陀来迎図や仏像の阿弥陀三尊像などとも共通することから板碑の偈にも好んで用いられたのであろう。

さまざまな偈

光明遍照以外にも「観無量寿経」を出典とするも多く、「無量寿経《むりょうじゅきょう》」や「阿弥陀経」などそれ以外の浄土教系の経典を出典とする偈も見られる。梵字のキリークではなく、「南無阿弥陀仏」という六字名号を主尊とする板碑もあり、これらは時宗のものに多く「阿弥陀経」の偈が見られる。経典以外では、源信《げんしん》の「往生要集《おうじょうようしゅう》」などを出典とする偈もある（小沢　一九七八）。

また、最古の板碑として知られる江南文化センター（埼玉県熊谷市千代）所蔵の嘉禄《かろく》三年（一二二七）銘板碑（上部欠損：高一一五㌢）や、同じく初発期の板碑である東松山市正代の寛喜《かんぎ》元年（一二二九）銘板碑（高九六㌢）には、「諸教所讃《しょぎょうしょさん》、多在弥陀《たざいみだ》、故以西方《こいさいほう》、而為一准《にいいちじゅん》」（諸教の讃ずる所、多くは弥陀に在り。故に西方をもって、一准と為す）という偈が刻まれている。これは天台宗の根本聖典と言われる「摩訶止観《まかしかん》」からの出典であり、天台浄土思想を背景に造立されたことが知られる。

真言密教の呪文である「光明真言《こうみょうしんごん》」を偈とする板碑もある。光明真言は神秘性を保つために漢訳せずにそのまま梵字で表すことが多いが、大日如来の光明を乞い、それによって一切の罪業《ざいごう》が除かれることを願っている。これは、浄土教系の経典を出典とするものではないが、浄土教の念仏に対する密教側の易行《いぎょう》（たやすく行える

円照寺　元弘3年銘板碑

仏道修行）が石造物にも反映したものであり、その意味から言えば、浄土教思想の興隆と無関係ではない。

　これらと少々異なっているのが禅宗の偈である。円照寺《えんしょうじ》（埼玉県入間市野田）元弘三年（一三三三）銘板碑（高一二〇センチ）には、「乾坤無卓孤笻地、只喜人空法亦空、珍重大元三尺剣、電光影裏析春風」（乾坤孤笻《けんこんこきょう》を卓《た》つるの地なし、只喜ぶのみ、人は空《くう》にして法もまた空、珍重《ちんちょう》す大元三尺《たいげんさんじゃく》の剣、電光影裏春風《でんこうえいりしゅんぷう》を析《さ》く）という「臨刃偈《りんじんげ》」が刻まれている。「天地には一本の杖を立てる地もなく、人は空にして法もまた空である。元の三尺の剣が私を斬ったとしても、それは春風を切り裂くにすぎない」というような意味になろうが、これは円覚寺の開山である中国僧無《む》学祖《がくそ》元《げん》が、かつて元兵に襲われた時に泰然と構え、この偈を唱えて難を逃れたとされる。この板碑は元弘三年五月二十二日という紀年銘をもち、この鎌倉幕府滅亡の日に殉じた加治家貞《かじいえさだ》の追善供養のために建立されたものと考えられている。なお、円照寺には嘉元三年（一三〇五）銘板碑（上部欠損：高一三七センチ）もあり、「碧巌録《へきがんろく》」から引用した禅宗の偈を刻む。こちらも同年に起こった嘉元の乱（北条宗方《ほうじょうむねかた》の乱）に関連して斬首された加治光家《かじみついえ》の追善供養のための板碑と考えられており興味深い。北条氏（得宗《とくそう》）は時頼以降禅宗への帰依を深めていくが、御《み》内人《うちにん》として得宗に仕えた加治氏の信仰を知ることができる（石井　一九七四、千々和　一九八八等）。

板碑が語る史実

①二俣川合戦　丹《たん》党の加治氏では、先に見た円照寺のほかに智観寺《ちかんじ》（埼玉県飯能市中山）にある仁治二年（一二四一）銘と仁治三年（一二四二）銘の二基の板碑が知られている。二基はほぼ同じ大きさ（高一三〇㌢）であり、加治助季《かじすけすえ》が亡き両親のために建立したという。仁治二年銘板碑は亡母の一周忌に際しての建立、仁治三年銘板碑は、元久二年（一二〇五）の二俣川《ふたまたがわ》合戦で畠山重忠に討たれた亡父加治家季《かじいえすえ》の三十八年忌改葬にあたっての建立とされる。畠山重忠は武蔵国への進出を企図する北条氏の策謀により武蔵国二俣川で激戦ののち討たれたが、加治家季はこの時に北条氏の遣した幕府軍に属して戦い、戦死したものである。これらの板碑は、ともに阿弥陀一尊種子を大きく刻んでおり、後の円照寺の板碑のような禅宗の偈ではない。御家人から御内人へと変貌を遂げた加治氏の信仰の変遷を考える上で興味深い。

なお、光明遍照の偈で挙げた慈光寺の弘長二年（一二六二）銘板碑には、「畠山重忠」「秩父六郎」と重忠・重保父子の名が刻まれており、かつては「重忠板碑」とされていたが、これらの文字は明らかに後刻であり、慈光寺の由緒を強く印象づけるための作為と考えられる。

青蓮寺　弘安4年銘板碑

②蒙古襲来　児玉党の小代《しょうだい》氏によって建立された青蓮寺《しょうれんじ》（埼玉県東松山市正代）の弘安四年（一二八一）銘板碑（高一一三㌢）もよく知られている。阿弥陀一尊種子の下に造立趣旨を刻むが、それによれば、蒙古襲来に備え

て肥後国野原荘《のばらのしょう》（熊本県荒尾市）に下向した惣領《そうりょう》の小代重俊《しげとし》の仁徳を慕い、一族の団結を意図して建立したという。これは、異国警固のため、幕府の命令に基づき、九州に所領をもつ東国御家人が下向したという史実を反映している。ここからは、惣領制の実像を窺うとともに、武蔵武士の故郷や親族によせる心情も垣間見ることができる。

③鎌倉幕府の滅亡　同じく児玉党の浅羽《あさば》氏には、永源寺（埼玉県坂戸市仲町）に元弘三年（一三三三）五月二十二日の紀年銘をもつ板碑（高一二〇チセン）がある。元弘三年五月二十二日は、新田義貞を主将とする討幕軍の鎌倉突入に際し、北条高時が葛西ヶ谷の東勝寺で一門の者とともに自刃した日である。

『太平記』は鎌倉中で北条氏に殉じた者六千余人と記すが、この板碑も、先に述べた加治氏と同様、御内人として鎌倉幕府に殉じた浅羽一族を供養したものとされる（『坂戸市史』通史編）。なお、浅羽氏には万福寺（埼玉県坂戸市北浅羽《きたあさば》）の徳治二年（一三〇七）銘大日種子板碑（高一一八チセン）もあるが、こちらは氏祖有道行成《ありみちゆきなり》の菩提を弔い子孫の繁栄を願ったもので、先の小代氏の板碑と共通する。

また、徳蔵寺《とくぞうじ》（東京都東村山市）にも有名な元弘三年銘の板碑（上部欠損：高一四七チセン）がある。こちらは武蔵武士ではなく上州武士と思われるが、新田義貞に従い武蔵府中と相模村岡で戦死した飽間《あきま》斎藤氏三名の供養のために建立されたものである（石井　一九七四、千々和　一九八八等）。

武蔵七党と板碑

加治氏、小代氏、浅羽氏の板碑について触れたが、そのほかにも武蔵七党に関連する板碑も散見する。丹党では、加治氏のほか、中村氏・長田氏に延慶《えんきょう》三年（一三一〇）銘光正寺《こうしょうじ》跡阿弥陀種子板碑（高一六〇チセン）があり、先祖供養に関する銘文からは、加治氏や小代氏の板碑との共通性を感じる。同じく丹党の勅使河原《てしがわら》氏には大光寺《だいこうじ》（埼玉県上里町勅使河原）板碑（高一一五㌢）があり、紀年銘はないが、新田義貞に従って足利尊氏と戦い、敗れて自害した勅使河原直重《なおしげ》父子を供養したものとされる。また、一乗寺（埼玉県朝霞市膝折町）の板碑群も、丹党の高麗《こま》氏が関わっていると言われている。

児玉党では、先に述べた小代氏、浅羽氏のほか、児玉氏に玉蓮寺《ぎょくれんじ》（埼玉県本庄市児玉町児玉）嘉元二年（一三〇四）銘の釈迦種子板碑（高二四二㌢）がある。玉蓮寺は児玉時国の館跡を前身とする日蓮宗寺院であり、日蓮が佐渡配流の往復に立ち寄ったという伝承が残る。この板碑は時国を供養したものと言われ、法華経の偈を刻んでいる。

横山党の別府氏には、安楽寺（埼玉県熊谷市西別府）文和三年（一三五四）銘阿弥陀種子板碑（高二一〇㌢）がある。「甲斐守藤原頼重《ふじわらのよりしげ》世寿四十一歳」という銘文があり、在世時の名乗りをあらわす稀少例とされる（『日本石造物辞典』吉川弘文館、二〇一二年）。これより古い行田市史料館（埼玉県行田市佐間）所蔵の嘉禎二年（一二三六）銘板碑（高一九三㌢）は、かつて円墳佐間大日塚古墳の墳上に立っていた板碑であるが、これには「左近将監《さこんのしょうげん》」の官職銘を刻んでおり、この地域を支配していた武士と思われ、系図から別府氏との関連が指摘されている。

村山党の金子氏には、高正寺《こうしょうじ》（埼玉県入間市仏子）板碑群がある。高正寺は金子氏の菩提寺として知られているが、このうち最大の阿弥陀種子板碑（高二五五㌢）は、剝落が激しく年未詳ながら、近世史料から寛元四年（一二四六）銘も確認されており、初発期板碑としても注目されている（『日本石造物辞典』）。

そのほか、猪俣《いのまた》党の人見《ひとみ》氏には、一乗寺（埼玉県深谷市人見）の「人見氏累代墓《るいだいのはか》」に二基の板碑（高一二八㌢・

一五六㌢）が残る。大福寺（埼玉県加須市内田ヶ谷）の天福二年（一二三四）銘板碑（高二五一㌢）は、野与《のよ》党の多賀谷《たがや》氏との関連が指摘されている。なお、観福寺（埼玉県行田市南河原）には南河原石塔婆の名で知られる文応二年（一二六一）銘阿弥陀種子・図像板碑（高二三六㌢）と文永二年（一二六五）銘地蔵図像板碑（高一八七㌢）の二基があり、一ノ谷合戦で戦死した私市《きさいち》党の河原兄弟の碑とされる。『平家物語』によれば、河原高直、盛直兄弟は、生田森を攻める源範頼軍に属していたが、二人で真先に柵を乗り越えて平氏の陣中に攻め入り、先陣の名乗りをあげて戦い、壮絶な討死を遂げたという。銘文からは河原氏とは無関係であることが分かるが、時を超えて土地の人々の思いを感じることができる。

以上のように、戦いの中で生と死のはざまに生きた武蔵武士たちは、板碑にその思いを込めた。「物言わぬ語り部」とも称される板碑（嵐山町　一九九七）であるが、武蔵武士たちの信仰や生き様などをつつましやかに伝えてくれるのである。

参考文献

石井　進『中世武士団』（小学館、一九七四年）
小沢国平『板碑入門』（国書刊行会、一九七八年）
加藤政久『石仏偈頌辞典』（国書刊行会、一九九〇年）
千々和到『板碑とその時代』（平凡社、一九八八年）
千々和到『板碑と石塔の祈り』（山川出版社、二〇〇七年）
日本石造物辞典編集委員会『日本石造物辞典』（吉川弘文館、二〇一二年）

播磨定男『中世の板碑文化』（東京美術、一九八九年）
嵐山町『戦い・祈り・人々の暮らし』（一九九七年）

あとがき

いろいろと考えた。本書の題名についてである。当初、『武蔵武士の世界』と題したものの、いま一つインパクトに欠ける。さらには、『武蔵武士団の一所懸命』という書名も頭に浮かんだ。奇を衒った気分もあり、これも候補からはずした。あるいは、『武蔵の武士団』とか『武蔵武士』などの題も候補となった。ただし、前者は恩師安田元久先生の同一書名の作品もあり、遠慮した。そして後者も戦前の八代国治・渡辺世祐両氏のものもあり、これまた二番煎じの誹りを免れない。そんなことどもが頭にうかび、これも消えた。

結局、戦前・戦後の該分野の代表的先学の名著を合体したごとき『武蔵武士団』とすることとした。多くの専門研究者たちに分担していただき、最前線の成果をわかりやすく一般読者に提示することを目指そうとしたので、一目瞭然の書名を了とした。

書名は平凡だが中身はそうではない。目次と構成を見て頂ければおわかりのように、工夫を凝らした内容となっているはずだ。編者が意図したところは、武蔵武士団の盛衰を地域史に埋没させることなく、中世全体の中に位置づけながら、武士論を普遍化させることだった。

中世という時代の規定のしかたは論者により様々だろうが、一つの見方としては、「安堵」に始まり「一揆」に終わる、という考え方もあるに違いない。この場合の「一揆」とは十六世紀末肥後の国一揆の如く、秀吉による近世秩序の組み込みで地域主義を標榜した中世的武士は息の根が止められることになる。つまりは〝天下〟

の創出とともに中世は終焉を迎えたのである。一方、中世の始まりに当る「安堵」とは、所領・所職の法的保証の行為をさす。その実現を地域レベルで達成することで中世的世界がスタートする。武士が中世の主役とされるのはこの「安堵」と「一揆」の時代を漕ぎぬいた存在であるからに他ならない。本書では英雄とおぼしき個々人の活躍は埒の外に置いた。いわば地域としての武蔵が育んだ武士たちの姿を様々の角度から切り込むことで、平安末期以降の時代を描くことに努めた。その限りでは、本書が対象としたのは、「安堵」と「一揆」がスッポリと収まってしまう時代である。

「はしがき」でもふれたが『平家物語』と『太平記』の二書は、中世の前期と後期を画する代表的軍記である。代表たる所以は右に語った「安堵」と「一揆」の世界にそれぞれがかかわっているからに他ならない。源平の争乱を主題とした『平家物語』にあっては、そこに描かれている武士像の多くは、「一所懸命」の時代にふさわしい姿が活写されている。とりわけ、そこでの活躍が描かれている武蔵の武士たちの戦いとは、開発した自己の所領の保証（本領安堵）と新しい所領の給与（新恩給与）を鎌倉殿から認知されるためのものだった。かかる所領の安堵が『平家物語』の底流に見え隠れしている。

そして、『太平記』に関しては、鎌倉的秩序を解体させるための力として、血縁・地縁を問わず「一揆」の時代がおとずれる。『太平記』が語る「一揆合戦」の主体は、地域武士団が自己を主張するための戦いを象徴するものだった。武蔵武士団もまたこの大きな流れに棹さす形で『太平記』の世界で描かれている。そこでは「安堵」を実現した武士が、武家（鎌倉幕府）に結集しつつも、さらなる自己実現（所領の拡大）のために、新たなる権力（室町幕府）を創造するまでの流れが語られている。

いささか難しい話を書きつらねたが、編者の意図するところを汲みとっていただければと思う。『平家物語』

にしろ『太平記』にしろ、ともに国民文学として、高い評価が与えられている。歴史のなかの記憶として、この二つの軍記の民衆への教育力は絶大なものがあった。その限りでは歴史学（中世史）の立場から文学を再利用することでどのような解答を導き出せるのか、こうしたことがらも、われわれの関心の一つであった。

本書のこうした意図がすべからく中身に反映されているか否かは心もとないが、武蔵武士に関する多くの研究書のなかの名誉ある一冊になることを執筆者一同、心から願う次第である。

二〇一四年一月

関　幸　彦

執筆者紹介（執筆順）—生年／現職／執筆分担

関　幸彦（せき　ゆきひこ）→別掲／はしがき、序、あとがき
菊池紳一（きくち　しんいち）一九四八年生れ／元財団法人前田育徳会常務理事／Ⅰ—1
久保田和彦（くぼた　かずひこ）一九五五年生れ／神奈川県立鎌倉高等学校教諭／コラム、関連編著書・論文一覧
上杉和彦（うえすぎ　かずひこ）一九五九年生れ／明治大学文学部教授／Ⅰ—2
細川重男（ほそかわ　しげお）一九六二年生れ／國學院大學・東洋大学非常勤講師、日本史史料研究会研究員／Ⅰ—3
高橋典幸（たかはし　のりゆき）一九七〇年生れ／東京大学大学院人文社会系研究科准教授／Ⅱ—1、Ⅲ—1
新井孝重（あらい　たかしげ）一九五〇年生れ／獨協大学経済学部教授／Ⅱ—2
角田朋彦（つのだ　ともひこ）一九六九年生れ／駒澤大学・京都造形芸術大学非常勤講師／Ⅱ—3・4、Ⅳ—1
岡田清一（おかだ　せいいち）一九四七年生れ／東北福祉大学子ども科学部教授／Ⅲ—2
長村祥知（ながむら　よしとも）一九八二年生れ／京都府京都文化博物館学芸員／Ⅲ—3、4
山野井功夫（やまのい　いさお）一九五九年生れ／埼玉県立浦和西高等学校教諭／Ⅳ—2
下山　忍（しもやま　しのぶ）一九五六年生れ／北条氏研究会事務局長／Ⅳ—3

関連編著書・論文一覧

久保田和彦

凡例　1）著者・執筆者の五十音配列とし，同一著者・執筆者内では発行年代順とした。
2）著書などに再録された論文は，その著書を出典とし，複数論文を収めた著書はその著者名をあげた。

【編著書】
秋山哲雄『都市鎌倉の中世史－吾妻鏡の舞台と主役たち－』 歴史文化ライブラリー 301　吉川弘文館　2010
秋山哲雄『鎌倉幕府滅亡と北条氏一族』 敗者の日本史 7　吉川弘文館　2013
浅倉直美『後北条領国の地域的展開』 岩田書院　1997
浅野晴樹他編『中世東国の世界・北関東』 中世東国の世界 1　高志書院　2003
浅野晴樹他編『中世東国の世界・南関東』 中世東国の世界 2　高志書院　2004
浅野晴樹他編『中世東国の世界・戦国大名北條氏』 中世東国の世界 3　高志書院　2008
粟野俊之『織豊政権と東国大名』 吉川弘文館　2001
池上裕子『戦国時代社会構造の研究』 校倉書房　1999
池上裕子編『中近世移行期の土豪と村落』 岩田書院　2005
池　　享『東国の戦国争乱と織豊権力』 動乱の東国史 7　吉川弘文館　2012
石井　進『鎌倉幕府』 日本の歴史 7　中央公論社　1965
石井　進『中世武士団』 日本の歴史 12　小学館　1974
石井　進『鎌倉武士の実像－合戦と暮しのおきて－』 平凡社選書 108　平凡社　1987
石井　進『鎌倉びとの声を聞く』 日本放送出版協会　2000
市村高男『戦国期東国の都市と権力』 思文閣史学叢書　思文閣出版　1994
市村高男『東国の合戦』 戦争の日本史 10　吉川弘文館　2008
伊藤一美『武蔵武士団の一様態－安保氏の研究－』 文献出版　1981
伊藤喜良『中世国家と東国・奥羽』 校倉書房　1999
入間田宣夫『武者の世に』 日本の歴史 7　集英社　1991

入間田宣夫『北日本中世社会史論』 吉川弘文館 2005
上杉和彦『源頼朝と鎌倉幕府』 新日本出版社 2003
内田留吉『河越氏と河越庄』 川越中世史研究会 1956
梅沢太久夫『武蔵松山城主上田氏－戦国動乱二五〇年の軌跡－』 さきたま出版会 2006
上横手雅敬・勝山清次・元木泰雄『院政と平氏，鎌倉政権』 日本の中世8 中央公論新社 2002
大山喬平『鎌倉幕府』 日本の歴史9 小学館 1974
岡田清一『鎌倉の豪族』Ⅱ 鎌倉春秋社 1983
岡田清一編『河越氏の研究』 名著出版 2003
岡田清一『鎌倉幕府と東国』 続群書類従完成会 2006
岡田清一『中世東国の地域社会と歴史資料』 名著出版 2009
小国浩寿『鎌倉府体制と東国』 吉川弘文館 2001
小国浩寿『鎌倉府と室町幕府』 動乱の東国史5 吉川弘文館 2013
落合義明『中世東国の「都市的な場」と武士』 山川出版社 2005
小和田哲男『後北条氏研究』 吉川弘文館 1983
海津一朗『中世の変革と徳政』 吉川弘文館 1994
勝守すみ編『長尾氏の研究』 関東武士研究叢書6 名著出版 1978
神奈川県立歴史博物館編『後北条氏と東国文化』 大塚巧藝社 1989
川合 康『源平合戦の虚像を剥ぐ－治承・寿永内乱史研究－』 講談社選書メチエ72 講談社 1996
川合 康『源平の内乱と公武政権』 日本中世の歴史3 吉川弘文館 2009
久保健一郎『戦国大名と公儀』 校倉書房 2001
蔵持重裕『日本中世村落社会史の研究』 校倉書房 1996
黒田基樹『戦国大名北条氏の領国支配』 戦国史研究叢書1 岩田書院 1995
黒田基樹『戦国大名領国の支配構造』 岩田書院 1997
黒田基樹『戦国期東国の大名と国衆』 岩田書院 2001
黒田基樹『扇谷上杉氏と太田道灌』 岩田選書・地域の中世1 岩田書院 2004
黒田基樹『戦国北条一族』 新人物往来社 2005
黒田基樹『北条早雲とその一族』 新人物往来社 2007
黒田基樹『戦国の房総と北条氏』 岩田選書・地域の中世4 岩田書院 2008
黒田基樹『戦国関東の覇権戦争 北条氏VS関東管領・上杉氏55年の戦い』 歴

史新書　洋泉社　2011
黒田基樹『小田原合戦と北条氏』 敗者の日本史 10　吉川弘文館　2012
黒田基樹『戦国北条氏五代』 中世武士選書 8　戎光祥出版　2012
小泉　功『太田道真と道灌－河越・江戸・岩付築城五百五十年記念－』 幹書房 2007
小林一岳『日本中世の一揆と戦争』 校倉書房　2001
小林一岳『元寇と南北朝の動乱』 日本中世の歴史 4　吉川弘文館　2009
後北条氏研究会編『関東戦国史の研究』 萩原龍夫還暦記念出版　名著出版　1976
五味文彦『鎌倉と京－武家政権と庶民世界－』 大系日本の歴史 5　小学館　1988
五味文彦『武士の時代』 日本の歴史 4　岩波ジュニア新書 334　岩波書店　2000
五味文彦編『京・鎌倉の王権』 日本の時代史 8　吉川弘文館　2003
五味文彦『躍動する中世－人びとのエネルギーが殻を破る－』 日本の歴史 5 小学館　2008
近藤成一編『モンゴルの襲来』 日本の時代史 9　吉川弘文館　2003
埼玉県立嵐山史跡の博物館編『東国武士と中世寺院』 高志書院　2008
埼玉県立歴史資料館編『埼玉県板石塔婆調査報告書』 埼玉県教育委員会　1981
埼玉県立歴史資料館編『中世武蔵人物列伝－時代を動かした武士とその周辺－』 さきたま出版会　2006
齋藤慎一『戦国時代の終焉－「北条の夢」と秀吉の天下統一－』中公新書 1809 中央公論新社　2005
櫻井　彦『南北朝内乱と東国』 動乱の東国史 4　吉川弘文館　2012
佐藤進一『南北朝の動乱』 日本の歴史 9　中央公論社　1965
佐藤博信『中世東国の支配構造』 思文閣史学叢書　思文閣出版　1989
佐藤博信『古河公方足利氏の研究』 思文閣史学叢書　思文閣出版　1989
佐藤博信『続中世東国の支配構造』 思文閣史学叢書　思文閣出版　1996
佐藤博信『江戸湾をめぐる中世』 思文閣出版　2000
佐藤博信『中世東国政治史論』 塙書房　2006
佐藤博信『中世東国足利・北条氏の研究』 中世史研究叢書 7　岩田書院　2006
佐藤博信編『中世東国の政治構造』 中世東国論上・下　岩田書院　2007
佐脇栄智『後北条氏の基礎研究』 吉川弘文館　1976
佐脇栄智編『後北条氏の研究』 戦国大名論集 8　吉川弘文館　1983
佐脇栄智『後北条氏と領国経営』 吉川弘文館　1997

下山治久『八王子城主・北條氏照－氏照文書からみた関東の戦国－』 多摩歴史叢書 3　たましん地域文化財団　1994
下山治久『小田原合戦－豊臣秀吉の天下統一－』 角川選書 279　角川書店　1996
下山治久『北条早雲と家臣団』 有隣新書 57　有隣堂　1999
下山治久『横浜の戦国武士たち』 有隣新書 70　有隣堂　2012
新人物往来社編『地方別　日本の名族』3　関東編Ⅰ　新人物往来社　1989
新人物往来社編『地方別　日本の名族』4　関東編Ⅱ　新人物往来社　1989
杉山　博『北条早雲』 小田原文庫 4　名著出版　1976
杉山　博『戦国大名後北条氏の研究』 名著出版　1982
杉山博先生還暦記念会編『戦国の兵士と農民』 名著出版　1978
鈴木国弘『日本中世の私戦世界と親族』 吉川弘文館　2003
鈴木哲雄『中世関東の内海世界』 岩田書院・地域の中世 2　2005
鈴木哲雄『平将門と東国武士団』 動乱の東国史 1　吉川弘文館　2012
鈴木敏弘『中世成立期の荘園と都市』 東京堂出版　2005
鈴木良一『後北条氏』 有隣新書 34　有隣堂　1988
関　幸彦『その後の東国武士団－源平合戦以後－』 歴史文化ライブラリー 327　吉川弘文館　2001
髙橋一樹『東国武士団と鎌倉幕府』 動乱の東国史 2　吉川弘文館　2013
高橋慎一朗編『列島の鎌倉時代－地域を動かす武士と寺社－』 高志書院　2011
田代　脩『武蔵武士と戦乱の時代－中世の北武蔵－』 さきたま出版会　2009
田辺久子『乱世の鎌倉』 鎌倉叢書 14　かまくら春秋社　1990
田辺久子『関東公方足利氏四代－基氏・氏満・満兼・持氏－』 吉川弘文館　2002
千々和到『板碑とその時代－てぢかな文化財・みぢかな中世－』 平凡社選書 116　平凡社　1988
中世東国史研究会編『中世東国史の研究』 東京大学出版会　1988
土田直鎮『古代の武蔵を読む』 吉川弘文館　1994
土田直鎮『平安京への道しるべ－奈良平安時代史入門－』 吉川弘文館　1994
東国戦国史研究会編『関東中心　戦国史論集』 名著出版　1980
永井　晋『鎌倉源氏三代記－一門・重臣と源家将軍－』 歴史文化ライブラリー 299　吉川弘文館　2010
貫　達人『畠山重忠』 人物叢書 92　吉川弘文館　1962
野口　実『坂東武士団の成立と発展』 弘生書林　1982

野口　実『鎌倉の豪族』Ⅰ　鎌倉春秋社　1983
野口　実『中世東国武士団の研究』 高科書店　1994
野口　実『源氏と板東武士』 歴史文化ライブラリー234　吉川弘文館　2007
則竹雄一『古河公方と伊勢宗瑞』 動乱の東国史6　吉川弘文館　2013
萩原龍夫『中世東国武士団と宗教文化』 岩田書院　2007
原田信男『中世村落の景観と生活―関東平野東部を中心として―』 思文閣出版　1999
菱沼一憲『源義経の合戦と戦略―その伝説と実像―』 角川選書374　角川書店　2005
福島金治『金沢北条氏と称名寺』 吉川弘文館　1997
福島正義『武蔵武士―そのロマンと栄光―』 さきたま出版会　1990
福田豊彦『東国の兵乱ともののふたち』 吉川弘文館　1995
藤木久志『豊臣平和令と戦国社会』 東京大学出版会　1985
藤木久志『戦国の作法―村の紛争解決―』 平凡社選書103　平凡社　1987
藤木久志『戦国史をみる目』 校倉書房　1995
藤木久志『雑兵たちの戦場―中世の傭兵と奴隷狩り―』 朝日新聞社　1995
藤木久志『戦国の村を行く』 朝日選書579　朝日新聞社　1997
藤木久志『飢餓と戦争の戦国を行く』 朝日選書687　朝日新聞社　2001
藤木久志『新版雑兵たちの戦場―中世の傭兵と奴隷狩り―』 朝日選書777　朝日新聞社　2005
藤木久志『土一揆と城の戦国を行く』 朝日選書808　朝日新聞社　2006
藤木久志『戦う村の民俗を行く』 朝日選書　朝日新聞社　2008
藤木久志『城と隠物の戦国誌』 朝日選書861　朝日新聞社　2009
北条氏研究会編『北条氏系譜人名辞典』 新人物往来社　2001
北条氏研究会編『北条時宗の時代』 八木書店　2008
細川重男『鎌倉政権得宗専制論』 吉川弘文館　2000
細川重男『鎌倉幕府の滅亡』 歴史文化ライブラリー316　吉川弘文館　2011
細川重男『北条氏と鎌倉幕府』 講談社選書メチエ493　講談社　2011
細川重男『頼朝の武士団―将軍・御家人たちと本拠地・鎌倉―』 歴史新書31　洋泉社　2012
前島康彦『太田氏の研究』 関東武士研究叢書3　名著出版　1975
松本一夫『東国守護の歴史的特質』岩田書院　2001

峰岸純夫『中世の東国－地域と権力－』 東京大学出版会　1989
峰岸純夫『中世東国の物流と都市』 山川出版社　1995
峰岸純夫『中世東国の荘園公領と宗教』 吉川弘文館　2006
安田元久『武士世界の序幕』 吉川弘文館　1973
安田元久『日本初期封建制の基礎研究』 山川出版社　1976
安田元久『武蔵の武士団－その成立と故地をさぐる－』 有隣新書 28　有隣堂　1984
山田邦明『鎌倉府と関東－中世の政治秩序と在地社会－』 校倉書房　1995
山本幸司『頼朝の天下草創』 日本の歴史 9　講談社　2001
湯浅治久『蒙古合戦と鎌倉幕府の滅亡』 動乱の東国史 3　吉川弘文館　2012
湯山　学『鶴岡八幡宮の中世的世界』 岩田書院　1995
湯山　学『関東上杉氏の研究』 湯山学中世史論集 1　岩田書院　2009
湯山　学『三浦氏・後北条氏の研究』 湯山学中世史論集 2　岩田書院　2009
湯山　学『武蔵武士の研究』 湯山学中世史論集 3　岩田書院　2010
渡邊世祐『関東中心　足利時代の研究』 復刻版［新人物往来社　1971］ 雄山閣　1913
渡邊世祐・八代國治『武蔵武士』 復刻版［有峰書店　1971］ 博文館　1913
綿貫友子『中世東国の太平洋海運』 東京大学出版会　1998

【論　文】

青木文彦「武蔵国太田荘と貢馬」『埼玉史談』218　1989
青木文彦「武蔵武士研究の動向」『埼玉地方史』50　2003
青山幹哉「〈顕わす系図〉としての氏系図－板東平氏系図を中心に－」『伝承文学研究』54　2004
赤羽洋輔「元久二年「畠山重忠の乱」についての一考察－北条時政失脚の原因をめぐって－」『武蔵野』81-2［342］ 2005
秋山伸一「風斗出者の村々－西武蔵の村々－」 藤木久志・荒野泰典編『荘園と村を歩く』 1997
秋山哲雄「都市鎌倉の東国御家人」『ヒストリア』195　2005
浅倉直美「戦国期の荒地開発に関する一試論－武蔵北西部を中心に－」『駒沢大学史学論集』18　1988
浅倉直美「北条氏邦の児玉郡・加美郡支配」『戦国史研究』15　1988

浅倉直美「後北条氏の権力構造ー鉢形領を中心としてー」 中世東国史研究会編『中世東国史の研究』 1988
浅倉直美「北条氏邦鉢形入城について」『戦国史研究』16　1988
浅倉直美「御嶽・三ッ山城主長井氏に関する基礎的考察」『駒沢史学』39・40 合併号　1988
浅倉直美「滝山領・鉢形領の成立と「関東幕注文」」『戦国史研究』40　2000
浅野晴樹「埼玉県比企地域の中世遺跡の調査と保存にむけた展望」『日本歴史』712　2007
浅野晴樹「「後北条氏の城ー合戦と支配ー」について」『東京都江戸東京博物館研究報告』15　2009
浅野晴樹「中世北武蔵の成立期から前期についてー主に土器・陶磁器をとおしてー」『歴史評論』727　2010
芦田正次郎「源平闘諍録にみる畠山重忠ー武蔵国豊島郡滝野川で頼朝に参陣ー」『武蔵野』81-2［342］　2005
阿諏訪青美「港北区師岡の法華寺全寿院と近隣村ー横浜市域における中世村落像解明への試論ー」『横浜市歴史博物館紀要』8　2004
後野陽子「『新編武蔵風土記稿』の郷荘名」『埼玉県史研究』19　1987
網野善彦「多西郡と多東郡」『羽村町史』　1974
網野善彦「金沢氏・称名寺と海上交通」『三浦古文化』44　1988
荒井健治「武蔵国庁周辺に広がる集落」『国史学』156　1995
荒井健治「国庁周辺に広がる集落遺構の性格についてー武蔵国庁周辺の状況をもってー」『国立歴史民俗博物館研究報告』63　1995
新井孝重「中世前期東国武士論おぼえがき」『草加市史研究』6　1989
新井孝重「九州に渡った武蔵武士ー宗像郡佐々目氏のことー」『草加市史研究』11　1998
新井孝重「16 世紀関東における戦国社会の一様相ー北武蔵秩父衆の動向を中心にー」『獨協経済』84　2007
新井孝重「古代高麗氏の存在形態」『日本歴史』749　2010
新井浩文「「安保文書」伝来に関する覚書ー川口家所蔵の安保文書についてー」『埼玉県立文書館紀要』22　2009
新井浩文「安保清和氏所蔵「安保文書」調査概要」『埼玉県立文書館紀要』25　2012

池上裕子「武田氏滅亡から「足柄当番之事」へ」『郷土神奈川』30　1992
池上裕子「今川・武田・北条氏と駿東」『小山町の歴史』8　1994
池上裕子「戦国大名北条氏の品川支配」『品川歴史館紀要』24　2009
池　　享「中世後期大田庄における領主制支配の展開について」(上)『大月短大論集』13　1982
石井清文「奥州征伐と武蔵武士団ー畠山重忠と葛西清重についての若干の考察ー」(Ⅰ)『政治経済史学』177　1981
石井清文「奥州征伐と武蔵武士団ー畠山重忠と葛西清重についての若干の考察ー」(Ⅱ)『政治経済史学』181　1981
石井清文「奥州征伐と武蔵武士団ー畠山重忠と葛西清重についての若干の考察ー」(Ⅲ)『政治経済史学』195　1982
石井　進「金沢文庫古文書にあらわれた鎌倉幕府下の武蔵国衙」『金沢文庫研究』111　1965
石井　進「中世の六浦」『神奈川地域史研究』3・4合併号　1986
石井　進「中世六浦の歴史」『三浦古文化』40　1986
石井　進「鎌倉時代ー中世の川崎市域ー」『川崎市史』通史編1　1993
市村高男「中世東国における内海水運と品川湊」『品川歴史館紀要』10　1995
伊藤一美「東国における一武士団ー北武蔵の安保氏についてー」『学習院史学』9　1972
伊藤一美「武蔵七党の発生ー武士発生史の覚え書ー」『歴史手帖』4-2　1976
伊藤一美「後北条氏下の安保氏について」　萩原龍夫先生還暦記念会編『関東戦国史の研究』　1976
伊藤一美「武蔵七党の展開ー児玉党の越生氏を中心としてー」『歴史手帖』4-9　1976
伊藤一美「中世領主の居館地についてー安保氏館の若干の復元ー」『埼玉地方史』5　1978
伊藤一美「御成敗式目註釈と安保氏泰ー戦国期の安保殿流註釈学の一コマー」『戦国史研究』1　1981
伊藤一美「武蔵(含東国)武士研究文献目録」『埼玉地方史』10　1981
伊藤一美「武蔵七党と東国社会ーその研究史と研究のあり方をめぐってー」『埼玉県史研究』10　1982
伊藤一美「安保清和氏所蔵の安保文書写についてー安保文書の補遺ー」『戦国史

研究』16　1988
伊藤一美「武蔵国吉田郷と伊豆山神社－新出の伊豆山神社関係文書から－」『埼玉県史研究』24　1990
伊藤一美「『安保文書』の伝来とその写本について」『埼玉県史研究』27　1992
伊藤一美「永禄六年安保氏宛行地の歴史的背景について」『埼玉地方史』30　1993
伊藤一美「入間郡分郡とその歴史的背景」『埼玉史談』255　1998
伊藤一美「『吾妻鏡』所載史料からみる豊島氏の歴史的性格」『地方史研究』298　2002
伊藤寿和「摂関家領武蔵国稲毛荘に関する歴史地理学的研究」『史艸』53　2012
伊藤博司「多摩川上流域の中世的景観－青梅市域を中心として－」『多摩のあゆみ』90　1998
稲葉継陽「鎌倉御家人毛呂氏の職能と領主制」『生活と文化』7　1993
稲村坦元「武蔵武士と北條時政」『埼玉史談』7-4　1961
井上恵一「岩付城主太田氏房と与野郷」『与野市史調査報告書』4　1979
井上恵一「岩付領における太田氏，北条氏政の証文について」『戦国史研究』12　1986
井上恵一「河越合戦後の北条氏康と太田資正」『戦国史研究』28　1994
井上孝夫「畠山重忠と鉄の伝説」『千葉大学教育学部研究紀要』人文・社会　48-Ⅱ　2000
入間田宣夫「葛西氏の下向と家臣団」『葛西史研究』22　1999
伊禮正雄「豊島氏と城郭」『生活と文化』2　1986
伊禮正雄「道灌は何故死んだか」『三浦古文化』42　1987
伊禮正雄「多摩地方の城館址」『多摩のあゆみ』10　1978
岩崎　学「武蔵守護代大石氏に関する二，三の考察－信重・憲重を中心に－」『国学院大学大学院・史学研究集録』14　1989
宇高良哲「安保氏の御獄落城と関東管領上杉憲政の越後落ち－新出史料身延文庫所蔵『仁王経科註見聞私』奥書の紹介を中心として－」『埼玉県史研究』22　1988
大井教寛「鶴岡八幡宮領武蔵国熊谷郷における請所」『日本歴史』722　2008
大島宏一「戦国大名後北条氏の武蔵松山進出」『史叢』25　1980
大図口承「岩付城主太田資顕とその資料」『戦国史研究』11　1986
太田順三「安保直実について－太平記の「英雄」虚像－」『民衆史研究』8　1970

小笠原長和「武州金沢称名寺と房総の諸寺」『千葉大学文理学部文化科学紀要』1　1959
岡田清一「大河戸御厨をめぐる二、三の問題」『埼玉県史研究』26　1991
岡田清一「重忠没後の武蔵国留守所について」『武蔵野』342〔81-2〕　2005
岡田清一「源義経と武蔵武士」『武蔵野』343〔82-1〕　2006
小川　始「寄贈された立川氏関係史料」『多摩のあゆみ』118　2005
奥富敬之「武蔵・相模における北條氏得宗」『日本歴史』280　1971
小国浩寿「南北朝・室町期の南武蔵領主の様態と前提－武州普済寺と平姓柴崎氏を手がかりに－」『多摩のあゆみ』118　2005
小国浩寿「白旗一揆の分化と武州白旗一揆中世東国論」『中世東国の政治構造』上　2007
落合義明「河越経重考」『湘南史学』13　1993
落合義明「武蔵国河越荘について－南北朝期以降の伝領関係を中心として－」『湘南史学』14　1995
落合義明「中世武蔵国における宿の形成－入間川宿を中心に－」 五味文彦・小野正敏編『開発と災害』中世都市研究 14　2008
落合義明「武蔵国と秩父平氏－成立期の本拠を探る－」 高橋　修編『実像の中世武士団－北関東のもののふたち－』 2010
落合義明「利仁流藤原氏と武蔵国」『歴史評論』727　2010
小野一之「武蔵の聖徳太子伝承－東国の聖徳太子（一）－」『府中市郷土の森紀要』5　1992
小野一之「物語・縁起のなかの武蔵国司」『府中市郷土の森紀要』6　1993
小野一之「新田義貞鎌倉攻略の伝説地について－武蔵国域を中心に－」『鎌倉』73　1993
小野一之「中世武蔵国府の「周縁」－合戦と開発－」『府中市郷土の森紀要』14　2001
小野一之「古代・中世の多摩郡と武蔵国府」『中央史学』26　2003
小野一之「武蔵国府・総社六所宮・小野神社」『パルテノン多摩博物館部門研究紀要』9　2006
小野一之「平将門の乱と国府の再編」『新版府中市の歴史』 2006
小野一之「中世武蔵府中の誕生－文献からみた画期としての一一世紀－」『府中市郷土の森博物館紀要』23　2010

小野一之「鉄仏の来歴と畠山重忠の伝説」『府中市郷土の森紀要』24　2011
海津一朗「東国における郡鎮守と郡内在地領主群－鎌倉末期秩父地方の郷－地頭「一揆状況」－」『中世の東国』6　1983
海津一朗「東国観応擾乱と武蔵守護代薬師寺公義－高師直の武蔵支配と豊島氏－」『生活と文化』3　1988
加増啓二「武蔵千葉氏の末裔－埼玉県浦和市太田窪の千葉家とその旧蔵文書の検討を中心として－」『埼玉地方史』23　1988
加増啓二「戦国期の武蔵国足立郡舎人郷と舎人氏」『地方史研究』217　1989
加増啓二「岩付太田氏の武蔵国足立郡渕江郷への勢力の伸長」『戦国史研究』17　1989
加増啓二「後北条氏の葛西最攻略と江戸太田氏の動向」『戦国史研究』21　1991
加増啓二「武蔵侵攻過程における後北条氏の知行充行について－岩付領を中心として－」『埼玉地方史』27　1991
加増啓二「戦国期東武蔵の兵乱と祈禱－岩付領における奝芸の大般若経真読－」『戦国史研究』24　1992
加増啓二「もうひとつの千葉氏－武蔵千葉氏に関する史料と基礎的考察－」『八潮市史研究』13　1993
加増啓二「中世の葛西地域周辺と東氏に関する覚書－「本土寺過去帳」の記述をめぐって－」『葛飾区立博物館研究紀要』2　1994
加増啓二「領域と霊域－中世入間川流域と女性往生伝説－」『江戸・東京近郊の史的空間』　2003
加藤　功「武蔵武士広沢氏の動向」『埼玉県立歴史資料館研究紀要』21　1999
加藤　功「足立遠元と畠山重忠」『武蔵野』342［81-2］　2005
加藤　哲「後北条氏治下の村落と祭祀－武州檜原村オトウ神事について－」　杉山博先生還暦記念会編『戦国の兵士と農民』　1978
加藤　哲「後北条氏の南武蔵進出をめぐって」『戦国史研究』6　1983
金澤正大「武蔵守北条時房の補任年次について－『吾妻鏡』承元元年二月二十日条の検討－」『政治経済史学』102　1974
金澤正大「鎌倉幕府成立期に於ける武蔵国々衙支配をめぐる公文所寄人足立右馬允遠元の史的意義」（上・下）『政治経済史学』156・157　1979
金澤正大「『吾妻鏡』夏季合宿研修（Ⅰ）及び北武蔵東部「中世武士団」史蹟踏査報告－一九八三年七月下旬－」『政治経済史学』209　1983

金澤正大「十三世紀初頭に於ける武蔵国々衙支配ー武蔵守北条時房補任事情ー」『政治経済史学』222 1985
金澤正大「二俣川合戦に見たる安達氏主流ー飽間・加治・玉村・鶴見・野田氏ー」『武蔵野』64-2 1986
鎌倉佐保「小野姓横山党の成長」『パルテノン多摩博物館部門研究紀要』9 2006
鎌倉佐保「多摩郡の武士と所領形成ー横山氏を中心としてー」『多摩のあゆみ』143 2011
川合 康「横山氏系図と源氏将軍伝承」峰岸純夫・入間田宣夫・白根靖大編『中世武家系図の史料論』上巻 2007
川合 康「鎌倉街道上道と東国武士団」『府中市郷土の森博物館紀要』23 2010
河野眞知郎「鎌倉・都市の道，都市からの道」 藤原良章・村井章介編『中世のみちと物流』1999
菊池紳一「鎌倉幕府の武蔵国支配」『与野市史調査報告書』4 1979
菊池紳一「鎌倉時代の足立氏について」『与野市史調査報告書』5 1983
菊池紳一「武蔵国における知行国支配と武士団の動向」『埼玉県史研究』11 1983
菊池紳一「承久の乱に京方についた武蔵武士ー横山党の異端小野氏ー」『埼玉地方史』20 1987
菊池紳一「鶴岡八幡宮領趗尻郷に関する一史料ー安貞2年の関東御教書写についてー」『埼玉地方史』25 1989
菊池紳一「秩父一族の展開」『埼玉地方史』40 1998
菊池紳一「武蔵国留守所惣検校職の再検討ー「吾妻鏡」を読み直すー」『鎌倉遺文研究』25 2010
菊池紳一「鎌倉幕府の政所と武蔵国務」『埼玉地方史』64 2011
菊池紳一「平姓秩父氏の性格ー系図の検討を通してー」『埼玉地方史』66 2012
雉岡恵一「東国御家人中沢氏の西遷と大山荘地頭御家人中沢氏ー鎌倉・室町時代初期における政治史的分析ー」『中央史学』13 1990
雉岡恵一「西遷御家人真下氏の室町幕府近習・奉公衆への編成過程」『埼玉地方史』37 1997
雉岡恵一「室町幕府奉行人中沢氏の成立について」 東寺文書研究会編『東寺文書にみる中世社会』 1999
木村茂光「中世田無周辺地域の熊野信仰ー『熊野那智大社文書』による概観ー」『たなしの歴史』3 1991

木村茂光「大蔵合戦と秩父一族―源平内乱期武蔵国の政治情勢―」『内乱史研究』14　1993
木村茂光「12 世紀前半の武蔵国の政治情勢と村山氏」『東村山市史研究』6　1997
木村茂光「『将門記』の「狭服山」について」『東村山市史研究』9　2000
木村茂光「大蔵合戦再考―一二世紀武蔵国の北と南―」『府中市郷土の森博物館紀要』26　2013
久保健一郎「戦国期の品川と後北条氏」『人民の歴史学』125　1995
久保田昌希「後北条氏の徳政について―武蔵国多摩郡網代村の一事例―」『史誌』5　1976
久保田昌希「福生市内の戦国期文書について」『福生市史研究・みずくらいど』2　1986
熊原政男「称名寺々領としての釜利谷郷」（上・下）『金沢文庫研究』85・86　1962
熊原政男「金沢氏の後裔」（一～三）『金沢文庫研究』94～96　1963
熊原政男「太田道灌と横浜の関係」『神奈川史談』10　1968
熊原政男「再び太田道灌について」『金沢文庫研究』153　1969
倉員保海「西党武士団の興亡」『多摩のあゆみ』25　1981
栗山欣也「重忠コーナーの展示資料―特に源頼朝袖判平盛時奉書について―」『埼玉県立歴史資料館研究紀要』12　1990
栗山欣也「文治五年奥州合戦における畠山重忠―特にその関連史跡について―」『埼玉県立歴史資料館研究紀要』14　1992
黒尾和久「立川氏館跡の発掘調査をめぐって―多摩川中流域の中世考古学―」『多摩のあゆみ』118　2005
黒田基樹「北条氏照の発給文書をめぐって」『福生市史研究・みずくらいど』14　1992
黒田基樹「江戸太田氏と岩付太田氏」『北区史研究』1　1992
黒田基樹「大石秀信について」『戦国遺文』後北条・月報 4　1992
黒田基樹「太田永厳とその史料」『戦国史研究』26　1993
黒田基樹「扇谷上杉氏と渋江氏―岩付城との関係を中心に―」『北区史研究』2　1994
黒田基樹「成田氏長の印判状」『戦国史研究』30　1995
黒田基樹「武蔵豊島氏・江戸氏関係史料の紹介と検討」『文化財研究紀要』12

1999
黒田基樹「北条氏照とその領国経営」『多摩のあゆみ』139　2010
小泉　功「河越館跡の発掘調査の問題点と保存運動について」『日本史研究』178　1977
呉座勇一「あきる野の武州南一揆関連文書について」『千葉史学』50　2007
呉座勇一「白旗一揆と鎌倉府体制－十五世紀前半を中心として－」 佐藤博信編『関東足利氏と東国社会』 2012
小林一岳「武蔵国船木田荘由比郷と天野氏－二つの裁許状－」『八王子市史研究』3　2013
小林君一「西党武士団と秋川市－ある系図の紹介－」『多摩のあゆみ』25　1981
小松寿治「最近の豊島氏研究について」『いたばし区史研究』2　1993
小松寿治「『吾妻鏡』元暦二年四月十五日条「馬允有経」再考」『いたばし区史研究』6　1997
小松寿治「中世赤塚郷の景観」『駒沢史学』55　2000
小松寿治「資料紹介・石田収蔵旧蔵「(仮称) 板碑ノート」」『板橋区立郷土資料館紀要』13　2001
小峰寛子「相模原市における横山一族」『国学院大学幼児教育専門学校紀要』17　2005
五味文彦「大井・品川の人々と大江広元－源頼朝・義経とその時代－」『品川歴史館紀要』24　2009
米家泰作「『熊谷家伝記』にみる開発定住と空間占有－落人開村伝説の読み解き－」『史林』80-1　1997
今野慶信「古系図にあらわれた豊島氏」『いたばし区史研究』4　1995
今野慶信「治承四年源頼朝の武蔵入国の経過について」『北区史研究』5　1996
今野慶信「鎌倉御家人葛西氏について」『駒沢大学史学論集』27　1997
今野慶信「近世豊島家の修史編纂について」『豊島区立郷土資料館年報・付研究紀要』12　1998
今野慶信「武蔵豊島氏と鎌倉豊島氏－図録『豊島氏とその時代』補説－」『板橋区立郷土資料館紀要』12　1998
今野慶信「武蔵豊島氏・江戸氏関係史料の紹介と検討」『文化財研究紀要』12　1999
今野慶信「中世東国水運史上における亀戸の歴史的位置」『江東区文化財研究紀

要』11　2000
今野慶信「御家人下河辺氏・幸島氏について」『野田市史研究』12　2001
今野慶信「豊島郡における武士の成立と交通・開発」『江戸・東京近郊の史的空間』 2003
齋藤慎一「御岳神社大鎧偶感―杣と漆と壬生平氏―」『多摩郷土研究』47　1975
齋藤慎一「中世という風土の中の板碑―種子と結縁・塩船永仁四年大板碑を例に―」『多摩郷土研究』50　1976
齋藤慎一「社寺造営にみる杣保の中世の影像―塩船観音寺の二枚の銘札―」『多摩のあゆみ』7　1977
齋藤慎一「後北条氏時代の武蔵武士のよろい―東京都清瀬市出土の甲冑残片―」『多摩のあゆみ』34　1984
齋藤慎一「中世東国における河川水量と渡河」『江戸東京博物館研究報告』4　1999
齋藤慎一「太田道灌と江戸城」『東京都江戸東京博物館研究報告』15　2009
佐々木亨「中世武蔵国に関する一前提」『民衆史研究』43　1992
笹村　剛「加須市油井ヶ島の嘉暦二年銘板碑について」『文化財学雑誌』9　2013
佐藤和夫「称名寺々領の規定について」『金沢文庫研究』67　1961
佐脇栄智「北条早雲・氏綱の相武侵略―北条氏政権―」『神奈川県史』通史編，原始・古代・中世1　1981
佐脇栄智「北条氏の領国経営（氏康・氏政の時代）―北条氏政権―」『神奈川県史』通史編，原始・古代・中世1　1981
佐脇栄智「武蔵国太田渋子郷雑考―その訓みと郷域と―」『日本歴史』505　1990
佐脇栄智「戦国時代―中世の川崎市域―」『川崎市史』通史編1　1993
清水アユム「葛西御厨にみる東京東部開発の様相」『立正史学』113　2013
清水久夫「東国御家人熊谷氏の西国移住について―安芸国三入庄を中心として―」『法政史論』4　1977
清水久夫「武蔵国比企郡の請所について―「吾妻鏡」寿永元年十月十七日の条を中心に―」『埼玉地方史』3　1977
清水睦敬「後北条氏の多摩進出と在地領主達の興亡」『多摩のあゆみ』50　1988
清水　亮「在地領主としての東国豪族的武士団―畠山重忠を中心に―」『地方史研究』348［60-6］　2010
清水　亮「鎌倉幕府の成立と多摩の武士団」『多摩のあゆみ』143　2011

清水　亮「八坂神社文書「旧建内文書　社領十八」所収の安保氏関係文書調査概報」『埼玉地方史』66　2012

下山治久「吉良氏研究の成果と課題」 荻野三七彦編『吉良氏の研究』 1975

下山治久「大田区関係の後北条氏文書」（上・下）『史誌』5・21　1976・84

下山治久「新出の庄氏関係文書」『戦国史研究』10　1985

下山治久「北条氏照とその文書―付　文書目録―」『埼玉地方史』23　1988

釈迦堂光浩「平安後期における武蔵国衙軍制と「党」―「武蔵七党」を中心に―」『パルテノン多摩博物館部門研究紀要』8　2004

杉浦由恵「武蔵国分寺と国府の間」『古代文化』49-8　1997

杉山　博「武蔵国豊嶋郡赤塚庄について」『地方史研究』27　1957

杉山　博「後北條氏時代の江戸」『歴史評論』100　1958

杉山　博「武蔵国多西郡舟木田庄について」『日本史研究』41　1959

杉山　博「鎌倉中期の武蔵国司」『府中市史史料集』9　1965

杉山　博「鎌倉後期の武蔵国司」『府中市史史料集』9　1965

杉山　博「室町時代の武蔵国の守護」（上）『府中市史史料集』12　1966

杉山　博「南北朝時代の武蔵国司と守護」『府中市史史料集』12　1966

杉山　博「鎌倉時代の在庁官人」『府中市史史料集』12　1966

杉山　博「曾我物語と武蔵府中」『府中市史史料集』14　1967

杉山　博「南北朝時代の武蔵守護（補考）」『府中市史史料集』14　1967

杉山　博「鎌倉時代の武蔵国衙」『府中市史史料集』14　1967

杉山　博「室町時代の武蔵国の守護」（下）『府中市史史料集』14　1967

杉山　博「滝山城から八王子城へ」『多摩のあゆみ』10　1978

杉山　博「上杉輝虎（謙信）と太田資正（道誉）―三戸文書の再検討―」『埼玉県史研究』2　1978

須崎完彦「北条氏照と大石定久についての私論」『多摩郷土研究』48　1975

鈴木哲雄「武蔵国熊谷郷における領主と農民」『地方史研究』163　1980

鈴木宏美「安達泰盛の支持勢力―高野山町石を中心に―」『埼玉地方史』10　1981

鈴木宏美「生田氏蔵古河公方関係文書四点」『埼玉県史研究』16　1985

鈴木宏美「「六条八幡宮注文」にみる武蔵国御家人」『埼玉地方史』40　1998

鈴木良一「鎌倉時代」『横浜市史』1　1958

関　　靖「金沢文庫の再吟味」『歴史地理』62-2　1933

関　　靖「金沢氏系図について」『日本歴史』12　1948

関　　靖「金沢氏一門」『金沢文庫の研究』 1951
関　幸彦「御家人品河氏の西遷」『品川歴史館紀要』18　2003
関　幸彦「鎌倉殿家人大井実春の時代－内乱期の武士像・『吾妻鏡』ノート－」『鶴見大学紀要』人文・社会・自然科学編　40　2003
高島緑雄「中世の品川」『品川の歴史』 1979
高島緑雄「荏原郡の水利と摘田」(一・二)－谷田地域における中世水田へのアプローチ－」『駿台史学』55・56　1982
高島緑雄「古代から中世へ」『日野市史』通史編 1　1988
高島緑雄「橘樹郡の水利と摘田－谷田地帯における中世水田へのアプローチ－」『駿台史学』90　1994
高島緑雄「大石氏の多西郡支配」『日野市史』通史編 2 上　1994
高島緑雄「鎌倉幕府と多西郡の武士」『日野市史』通史編 2 上　1994
高橋　修「中世前期の在地領主と「町場」『歴史学研究』768　2002
高橋　修「武蔵国における在地領主の成立とその基盤－熊谷氏と大道［旧東山道武蔵路］－」 浅野晴樹・齋藤慎一編『中世東国の世界』1・北関東　2003
高橋和弘「熊谷氏の族的結合の初段階」『日本史攷究』21　1995
高橋和弘「西熊谷郷の歴史的変遷」 岡田芳朗先生古稀記念論集『時と文化－日本史攷究の視座－』 2000
竹井英文「岩付太田氏と難波田城」『一橋研究』168［35-3］ 2010
竹井英文「小田原合戦後の八王子城－中近世断絶論を越えて－」『八王子市史研究』2　2012
武田周一郎「「武蔵国鶴見寺尾郷絵図」の副本とその作成過程」『史境』63　2011
田代　脩「その後の佐々目郷と矢古宇郷」『埼玉県史研究』5　1980
田代　脩「中世東国における農民闘争とその基盤－鶴岡八幡宮領武蔵国佐々目郷を中心に－」 豊田武博士古稀記念会編『日本中世の政治と文化』 1980
田代　脩「武蔵国」『東北・関東・東海地方の荘園』講座日本荘園史 5　1990
田代　脩「武蔵国の中世農民闘争－鶴岡八幡宮領佐々目郷を素材として－」『八潮市史研究』17　1995
立川昭子「常陸太田立川氏と立川氏文書の伝来」『多摩のあゆみ』118　2005
田辺久子「南北朝期の武蔵国に関する一考察」『金沢文庫研究』197　1972

谷口雄太「武蔵吉良氏の歴史的位置―古河公方足利氏，後北条氏との関係を中心に―」『千葉史学』57　2010
段木一行「武蔵国における国人領主制の展開」『法政史学』22　1970
段木一行「古代末期東国の馬牧―武士団結成の一拠点として―」 豊田武博士古稀記念会編『日本中世の政治と文化』 1980
段木一行「武蔵国小野牧をめぐって」『多摩のあゆみ』25　1981
段木一行「平安時代の多摩地方」『多摩のあゆみ』31　1983
段木一行「千代田区大手町出土の銅鐘をめぐって」『戦国史研究』11　1986
段木一行「金剛寺不動明王像胎内文書をめぐって」『戦国史研究』16　1988
段木一行「武蔵国における古代末期開発領主層の一動向―秩父氏庶流の進出をめぐって―」 遠藤元男編『関東の古代社会』 1989
段木一行「金剛寺蔵不動明王像胎内文書の分析」 小川信編『中世古文書の世界』 1991
千々和到「六浦のやぐらと幻の寺」『月刊百科』275　1985
千々和到「上行寺東遺跡と六浦」『歴史手帖』14-3　1986
千々和到「上行寺と上行寺周辺の中世資料」『三浦古文化』40　1986
千々和到「宗教と民衆―中世の川崎市域―」『川崎市史』通史編1　1993
千々和到「入間市円照寺の板碑の「履歴書」」『国学院大学大学院文学研究科紀要』25　1994
千々和到「中世の庚申―「庚申信仰展」によせて―」『八潮市史研究』17　1995
柘植信行「中世品川の信仰空間―東国における都市寺院の形成と展開―」『品川歴史館紀要』6　1991
柘植信行「開かれた東国の海上交通と品川湊」中世の風景を読む2『都市鎌倉と板東の海に暮らす』 1994
角田朋彦「平一揆大将高坂氏重について」『埼玉地方史』39　1997
徳永裕之「鎌倉・室町期の長井氏と横山荘」『多摩のあゆみ』143　2011
徳永裕之「天正十八年の豊臣方禁制と避難所伝承」『八王子市史研究』2　2012
外岡慎一郎「鎌倉時代鶴岡八幡宮に関する基礎的考察」『中央史学』3　1980
外岡慎一郎「鎌倉時代における鶴岡八幡宮領の構成と機能」『日本歴史』418　1983
永井　晋「鎌倉初期の武蔵国衙と秩父氏族」『埼玉県立歴史資料館研究紀要』7　1985

永井　晋「下総国下河辺庄築地郷について」『野田市史研究』23　2013
七海雅人「鎌倉幕府の武蔵国掌握過程『年報三田中世史研究』10　2003
七海雅人「鎌倉幕府の東国掌握過程」 羽下徳彦編『中世の社会と史料』 2005
西岡芳文「東京「王子田楽」の復活」『歴史評論』473　1989
西岡芳文「金沢文庫と金沢八景のあいだ－中世の六浦を考えるための覚書－」『六浦文化研究』1　1989
西岡芳文「六浦瀬戸橋をめぐる二，三の問題」『六浦文化研究』3　1991
西岡芳文「中世史料にみる瀬ヶ崎・室ノ木」『六浦文化研究』8　1998
西岡芳文「武蔵豊島氏・江戸氏関係史料の紹介と検討」『文化財研究紀要』12　1999
西岡芳文「『金沢名所旧跡記』について－新出の近世金沢地誌の紹介－」『金沢文庫研究』310　2003
西岡芳文「阿佐布門徒の輪郭」『年報三田中世史研究』10　2003
西ヶ谷恭弘「赤塚城の歴史的位置について－赤塚城研究への再検討－」『板橋区立郷土資料館紀要』8　1990
新田英治「中世後期の東国守護をめぐる二，三の問題」『学習院大学文学部研究年報』40　1994
貫　達人「鎌倉幕府の滅亡－武家政権の成立－」『神奈川県史』通史編，原始・古代・中世1　1981
貫　達人「北条氏の制覇－武家政権の成立－」『神奈川県史』通史編，原始・古代・中世1　1981
野口　実「鎌倉武士と報復－畠山重忠と二俣川の合戦－」『古代文化』54-6　2002
則竹雄一「後北条領国下における番匠の存在形態」『生活と文化』6　1992
則竹雄一「北条氏照の軍隊編成」『多摩のあゆみ』139　2010
畠山　聡「金沢称名寺の所領経営と金沢北条氏－元亨元年の所領相博を中心として－」『板橋区立郷土資料館紀要』12　1998
畠山　聡「中世鹿王院と赤塚郷」『板橋区立郷土資料館紀要』13　2001
畠山　聡「中世東国の開発に関する一考察－武蔵国太田荘に関する新出史料の検討を中心に－」『板橋区立郷土資料館紀要』14　2002
林　　譲「熊谷直実の出家と往生とに関する史料について－『吾妻鏡』史料批判の一事例－」『東京大学史料編纂所研究紀要』15　2005
原島貞一「奥多摩籠城の武士団－御岳神社の社宝をめぐって－」『多摩郷土研究』

52　1978
樋口州男「中世江戸の将門伝説再考」『時衆文化』20　2009
深澤靖幸「国府のなかの多磨郡家」『国史学』156　1995
深澤靖幸「武蔵国府・多磨寺・多磨郡家」『歴史手帖』23-10　1995
深澤靖幸「中世の武蔵府中―その空間構造と成立をめぐって―」 浅野晴樹・齋藤慎一編『中世東国の世界』2・南関東　2004
深澤靖幸「中世都市の景観と地域社会」『新版府中市の歴史』2006
福島金治「岡田忠久氏所蔵金沢称名寺文書について」『金沢文庫研究』283　1989
福島金治「室町・戦国期の称名寺子院と門前集落―鎌倉近郊の神社の棟札と官途衆―」『不冷座』2　1993
福島金治「新出金沢文庫文書について―翻刻と紹介―」『金沢文庫研究』293　1994
福島金治「金沢称名寺釼阿筆録聖教の紙背文書―『釈摩訶衍論私見聞』『釈摩訶衍論私消文』―」『鎌倉遺文研究』1　1998
福島金治「称名寺と金沢文庫―東国鎌倉の「知」の中枢―」 阿部泰郎編『中世文学と寺院資料・聖教』（中世文学と隣接諸学）2　2010
舟越康寿「金沢称名寺寺領の研究（上・下）―中世中級寺社領の一典型―」『横浜市立大学紀要』9・10　社会科学部門 4・5　1952
舟越康寿「金沢称名寺寺領の研究・続編」『横浜市立大学紀要』52・社会科学部門 10　1956
細川涼一「上行寺東やぐら群は浄願寺跡か」『歴史読本』10 月号　1985
細川涼一「六浦上行寺東やぐら群遺跡―中世寺院研究史上の重要遺跡―」『東洋学術研究』24-2　1985
細川涼一「忍性と六浦・江ノ島―六浦港と瀬戸神社を中心に―」『歴史手帖』14-3　1986
本郷和人「鎌倉幕府が意識する東国の地域的分類」 入間田宣夫編『兵たちの時代Ⅰ兵たちの登場』 2010
前田元重「「称名寺結界図」と金沢貞顕五輪塔について」（上・下）『金沢文庫研究』143・144　1968
前田元重「『武本家旧蔵称名寺古文書』について」『金沢文庫研究』209　1973
前田元重「称名寺金堂の本尊について」『金沢文庫研究』256　1979
前田元重「中世六浦の古道―試論―」『三浦古文化』40　1986

峰岸純夫「河越館址の調査と保存の経過について」『歴史学研究』392　1973
峰岸純夫「武蔵国児玉郡松枝名について」『埼玉民衆史研究』4　1978
峰岸純夫「戦国時代武蔵品川における町人と百姓」『東京の地域史研究』　1982
峰岸純夫「「府中使」と「衆中」・「使節」―『鶴岡事書日記』の記述をめぐって―」『埼玉県史だより』9　1982
峰岸純夫「鎌倉悪源太と大蔵合戦―東国における保元の乱の一前提―」『三浦古文化』43　1988
峰岸純夫「中世東国の水運について」『国史学』141　1990
峰岸純夫「後北条政権における北条氏照の地位―八王子城築城問題との関連において―」『八王子の歴史と文化』4　1991
峰岸純夫「多摩川中流域の中世」『多摩のあゆみ』66　1992
峰岸純夫「江戸湾岸の中世史―荏原地域を中心に―」『史誌』36　1992
峰岸純夫「中世東国の水運史研究をめぐって」『歴史評論』507　1992
峰岸純夫「南北朝・室町時代」『日野市史』通史編 2 上　1994
峰岸純夫「中世東国水運史研究の現状と問題点」 峰岸純夫・村井章介編『中世東国の物流と都市』 1995
峰岸純夫「戦国期東国の女性」 前近代女性史研究会編『家・社会・女性―古代から中世へ―』 1997
峰岸純夫「鎌倉街道上道―「宴曲抄」を中心に―」『多摩のあゆみ』92　1998
峰岸純夫「中世多摩の技術」『多摩のあゆみ』112　2003
峰岸純夫「武蔵国府中の人見街道と五日市場宿」『府中市郷土の森博物館紀要』21　2008
村松　篤「武蔵武士畠山重忠ゆかりの地」『武蔵野』342［81-2］　2005
森内優子「東国内乱期における安保氏の立場について―常陸国下妻荘小嶋郷の宛行と還補をめぐって―」『埼玉県立文書館紀要』18　2005
森内優子「熊谷直実の出家に関する一考察―問注所の移転をめぐって―」『埼玉県立文書館紀要』21　2008
森田　悌「吉志の武蔵入部」人文・社会科学『金沢大学教育学部紀要』38　1989
盛本昌広「中世六浦の生活誌―文明十六年，称名寺僧鏡心の日記から―」『六浦文化研究』2　1990
盛本昌広「内海の漁業―東京湾の浦々―」 藤木久志・荒野泰典編『荘園と村を歩く』1997

盛本昌広「戦国前期六浦における扇谷上杉氏家臣の動向」『鎌倉』107　2009
盛本昌広「中世浅草地域における海上交通と流通」『交通史研究』76　2012
矢島有希彦「杉田妙法寺と間宮氏」『六浦文化研究』6　1996
矢島有希彦「宝生寺所蔵古文書の中の間宮氏関連文書について」『六浦文化研究』7　1998
矢島有希彦「牛込流江戸氏と牛込氏」『史苑』59-2　1999
柳田快明「一三〜一五世紀の肥後国野原八幡宮祭礼と小代氏」『熊本史学』93・94合併号　2011
八幡義信「畠山重忠と北条氏」『武蔵野』342［81-2］　2005
山口英男「八・九世紀の牧について」『史学雑誌』95-1　1986
山口英男「文献から見た古代牧馬の飼育形態」『山梨県史研究』2　1994
山口英男「小野牧の成立と変遷」『パルテノン多摩博物館部門研究紀要』9　2006
山田邦明「室町時代－中世の川崎市域－」『川崎市史』通史編1　1993
山田邦明「室町期における鶴岡社の所領支配と代官」『三浦古文化』44　1988
山田邦明「南関東における鎌倉府直轄領の展開」『日本史研究』293　1987
山中　裕「金沢文庫と歴史物語の研究」『金沢文庫研究』87　1963
山中　裕「金沢文庫と八景の歴史的意義－上行寺東遺跡との関係をみる－」『関東学院大学文学部紀要』48　1986
山野龍太郎「東国武士の六波羅評定衆化－武蔵国の中条氏を中心として－」『史境』61　2010
山野龍太郎「鎌倉期における河越氏の活動形態－次郎流と三郎流の動向をめぐって－」『埼玉地方史』64　2011
山野龍太郎「無住の作善活動と中条氏との交流」 長母寺開山無住和尚七百年遠諱記念論集刊行会編『無住－研究と資料』 2011
山野龍太郎「鎌倉武士社会における烏帽子親子関係」 山本隆志編『日本中世政治文化論の射程』 2012
山野龍太郎「東国武士の浄土宗受容と政治的発展－武蔵国津戸氏を中心として－」『鎌倉遺文研究』31　2013
湯浅治久「六浦上行寺の成立とその時代－内乱期千葉氏の動向と地方寺院－」『六浦文化研究』2　1990
湯浅治久「六浦『上行寺に関する新史料－多古町正覚寺『立正安国論』『観心本尊抄』奥書－」『六浦文化研究』4　1993

湯浅治久「これからの六浦によせて」『六浦文化研究』6　1996
湯山　学「武蔵国久良岐郡（橘樹郡）師岡保の周辺」『郷土よこはま』71　1974
湯山　学「六郷保の領主－陸奥五郎と六郷殿－」『史誌』4　1975
湯山　学「武蔵国西部の在地領主について（一）－「勝沼衆毛呂氏等」の考察－」『埼玉史談』166　1976
湯山　学「時宗と武蔵武士」（一）『時衆研究』68　1976
湯山　学「武蔵国西部の在地領主について（二）－「勝沼衆毛呂氏等」の考察－」『埼玉史談』167　1976
湯山　学「時宗と武蔵武士」（二）『時衆研究』69　1976
湯山　学「武蔵国西部の在地領主について（三）－「勝沼衆毛呂氏等」の考察－」『埼玉史談』168　1976
湯山　学「武蔵国多西郡平井郷と日奉姓平井氏－西武蔵における在地領主の考察－」『多摩郷土研究』50　1976
湯山　学「時宗と武蔵武士」（三）『時衆研究』70　1976
湯山　学「武蔵国西部の在地領主について（四）－加治宮寺両氏等の考察－」『埼玉史談』169　1977
湯山　学「武蔵横山庄の領主大江姓長井氏の最後」『多摩のあゆみ』7　1977
湯山　学「私市党小考－鎌倉・南北朝期を中心として－」（一～三）『埼玉史談』176～178　1977・1979
湯山　学「一通の金沢文庫古文書－鎌倉期の武蔵国衙－」『武蔵野』57-1　1978
湯山　学「武蔵国都筑郡小机保－その領有関係を中心として－」『郷土よこはま』84　1979
湯山　学「鎌倉時代の立河氏」『多摩のあゆみ』16　1979
湯山　学「戦国時代の武蔵小河氏－その関係史料の紹介－」『多摩のあゆみ』23　1981
湯山　学「武蔵西党の小宮氏」『多摩のあゆみ』25　1981
湯山　学「戦国時代の高幡三郷－高麗氏と三沢十騎衆－」『多摩のあゆみ』37　1984
湯山　学「武蔵国那賀郡中沢郷と中沢氏」『武蔵野』63-1　1985
湯山　学「大石駿河守考－重仲・憲仲・高仲－」『多摩のあゆみ』40　1985
湯山　学「庁鼻（深谷）上杉氏考」『埼玉史談』205　1986
湯山　学「禅秀の乱後の犬懸上杉氏－宝積寺領駒岡村をめぐって－」『郷土よこ

はま』105　1987
湯山　学「岩付太田氏家臣団覚書—「関東幕注文」と「きゃくいの次第・しゅいの次第」—」『武蔵野』66-1　1988
湯山　学「大石氏の軌跡をめぐって—総周・縄周・綱周—」『多摩のあゆみ』53　1988
湯山　学「武蔵猪俣党の新史料—藤田・河匂・荏原三氏に関して—」『埼玉地方史』25　1989
湯山　学「上杉憲政と足利長尾氏—河越合戦後を中心に—」『埼玉地方史』30　1993
湯山　学「山内上杉氏の守護代大石氏再考—「木曾大石系図」の史料批判—」『多摩のあゆみ』73　1993
湯山　学「神奈河・小机と惣社長尾氏—室町末期山内上杉氏の家領支配—」『武蔵野』326　1995
湯山　学「武蔵国と太田道灌—文明十八年の悲劇への序曲—」『太田道灌』　1996
湯山　学「仁和寺子院勝宝院と武蔵国六浦庄」『六浦文化研究』7　1997
湯山　学「相模河村氏と河村郷—戦国時代を中心として—」『足柄乃文化』27　2000
吉田　弘「武蔵国柏原郷と小山一族」『専修史学』26　1994
吉田政博「松月院関連史料について—秩父郡吉田町金剛院・清泉寺所蔵文書の紹介—」『板橋区立郷土資料館紀要』11　1996
吉田政博「中世武蔵国における浄土宗の展開過程—豊島郡・板橋地区を中心として—」『板橋区立郷土資料館紀要』12　1998
吉田政博「武蔵国三宝寺賢珍と山科時継」『戦国史研究』39　2000
渡辺智裕「中世における喜多見流江戸文書復原について」『早稲田大学大学院文学研究科紀要』哲学・史学・別冊20　1994
渡辺智裕「江戸氏研究の成果と鎌倉期の江戸氏の婚姻関係について」『生活と文化』9　1995
綿貫友子「紀伊から関東へ—中世における紀伊国—南関東の海運に関する若干の補足—」『品川歴史館紀要』17　2002
渡　政和「鎌倉時代の畠山氏について—源姓畠山氏の成立時期を中心に—」（上・下）『埼玉県立歴史資料館研究紀要』12・13　1990・1991
渡　政和「畠山重忠の滅亡と秩父平氏一族の動向」『武蔵野』342［81-2］　2005

編者紹介
一九五二年　北海道に生まれる
一九八五年　学習院大学大学院人文科学研究科史学専攻後期博士課程満期退学
現在　日本大学文理学部教授

〔主要著書〕
武士の誕生（日本放送出版協会、一九九九、のち講談社、二〇一三年に再録）
東北の争乱と奥州合戦―「日本国」の成立（吉川弘文館、二〇〇六）
鎌倉殿誕生―源頼朝（山川出版社、二〇一〇）
承久の乱と後鳥羽院（敗者の日本史6、吉川弘文館、二〇一二）

武蔵武士団

二〇一四年（平成二十六）三月一日　第一刷発行
二〇一四年（平成二十六）四月一日　第二刷発行

編　者　関《せき》幸《ゆき》彦《ひこ》
発行者　前田求恭
発行所　株式会社　吉川弘文館
郵便番号一一三―〇〇三三
東京都文京区本郷七丁目二番八号
電話〇三―三八一三―九一五一〈代〉
振替口座〇〇一〇〇―五―二四四番
http://www.yoshikawa-k.co.jp/

印刷＝株式会社　三秀舎
製本＝ナショナル製本協同組合
装幀＝河村　誠

ISBN978-4-642-08103-0